独行快，众行远
一本书，打开一扇窗
一群人，开启精进路

扫码发送书名，获取行动学习
免费精品课程、专题直播、交流社群

ACTION
LEARNING

行动学习使用手册
一本书讲透行动学习如何落地

众行行动学习研究院
刘永中 ◎ 著

ACTION

ACTION ● LEARNING

北京联合出版公司
Beijing United Publishing Co.,Ltd.

图书在版编目（CIP）数据

行动学习使用手册：一本书讲透行动学习如何落地 / 刘永中著 .—北京：北京联合出版公司，2015.12（2024.9重印）

ISBN 978-7-5502-6264-5

Ⅰ.①行… Ⅱ.①刘… Ⅲ.①企业管理 Ⅳ.①F270

中国版本图书馆CIP数据核字（2015）第238909号

行动学习使用手册：一本书讲透行动学习如何落地

作　　者：刘永中
出 品 人：赵红仕
选题策划：北京时代光华图书有限公司
责任编辑：唐乃馨　夏应鹏
特约编辑：太井玉
封面设计：新艺书文化
版式设计：曾　放

北京联合出版公司出版
（北京市西城区德外大街83号楼9层　100088）
北京时代光华图书有限公司发行
北京雁林吉兆印刷有限公司印刷　新华书店经销
字数256千字　787毫米×1092毫米　1/16　19.75印张
2015年12月第1版　2024年9月第10次印刷
ISBN 978-7-5502-6264-5
定价：68.00元

版权所有，侵权必究
未经许可，不得以任何方式复制或抄袭本书部分或全部内容
本书若有质量问题，请与本社图书销售中心联系调换。电话：010-82894445

目 录

前言 行动学习到底是个什么东西 / VIII

CHAPTER 第一章
管理哲学篇——企业就是赢的游戏

杰克·韦尔奇说：企业就是赢的游戏 / 003
　　赢的游戏到底是什么 / 004
　　群策群力是什么 / 004

企业经营游戏怎么玩——从福特到郭台铭 / 006

海星型组织和阿米巴组织 / 010

所有行业都是游戏业 / 017

如何把工作变成游戏 / 019

将工作变成游戏的四大法则 / 025

目　　标 / 026

规　　则 / 028

反馈系统 / 030

自愿参与 / 030

群策群力的企业文化——GE行动学习案例 / 031

群策群力产生的背景 / 032

群策群力在GE的应用 / 035

凤凰涅槃，绩效倍增——中国本土银行行动学习案例 / 042

背景：没有最烂，只有更烂 / 042

发起：慧眼如炬，凤凰涅槃 / 044

启动：释放梦想，点燃激情 / 045

跟进：成效初现，业绩喜人 / 046

成长：不断成长，永不放弃 / 047

快乐、感恩、分享 / 048

蜕变和突破 / 049

结　　语 / 050

CHAPTER
第二章

心法篇——心智模式是行动学习的内核

解剖行动学习公式 / 055

P是什么 / 057

目　录

- Q 和 R 是什么 / 058
- I 是什么 / 060
- 行动学习 = 游学？ / 061

探究行动学习的内核——心智模式 / 063
- 心智模式是什么 / 063
- 心智模式的三个层次 / 064
- 心智模式改善对于个人和组织的意义 / 066
- 如何改善心智模式 / 069

脑科学揭示心智模式改善的秘密 / 072
- 心智模式是如何形成的 / 073
- 为什么心智模式很难改变？ / 076
- 如何改善人和组织的心智模式 / 078

改善心智从营造场域开始 / 079
- 改变个体先从团体开始 / 080
- 会议为什么无效 / 081
- 改造组织从改造会议开始 / 084

第三章
技法篇——行动学习的流程技术

行动学习技术本质上就是流程技术 / 089
- 管理就是流程 / 089
- 行动学习流程超越一般管理流程的秘诀——心智改善成为主线 / 090

解决问题流程＋心智改善流程＝行动学习流程 / 092

行动学习基本流程设计 / 095

设计流程之前——搞清楚项目流程和工作坊流程 / 096

设计行动学习项目流程 / 097

设计项目中使用的工作坊流程 / 099

解读 1234N1 行动学习流程 / 101

项目背景及项目成果 / 101

1234N1 的项目及促动师工作流程 / 102

行动学习基本功——团队共创 / 109

在团队沟通中，我们是否面临这些尴尬场景 / 109

是什么降低了团队沟通的质量 / 110

什么是团队共创法 / 111

团队共创的主要价值 / 111

团队共创法实施步骤 / 112

行动学习经典技术 1："群策群力"工作坊（PPT 微课）/ 119

行动学习经典技术 2："欣赏式探询"工作坊（PPT 微课）/ 136

行动学习经典技术 3："未来探索"工作坊（PPT 微课）/ 148

行动学习经典技术 4："世界咖啡"工作坊（PPT 微课）/ 154

行动学习经典技术 5："鱼缸会议"工作坊（PPT 微课）/ 168

行动学习经典技术 6："开放空间"工作坊（PPT 微课）/ 179

行动学习经典技术 7："复盘"工作坊（PPT 微课）/ 192

行动学习如何无招胜有招 / 207

    行动学习是流程技术 / 207

    行动学习流程背后的原理 / 208

CHAPTER 第四章

应用篇——行动学习项目成功案例剖析

如何让培训直接产生绩效——中国本土行动学习案例剖析 / 213

    工作就是学习，学习就是工作，会议是工作，会议也是学习 / 213

    折腾是检验人才的唯一标准 / 215

    复盘：在质疑反思中成长 / 217

领导力项目为什么"缺钙" / 220

    系统化的课程能被系统吸收吗 / 220

    行动学习就是走过场？ / 222

    领导力项目成功的奥秘——本尼斯领导力三要素 / 223

逆袭——维格娜丝的行动学习实践 / 226

    领导力培养的困惑 / 227

    行动学习如何创造奇迹——流程是关键 / 228

    让每个成员参与决策 / 229

    管理是盯出来的，人才是折腾出来的 / 231

群策群力六步法——行动学习项目启动会操作精要 / 234

    第一步愿景 / 236

    第二步 SWOT 分析 / 236

    第三步承诺 / 237

    第四步关键行动（团队共创）/ 238

    第五步行动计划 / 239

    第六步城镇会议 / 240

行动学习项目能否成功的关键——复盘 / 241

    复盘在企业中的应用 / 241

    复盘是为了让企业自我更新 / 243

    复盘是一种机制化和系统化的总结反思 / 244

在复盘中成长——东莞银行"模式突破 绩效倍增"行动学习项目 / 247

行动学习实践中的三大误区剖析 / 250

    误区一：新瓶装旧酒，行动学习 = 传统培训 + 促动技术 / 250

    误区二：走过场的行动学习，没有质疑和反思 / 252

    误区三：迷恋所谓的促动技术，忽略了行动学习的根本 / 253

CHAPTER 第五章

修炼篇——行动学习促动师的自我修炼

行动学习的理念、心法与技法 / 259

    行动学习的理念 / 259

    行动学习的心法 / 260

行动学习的技法 / 261

行动学习促动师的三大角色定位 / 264
　　　促动师是中立的主持人（流程专家） / 264
　　　促动师是派对的主人 / 267
　　　促动师是团队教练 / 268

培训师与促动师的知识结构 / 270
　　　结构比知识更重要 / 270
　　　书宜杂读，业宜精钻 / 271
　　　科学与哲学的区分与思考 / 274

谈培训师与促动师的战略素养修炼 / 277
　　　战略到底是什么？ / 277
　　　定位是战略的核心 / 278
　　　战略难在取舍 / 279
　　　战略的执行关键在"独特配称" / 281
　　　培训师可以让战略很简单 / 284

后记 / 286

参考书目 / 292

鸣谢 / 294

前言

行动学习到底是个什么东西

　　这两年在中国企业界,行动学习这个话题很热门,甚至热得有点发烫。发烫的东西一般就有两种待遇:一是有人继续烧火,二是有人泼冷水。烧火的人说:行动学习立竿见影,传统培训过时了,世界500强企业都在用行动学习,GE(通用电气公司)、IBM(国际商业机器公司)、华润、中粮等企业成功转型的背后都有行动学习的身影。杰克·韦尔奇也曾说"通用电气(GE)向全世界宣布行动学习是GE改变成'全球思想、快速转变组织'的主要策略";彼得·德鲁克、彼得·圣吉都很推崇行动学习,麦肯锡调研美国前50名公司的200名高管后得出结论:从对公司的有效性和对个人能力发展的有效性两个维度评价,行动学习在众多的人力资源发展技术中综合得分最高(如下图)。

| 前 言 |

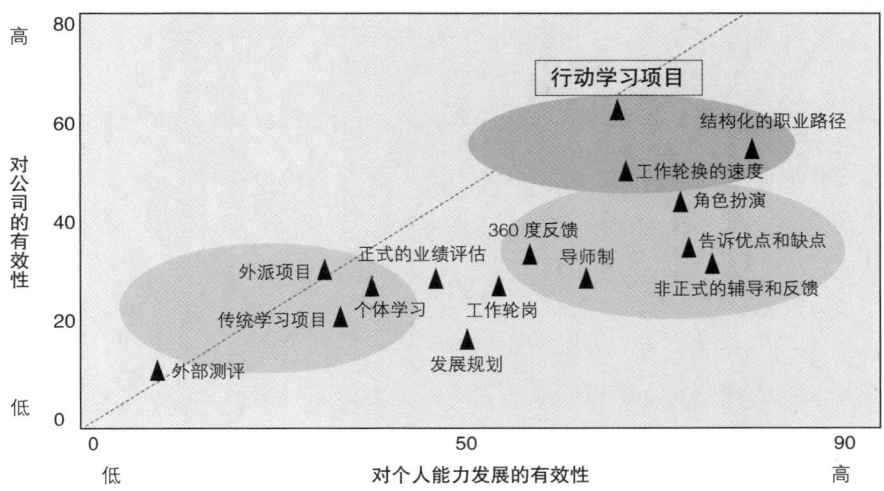

行动学习项目在领导力开发中的作用
(数据来源:麦肯锡调研结果,来自美国前50名公司的200名高级管理人员)

泼冷水的人说:行动学习不是万能的,跟TQM(全面质量管理)、项目管理没什么不同,新瓶装旧酒而已。

冷热交替中,行动学习更热了,但企业界对于行动学习的理解更模糊了。

行动学习到底是个什么东西?

在网上搜索后,我们能得到几十个定义;问专家,一个专家一个定义;问参与过行动学习的企业界人士,有人说"不断换桌子的世界咖啡就是行动学习",有人说"对着墙贴卡片的团队共创就是行动学习",有人说"行动学习就是做项目",有人说"行动学习就是边干边学"……还有人说,管它是什么,只要有用就行,这虽是一种务实的态度,但中国人讲究"名正言顺"。"名不正,虽能行,但行之不远矣",大家对于名不正的东西很难达成共识,在推行中遇到困难就很容易放弃。所以,对行动学习是什么追根究底很有必要。

行动学习就是一条河流

1938年，英国人雷格·瑞文斯最早提出了行动学习的概念，并于1971年出版了《发展高效管理者》一书，正式提出了行动学习的理论与方法。他在比利时和英国实践行动学习项目，取得了辉煌的成绩。尤其是在比利时，一套以他的行动学习理论为基础的改革方案，在1971—1981年间使比利时工业生产效率提高102%，瑞文斯博士成为比利时的重要功臣。

之后有很多专家研究和实践行动学习，成效卓著。行动学习也衍生出很多流派，因此行动学习的概念和定义很多，无对错之分，只是各有各的角度而已。

这么多概念中，我个人最认可AACTP（美国培训认证协会）的定义：行动学习是一个团队在解决实际问题中边干边学的组织发展技术及流程。

这个定义涵盖和突出了行动学习的三个关键词：团队、实际问题、流程。

先解读第一个关键词：团队。我们开展一次培训，参与人数几十人到几百人不等，请问这是团队学习还是个人学习？大部分人会回答团队学习。错了，这是个人学习。因为界定一个概念的关键是看结果，区分个人学习和团队学习的判断依据是看学习后获得的更多是个人智慧还是团队智慧。一般形式的培训通常获得的是个人智慧的提升，而团队智慧的获得需要团队的交流、碰撞和融合。行动学习是需要一群人组成一个或几个团队以完全团队作业的形式边干边学，是组织中最被大家认可的一种获得团队智慧的模式。

第二个关键词：实际问题。最早的培训源于教育，教的主要是理论，大家觉得有些脱离实际，于是就有了实战教学。但后来又觉得实战教学还不够，于是哈佛大学发明了案例教学（case study），直接以实际案例作为教学内容。可还有人不满意，于是又有了沙盘模拟，完全模拟实际进行教学。

可大家觉得还是跟实际有距离，怎么办？行动学习应运而生了。行动学习就是以企业此时此刻的实际问题作为课题开展项目，边干边学。

第三个关键词：流程。行动学习是技术更是流程，背后有深刻的管理思想和管理哲学，每个技术的背后都有心理学和脑科学的分析作为支撑。但行动学习最可贵的地方不是这些深奥的科学和哲学道理，而是它将这些虽然伟大但对大多数人来说枯燥的科学和哲学全部转化为流程了。这样就可以迅速为人所用了，不懂也能用，可以边用边悟。就像游泳一样，专家可以根据流体力学等科学设计最好的游泳姿势和步骤，学生可以不懂流体力学直接学习游泳，游泳的过程就是在实践和应用流体力学。行动学习有几百种技术，这些技术基本上都有详细的实施步骤，即流程。

这三个关键词中，我认为最关键的就是流程。管理就是一种实践，但遗憾的是大部分管理理论都不能迅速转化为实践，要靠管理者的悟性和摸索，这就很容易跟实践脱节了。而行动学习按照一定的流程进行，更易于实践。

如果要形象地描述，我们可以说，行动学习就是一条河流。河流的源头代表企业的人、财、物等资源，河流的尽头代表企业的目标，或者说是行动学习项目的目标。河流的两岸，一边是问题解决，另一边是心智改善。

简单讲，行动学习就是把企业的某一个棘手的实际问题变成一个项目，相关的人员组成团队边做边学。为了解决问题，我们需要资源，而这些资源不会自然流向企业的目标，需要一条线将资源引向目标，这条线就是通常所用的问题解决的流程，可以是PODC——管理者的四个职责：计划（Plan）、组织（Organise）、领导（Divection）控制（Controe），PDCA即质量环，包括计划（Plan）、执行（Do）、检查（Check）、纠正（Action），或者项目管理流程。但这些传统的解决问题方法遇到的挑战是：员工可能没有意愿、不积极、被动，团队之间不开放、相互拆台，组织创新不足，无法解决大量需要创新才能解决的问题……

这时，我们需要用另一条线去激发员工的激情和智慧，消除团队隔阂和引导组织创新，这条线就是心智改善线。这也是行动学习和传统的项目管理、TQM 的关键区别。大部分传统的问题解决模式没有一条清晰的心智改善线，即使有对心智的关注但这条线也不清晰或不是主线，而行动学习的所有流程都有一条清晰的心智改善线。

这两条线，从心理学的角度去解读，一条是感性线，一条是理性线，问题解决线偏理性，心智改善线偏感性；而从脑科学的角度去解读，可以说一条是左脑线（问题解决线），一条是右脑线（心智改善线）。这也正符合现代管理中领导力需要突破的方向：领导者理性思维和右脑思维的开发与组织实践。

以 GE 发明的经典行动学习方法——群策群力（work out）工作坊的流程为例，一般分为六步：第一步愿景，偏感性；第二步 SWOT 分析，偏理性；

作者主导的北京大学二代企业家行动学习工作坊之承诺环节

第三步承诺，偏感性；第四步关键行动（团队共创），理性与感性兼具；第五步行动计划，偏理性；第六步城镇会议，理性与感性兼具。这六个步骤感性与理性相结合，既是一步一步导向问题解决的流程，也是一步一步引导团队成员开放心智和激发创造力及建立团队共同愿景的过程。

行动学习就是赢的游戏

理解了行动学习是什么之后，就可以很轻松地面对行动学习的几百个技术了。所有技术都是引导团队成员解决问题和改善心智的流程，只是流程的引导方法各有不同、引导目标各有侧重、引导人员各有特点。

每个行动学习项目都是一系列引导技术和流程的组合，这些技术统称为 facilitation skills，翻译为中文是促动技术、引导技术、催化技术、建导技术。对应的，掌握这些技术的专业人士就是 facilitator，即促动师、引导师、催化师、建导师。因为中文翻译的不同，导致概念进一步混淆，业界也有不同的解读。因为行动学习并不等同于 facilitation，这又加大了学习理解的难度。

简单讲，facilitation skills 就是一种引导（促动、催化、建导）的技术，可以应用于团队问题解决和心智改善，可以称之为小流程，而行动学习是一个项目，需要用到很多 facilitation skills，是一个大流程，是各种小流程的组合。前文提到的很多初学者的误区：世界咖啡就是行动学习，团队共创就是行动学习，其实都属于小流程即 facilitation skills 的范畴，而行动学习是大流程和小流程的组合。

作为初学者，刚开始学习和实践时可以不理会这么多概念，依葫芦画瓢就行了。只要能解决问题，照着项目流程边做边学，在实践中慢慢理解、体会和区分这些小的概念就可以了，关键是要把握项目的整体流程。而整体流程可以形象地用杰克·韦尔奇的观点来描述——赢的游戏。

TCL的董事长李东生曾经问杰克·韦尔奇一个问题：一个企业如何保持持续变革创新的热情？杰克·韦尔奇的回答是：我想我们都应当考虑的一个重要的问题，就是商业是一场游戏，商业并不是严肃的、致命的、枯燥无味的、毫无乐趣的事，商业就是生活，是每天我们都想赢的一场游戏。

我开始没有懂杰克·韦尔奇说的是什么意思，只觉得他说得有点玄，不知从何做起。

后来学习和实践了行动学习，我才领会到杰克·韦尔奇这个回答的深刻含义：为什么员工没有激情、没有创新？因为我们的管理思维是枯燥的、纯解决问题式的，过于理性，没有乐趣。如何调动员工的激情和创意？我们需要将组织中的问题变成一个有挑战性的课题，设计一套流程或方法，让员工有参与感，获得成就感，能被激发出个人和团队的热情与智慧。这种流程或方法在丰田是QC小组（质量控制小组），在GE是群策群力，也就是行动学习。

所以，从企业经营管理的角度去理解，行动学习就是赢的游戏！

行动学习是一头大象

其实，看到这里，还是有很多人不明白行动学习到底是什么。一会儿说行动学习是一条河流，一会儿又说行动学习是赢的游戏，还有一本书将行动学习比喻成一把火，难怪有人说"行动学习就是一个筐，什么都可以往里装"。这不跟盲人摸象一样吗？

对，你说对了！行动学习也可以说是盲人摸象里面的大象。

大家都知道盲人摸象的故事，觉得盲人很可笑，但其实我们每个人每天也都在做着同样的事情，面对无形的事物时就是在盲人摸象。

| 前　言 |

管理是一个无形的东西，行动学习也是一个无形的东西，有人按前中后的顺序去解读，有人按由外而内的顺序去解读，还有人按合并同类项的方式去解读……可以有无数种解读方式，每种都没有错，但接受信息的人就会迷糊了，行动学习到底是个什么东西？

如果让你解释太极拳是什么，你会怎么说呢？从技法的角度，太极拳有24式、36式等等，就跟行动学习工作坊有各种各样的流程一样，比如"群策群力"工作坊有六大步骤，"欣赏式探询"有四大步骤，这些步骤既有感性的，也有理性的；从心法的角度，太极拳要练内功，这跟行动学习的内核——心智模式是一致的。所有技法、招法的目的是能将内力发挥出来，行动学习各种工作坊流程的目的是引导个体和团队思维习惯与行为习惯的改变，也就是要达到心智模式改善的目的。学习脑科学和心理学知识，掌握心智模式改善的原理和规律就是行动学习的心法。如果不掌握心法，太极拳跟广场舞没什么区别，虽然也能锻炼身体，但不会有太大的效果，更

中组部广西中德合作行动学习促进师培训班现场，作者作为导师引导干部们全程参与，热烈互动

XV

不可能创造奇迹。行动学习也是一样，不掌握心法，团队在那里讨论来讨论去，一开始觉得流程挺新鲜，久而久之就会觉得跟传统会议和培训没什么区别，也不可能给组织带来奇迹。

再上一个高度，太极拳也可以说是一种哲学。这种哲学相信动静是可以相互转换的，整个世界、整个人体都是可以阴阳转换的太极。而行动学习的哲学是相信企业是一个有生命的共同体，力量来源于每个个体的参与和创造，如果能激发每个个体的内驱力，组织就会创造奇迹。这种管理哲学也就是任正非所说的"让听得见炮火的人来决策"，美国管理大家所说的"海星型组织"，日本企业家稻盛和夫所说的"阿米巴组织"，而体现这种哲学思想的管理技术和管理模式——行动学习，就是杰克·韦尔奇所说的"赢的游戏"。

沟通的时候，当我们想强调大象的体积时，会说大象像一堵墙，就像我们要强调行动学习的技法时，会说行动学习就是一个流程。这会让受众记忆深刻，但也会带来歧义。如果受众没有整体的认知，就会误入歧途。

本书是国内甚至国际唯一一本从管理哲学到心法、技法、应用（案例）、(行动学习促动师的）修炼五个角度全面而系统地逐层解读行动学习的著作。书中有作者所在机构众行行动学习研究院近年来上百个行动学习实践案例的经验分享，也有作者16年管理培训和管理咨询工作的总结沉淀，更有作者本人多次创业、投资大大失败和小小成功之后的经营感悟甚至是人生感悟，还有每个项目中的每位企业家和每个员工、每本前人著作、每个工作伙伴的智慧结晶，希望对你有所帮助。

行动学习到底是什么？希望读完本书后，你可以自己下定义，更希望行动学习可以给你和你所在的组织带来奇迹。

CHAPTER
第一章

管理哲学篇——企业就是赢的游戏

企业的主体是人，人既有能动性，也有惰性，可以说所谓的企业管理无非就是要建立一个机制，发挥人的能动性，抑制人的惰性。每家企业、每个时代的企业都在探索最合适的管理机制，也可以说是在找寻一种最合适企业人的游戏玩法。

杰克·韦尔奇说：企业就是赢的游戏

管理最简单直白的定义就是"管人理事"，人与事之间最难的还是人，管理是基于人性的干预活动。商业是人类生活必不可少的活动，很多人是为了生活或者说是生计而工作的，也有人认为工作就是生活，不同的认知会带来不同的工作态度，如何把人性中的消极因素转化为积极因素，这是所有管理者面对的永恒课题。

通用电气的 CEO 杰克·韦尔奇被誉为"全球第一 CEO"，他是这样解答这个课题的："我想我们都应当考虑的一个重要的问题，就是商业是一场游戏。商业并不是严肃的、致命的、枯燥无味的、毫无乐趣的事，商业就是生活，是每天我们都想赢的一场游戏。"有多少人是喜欢胜出的？有多少人是喜欢失败的？没有人喜欢失败，这就是为什么每天都要创新，因为有人把你的饭碗抢走，因为有人想胜过你，有人想在游戏中打败你，所以你要带着团队就像打羽毛球一样，每天都要打，从中体会到乐趣。在企业，在管理中，每个人都太过于严肃了，把脸拉得很长，每个人认为做企业是很严肃的事，实际上做企业是很有趣的，你可以在做企业中不断地创新，不要在员工面前那么刻板。

赢的游戏到底是什么

可以说行动学习是GE成功转型的秘密武器，我们来看看这个秘密武器是怎么诞生的。

1981年，在杰克·韦尔奇接手了世界上最古老的公司之一——GE后，他遇到的挑战是：盲目的业务扩张使得"战略业务部门"激增，在他接管时已经超过了150个，强调财务分析和控制的管理模式导致了多重领导和机构臃肿。

杰克·韦尔奇走马上任后第一次考察时，一线工人告诉他："我们有很多想法，而且也知道应该做什么，但没有人听，没有人让我们去做。"而当他询问经理为什么不让工人把想法付诸行动时，他听到的却是另一种声音："我们没有时间，现在这里的经理只有两年前的一半多，而要做的事跟以前一样多。我们有很多行政问题需要回答，有许多表要填，有许多会要开。而且，任何时候我们想试一试某个想法，都要通过太多人的批准同意。所以在我们真要开始实施的时候，这个想法就已经过时了。"

组织的惯性和惰性抑制了员工的能动性，这就是组织的瓶颈。

在考察完回公司的飞机上，GE管理发展中心的负责人和韦尔奇都在思考着这些问题，他们最后决定说："我们要找一种令工作暴露于系统之外的方法，这个方法就叫'Work out'吧。"

"Work out"翻译为中文就叫"群策群力"，现在成了最经典的行动学习模式之一。

群策群力是什么

实际上，"群策群力"是一个非常简单、直接的过程：几个跨职能或跨级别的管理者和员工组成行动学习小组，提出企业中存在的严重问题，将其设为未来一段时间（一般为4—12月内）的行动学习项目课题，团队内部及团队之间展开激烈的开放式探讨（探讨过程中需要一个中立的主持人主持，这个主持人被称为促动师，也称为催化师、引导师），形成解决问题的行动方案，并在最后的决策会议（即行动学习中的"城镇会议"）上把这些建议交给高管。在每一组汇

作者在阿里巴巴行动学习工作坊中，学员现场绘制的一张愿景图

报之后，高管当场对那些建议做出"行"或"不行"的决策，并授权给提出建议的团队，让他们实施那些被批准的建议。之后，定期检查实施进度（这个过程通常也叫作"复盘"），以保证行动学习项目取得确实的成效。

也许你会问，这样简单的过程是怎样节约了数亿美元的资金、创造了数亿美元的收入，改造了一个庞大的全球性组织的呢？为什么这样一个看似简单、普通的过程，却不能自然而然地发生呢？

因为组织在严格的等级、职能的划分中，形成了不同的边界。由于人们长期被限定在自己的边界范围内思考、行动，最终形成了固有的行

为模式，不会想到，也没有勇气去跨越边界。而"群策群力"却试图在组织中建立一种全体成员平等的、无边界、无障碍的沟通环境，并通过这样的环境来凝聚组织的智慧。

可以这样打比喻：组织常规的运作就像是每天必做的广播体操，规范、有序，但也枯燥乏味；而群策群力这样的行动学习就像一场篮球比赛，球员们可以自组球队，自定挑战性目标并通过定期的比赛（实践），接受裁判（高管）的直接评判，最后取得组织绩效和个人成长。

这就是赢的游戏。

企业经营游戏怎么玩——从福特到郭台铭

为什么要把经营企业变成赢的游戏？

企业的主体是人，人既有能动性，也有惰性，可以说所谓的企业管理无非就是要建立一个机制，发挥人的能动性，抑制人的惰性。每家企业、每个时代的企业都在探索最合适的管理机制，也可以说是在找寻一种最适合企业人的游戏玩法。

福特汽车公司的建立者亨利·福特可以说是20世纪管理者中的经典人物，1999年，《财富》杂志将福特评为"20世纪最伟大的企业家"。我们来看看福特的游戏玩法。

1913年,亨利·福特发明了流水生产线并将其引入设在密歇根州海兰园的工厂,效果远远超过他的想象。在流水生产线安装前一年,他要将工人数量增加一倍才能让T型车的产量翻番。安装流水生产线后一年,产量几乎翻了一番,但工人数量没变。流水生产线让工厂变得极为高效,甚至海兰园工厂发放的工资总额都下降了。但麻烦的是,员工以令人担心的速度流失。流水生产线的工作乏味,造成了工人们集体辞职。

1914年1月5日,福特将记者们召集到工厂,宣传他的雇佣政策变化:首先,公司将工作时间由每天9小时减少到8小时;其次,工作由一天两班倒变为三班倒,这将带来大量新的工作岗位;第三,基本工资提高一倍以上,由原来的一天2.34美元提升为5美元。

第二天,《底特律自由新闻报》宣称"亨利·福特把1914年利润当中的1000万美元送给工人",《纽约晚报》称这是"伟大的慷慨行为"。成群的求职者出现在工厂大门口,数量达12000多名,以至于要出动警察维持秩序。这是工业发展史上一起引人注目的事件。

不到一年,员工流失率由370%跌到了16%,劳动效率上涨了40%至70%。1914年到1916年间,福特公司的利润翻番,由3000万美元增长至6000万美元。福特后来说:"每日8小时和支付5美元日薪是我们做出的最漂亮的削减成本措施。"这巩固了福特公司作为世界最大汽车制造商的地位,也让福特成为美国首富。

但我们不要就此以为福特是一个慈善家。福特对待工会很严厉,他有一句经典名言:我要的是工人的双手,为什么后面还跟了个脑袋?(Why is it every time I ask for a pair of hands, they come with a brain attached?)

按经济学家科斯的说法,企业经营的第一原则是"效率优先",福特通过流水线提高了生产效率,又通过高工资保证了工人的配合,最终实现了整个公司的效率提升。

可以说,这是20世纪赢的游戏。只是这套玩法更像是广播体操,不像是NBA比赛。但在当时,已经非常先进。福特要的是规定动作,工人要的是更高的收入,通过这套机制提升了整个组织的效率,福特和工人取得了双赢。但这套玩法到了21世纪还适用吗?

亨利·福特曾经说,没有人能管理100万人。但郭台铭做到了,郭台铭麾下的富士康最高峰时曾经雇用了140万人。当然,这是代表企业强大的数字,但也是烦恼的开始。

2010年,富士康发生了多起跳楼事件,引起了社会各界乃至全球的关注。事故频频发生,各种劳工组织纷纷卧底调查,媒体铺天盖地指责富士康是黑心工厂。

焦头烂额的郭台铭采取过各种措施,加工资、装防护网、提供心理咨询……但还是不能解决问题,跳楼事件仍然继续发生。

或许,富士康可以裁掉很多工人,郭台铭再也不用为管理百万员工而头疼了。并且经过多轮加薪,现在富士康的人力成本并不低,还要建宿舍、娱乐设施等等。在管理方面,改用机器人可能要比用员工方便很多,还可以24小时不间断工作,更不会跳楼。但这真的是长期有效的问题解决之道吗?

我们得先搞清楚郭台铭的问题到底是什么?

郭台铭有一次在台大演讲,曾经抱怨大陆的年轻人太希望一步登天,不够踏实。他1974年创业生产黑白电视机的旋钮,为了销路曾经跑遍美国、日本开拓市场,一路打拼到1989年才分期付款买了一套房子。奋斗时候过得比现在任何一个富士康员工都苦,但他挺过来了,终于成了台湾首富。他很难理解为何那么多的年轻人会自杀。

其实,不单是郭台铭,绝大部分企业家也都无法理解有些年轻人为什么要跳楼，再往下延伸一层，很多"50后""60后""70后"的管理者也理解不了"80后""90后"员工在想什么。

换位思考，郭台铭也挺不容易的。富士康有上百万员工，出现各种事故是难免的，它的薪酬福利高于很多大陆的工厂，说它完全是"血汗工厂"其实是挺冤枉的。只是雷厉风行的郭台铭理解不了新一代工人，他要的只是流水线上按部就班工作的工人，也许冷冰冰的机器人更适合他的管理机制。

想想富士康的员工想要的是什么？上一代农民工的梦想是找到一份工资高一点的工作，可以多加班多挣钱，然后回家盖房子娶老婆。富士康可以帮助上一代农民工实现梦想。但时代变了，新一代农民工的梦想不一样了，他们不再想回到乡下，也回不去了，他们期待像城里人一样被社会、企业接纳、认可，成为其中的一员，而不只是过客，或者说只是打工机器。但遗憾的是，郭台铭还在用对待上一代农民工的方式对待新一代农民工。他想要的是流水线上按部就班工作的工人，就像做广播体操的学生，而员工想要得到更多的参与感、认同感和自主权，这个巨大的落差就是问题所在！

彼得·德鲁克在《21世纪的管理挑战》一书中总结说："在20世纪，管理所做的最重要也是唯一的贡献，就是把生产过程中体力劳动员工的生产效率提高了50倍；在21世纪，管理需要做出的最重要的贡献，是使知识员工的生产效率得到同样的提高。"

亨利·福特的做法能管双手，但管不了脑袋。21世纪管理的主体对象从体力劳动者变成了脑力劳动者，脑力劳动者可无法用流水线来管理。

彼得·德鲁克给21世纪的管理破了题，但答案在哪里？

海星型组织和阿米巴组织

美国人奥瑞·布莱福曼和罗德·贝克斯特朗2007年合作出版了一本书叫《海星模式》，提出了海星型组织的概念，这本书也成为当年亚马逊年度十大商业畅销书之一。

海星是分布于世界各地浅海的沙地或礁石上的一种动物。它有一种特殊的能力——再生。它的腕、体盘和管足受损或自切后，都能够重新生成，因此它对环境的适应能力和独立生存能力特别强。

《海星模式》以隐喻的方式将组织分成了两类：一类是传统的"蜘蛛"型，具有严格的科层结构和自上而下的领导关系；另一类是新的"海星"型，拥有扁平化的结构和分散的决策权。

如今，新一代的组织正在探索这样的模式：组织的任何一部分都能像海星的器官一样灵活扁平，完全自治。

健全的海星也是充满力量甚至凶残的捕食者。以此为隐喻，企业需要建立虚拟的"5条腿"：众多无等级结构的圈子；一个亲手发起圈子而又很快退身幕后的触媒（催化剂）式人物；能够让圈子成员凝聚在一起的共同的信仰；一个方便圈子成员交流沟通的平台，如互联网；推进新思想的执行者和热情捍卫者。当这虚拟的"5条腿"齐全之后，组织就会像海星一样释放出前所未有的活力。

日本经营之神稻盛和夫一直在倡导阿米巴经营理念。

阿米巴就是变形虫，是一种单细胞生物。主要生活在清水池塘，或在水流缓慢、藻类较多的浅水中，一般泥土中也可找到，亦可寄生在其他生物体内。变形虫身体仅由一个细胞构成，没有固定外形，可以任意改变体形，具有强大的环境适应能力。

所谓"阿米巴经营"就是建立一种管理机制，基于牢固的经营哲学和精细的部门独立核算管理，将企业划分为"小集体"，像自由自在地重复进行细胞分裂的"阿米巴"——以各个"阿米巴"为核心，自行制订计划，独立核算，持续自主成长，让每一位员工成为主角，"全员参与经营"，打造激情四射的集体，依靠全体智慧和努力完成企业经营目标，实现企业的飞速发展。

阿米巴组织跟海星型组织其实是一回事。

稻盛和夫不仅倡导阿米巴经营理念，更可贵的是，他也在践行阿米巴经营理念，而且，他做到了！

稻盛和夫27岁创办京都陶瓷株式会社（现名京瓷Kyocera），52岁创办第二电信（目前在日本为仅次于NTT的第二大通讯公司），这两家公司都进入了世界500强。

2010年，日本航空公司宣告破产。日本航空公司对日本非常重要，甚至让当时的首相亲自请稻盛和夫出山，稻盛和夫欣然应允。

在他的领导下，日本航空公司按阿米巴理念实施了一系列的"重建计划"，在宣告破产重建的第二年就实现了扭亏为盈。2012年9月，在东京证券交易所再次上市！从破产到重建，稻盛和夫带领日本航空公司创造了奇迹。

创造这个奇迹的关键做法就是——"人人都是经营者"。

"阿米巴经营"是把公司分成若干个小"阿米巴"，以领导为核心，全体成员共同参与经营，通过会议通报等形式向全体员工公开有关阿米巴及公司的经营情况等重要信息。通过尽可能地公开企业信息，营造全体员工主动、积极参与经营的氛围，体现"人人都是经营者"这一经营原则，最终使全体员工共同参与经营成为可能。

全体员工如果都能积极地参与经营，在各自的岗位自觉为公司整体做出贡献，那么员工就不仅仅是单纯的工人，更是具有经营意识的工作伙伴。当"阿米巴"领导及其成员制定目标并为实现这一目标而感到工作的意义时，全体员工就能在工作中找到乐趣和荣誉感，并努力工作追求最大限度地提高个人能力，茁壮成长。

这是不是有点"赢的游戏"的味道了？

在世界的企业经营管理舞台上，有发言权的中国人不多，华为的创始人任正非应该算一位。2009年，任正非在一次内部会议上发出了"让听得见炮火的人决策"的声音：

> 我们过去的组织和运作机制是"推"的机制，现在要将其逐步转换到"拉"的机制上去，或者说，是"推""拉"结合、以"拉"为主的机制。"推"的时候，是中央权威的强大发动机在推，一些无用的流程、不出功的岗位，是看不清的。"拉"的时候，看到哪根绳子不受力，就将它剪去，连在这根绳子上的部门及人员，一并减去，组织效率就会有较大的提高。我们进一步的改革，就是前端组织的技能要变成全能的，但并非意味着组织要去设各种功能的部门。基层作战单元在授权范围内，有权力直接呼唤炮火（指在项目管理上，依据IBM的顾问提供的条款、签约、价格三个授权文件，以毛利及现金流进行授权，在授权范围内直接指挥炮火，超越授权要按程序审批），当然炮火也是有成本的，谁呼唤了炮火，谁就要承担呼唤的责任和炮火的成本。后方变成系统支持力量，必须及时、有效地提供支持与服务，以及分析监控。公司机关不要轻言总部，机关不代表总部，更不代表公司，机关是后方，必须支持与服务前方，

不能颐指气使。

以美军在阿富汗的特种部队来举例。以前前线的连长指挥不了炮兵，要报告师部请求支援，师部下命令炮兵才开炸。现在系统的支持力量超强，前端功能全面，授权明确，特种战士一个通讯呼叫，飞机就开炸，炮兵就开打。前线3人一组，包括一名信息情报专家、一名火力炸弹专家、一名战斗专家。他们互相了解一点对方的领域，紧急救援、包扎等都经过训练。当发现目标后，信息专家利用先进的卫星工具等确定敌人的集群、目标、方向、装备……炸弹专家配置炸弹、火力，计算出必要的作战方式，其按授权许可度，用通信呼唤炮火，完全消灭敌人。美军作战小组的授权是以作战规模来定位的，例如：5000万美元，在授权范围内，后方根据前方命令就及时提供炮火支援。我们公司将以毛利、现金流，对基层作战单元授权，在授权范围内，甚至不需要代表处批准就可以执行。

"让听得见炮火的人决策"的核心理念是什么？就是要发挥基层单元的能动性，这不就是中国版的"海星型组织"，或者说是中国版的"阿米巴组织"吗？

华为成立于1987年，发展迅猛，产品和解决方案已经应用于全球170多个国家，服务全球运营商50强中的45家及全球1/3的人口。

华为的创始人任正非是一个非常低调的人，几乎从不接受外界采访，但他的经营理念深深地影响着整个华为、整个商界，甚至是全球企业界，在《财富》2012年中国最具影响力的50位商界领袖排行榜中位居第一，于2005年和2013年两次入选美国《时代》杂志"全球100位最具影响力人物"。

当人们都在揣摩"让听得见炮火的人决策"的深意时，2013年12

月30日任正非在华为内部大会上更加明确地发表了被外界命名为"放弃中央集权式管理,让听得见炮声的人呼唤炮火"的讲话:

宝马追不追得上特斯拉,一段时间是我们公司内部争辩的一个问题。多数人都认为特斯拉这种颠覆式创新会超越宝马,我支持宝马不断地改进自己、开放自己,宝马也能学习特斯拉……

华为也是一个"宝马",在瞬息万变、不断涌现颠覆性创新的信息社会中,华为能不能继续生存下来?这是一个摆在我们面前的问题。

我们只允许员工在主航道上发挥主观能动性与创造性,不能盲目创新,发散了公司的投资与力量。非主航道的业务还是要认真向成功的公司学习,坚持稳定可靠运行,保持合理有效、尽可能简单的管理体系。要防止盲目创新,四面八方都喊响创新,就是我们的葬歌。

自我批判是拯救公司最重要的行为。从"烧不死的鸟是凤凰""从泥坑里爬出的是圣人",我们就开始了自我批判。正是这种自我纠正的行动,使公司这些年健康成长。

我们用了25年时间,在西方顾问的帮助下,经数千人力资源的职业经理与各级干部、专家的努力,基本建立了金字塔式的人力资源模型,并推动公司成功达到400亿美金的销售规模。建立金字塔模型的数千优秀干部、专家是伟大的,应授予他们"人力资源英雄"的荣誉,没有他们的努力与成功,就不可能进行今天的金字塔改造。

金字塔管理是适应过去机械化战争的,那时的火力配置射程较近,信息联络落后,所以必须千军万马上战场,贴身厮杀。塔顶的将军一挥手,塔底的坦克手将数千辆坦克开入战场,数万兵士冲锋去贴身厮杀,才能形成足够的火力。而现代战争,远程火力配置强大,是通过卫星、宽带、大数据与导弹群组、飞机群、航母集群等来实现的。呼唤这些炮火的不一定是塔顶的将军,也可以是贴近前线的铁三角。千里之外的炮火支援,胜过千军万马的贴身厮杀。

我们公司现在的铁三角,就是通过公司的平台,及时准确、有效地完成了一系列调节,调动力量。今天我们的销售、交付、服务、财务,不都是这样远程支援的吗?前线铁三角,从概算、投标、交付、财务……不是孤立一人在作战,而是后方数百人在网络平台上给予支持。这就是所谓"班长的战争"。铁三角的领导,不光要有攻山头的勇气,更应胸怀全局、胸有战略,因此,才有"少将连长"的提法。为什么不叫少校?这只是一个形容词,故意夸大,让大家更注意这个问题,并不是真正的少将。

我们将试点"少将连长",按员工面对项目的价值与难度,以及已产生的价值与贡献,合理配置管理团队及专家团队。传统金字塔的最底层,过去级别最低,他们恰恰是我们面对CEO团队、面对复杂项目、面对极端困难突破的着力点……过去的配置恰恰是最软点着力。

我们是要让具有少将能力的人去做连长……

"少将连长"就是中国版的"阿米巴""海星"。

我们再想想身边的案例,微信不是出自腾讯公司重点投资支持的副总裁级别领导挂帅的深圳总部研发机构,而是来自总部边缘广州一个小小的、不被看好的、屡受打压的邮箱开发团队。被誉为微信之父的总监级人物张小龙也就是一个"少将连长",虽然总监职务比连长要高一些。

小团队创造大历史,这样的例子比比皆是,在21世纪更成为大趋势。

华人家族企业的传奇——李锦记第四代企业家李惠森（左一）与作者探讨共同开发和讲授基于行动学习的"思利及人"企业文化工作坊

这是不是跟杰克·韦尔奇几十年前倡导和践行的行动学习有异曲同工之妙呢？突出基层团队的重要性，发挥基层团队的能动性；鼓励"无边界组织"，打破组织壁垒……

所有行业都是游戏业

人类社会经历了农业经济、工业经济和服务经济这三个阶段，下一个阶段应该是什么？有人认为是以信息为中心的信息经济，有人认为是以科技为中心的知识经济，也有人认为是实现网络普及的网络经济。美国经济学家约瑟夫·派恩和詹姆斯·吉尔摩在他们撰写的《体验经济》中提出，下个阶段是体验经济。

什么是体验经济？以对蔬菜的生产和消费来说，当农民种菜并自给或出售时，这种经济是农业经济；当在工厂（或蔬菜大棚中）大批量生产蔬菜并加工出售时，这种经济是工业经济；当饭店用蔬菜向顾客提供饮食服务时，这种经济是服务经济；当顾客买菜并进行野餐，在这一过程中获取享受时，这种经济就是体验经济。

所谓从一个时代进入另一个时代，不代表上一个时代的东西不重要了，而代表人们追求的中心变了。在农业经济中，人的欲望以温饱为中心；在工业经济中，人的欲望是更多的物质享受；在服务经济中，人的欲望是更多更好的非物质享受。现在人们更希望从消费物品与服务中获得个性化的体验。

以研究娱乐经济著称的沃尔夫提出，人们的消费正从"有形的消费品转向花钱买感觉"。这里所说的感觉也就是派恩所说的体验。消费趋向于个性化、多样化，追求一种刺激，已成为网络时代消费的特征，可以预见这种趋势还会增强，甚至成为主流。

读完《体验经济》这本书，我印象最深的一个观点就是：未来的所有行业都是娱乐业（也可以说是游戏业）。

回到企业管理话题，随着时代的变迁，员工的核心需求不也在发生变化吗？时代不同了，人们的首要需求也发生了变化。

管理者基本都知道马斯洛理论，这是一个关于人性的基本判断。马斯洛把需求分成生理需求、安全需求、爱和归属感（社交需求）、尊重需求和自我实现需求五类，由较低层次到较高层次排列。

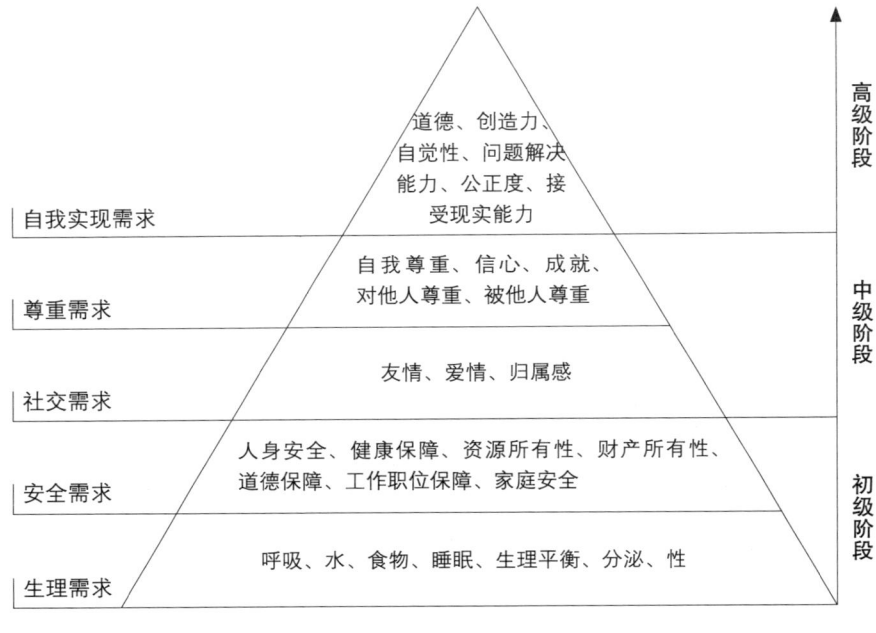

马斯洛的需求理论

通俗理解：假如一个人同时缺乏食物、安全、爱和尊重，通常对食物的需求是最强烈的，其他需求则显得不那么重要。此时人的意识几乎全被饥饿占据，所有能量都被用来获取食物。在这种极端情况下，人生的全部意义就是吃，其他什么都不重要。当人从生理需要的控制下解放出来时，就会出现更高级的、社会化程度更高的需求，如安全需求、社交需求、尊重需求和自我实现需求。

进入 21 世纪,大部分员工工作的需求已经不再是基本的生理和安全需求了,他们更需要归属感、认同感和成就感。

马斯洛理论是一个关于人性的基本判断,几乎所有管理者都学过或至少听说过。但一回到企业的实际运作中,往往又忽视了时代变迁带来的员工需求的改变,往往会用 20 世纪的管理思维去管理 21 世纪的员工,如今,企业管理也必须是一个游戏,是一个能满足员工参与感、成就感的游戏,是一个双赢的游戏。

如何把工作变成游戏

企业经营是一件严肃的事情,有赢利压力,要对股东、员工、社会负责,那又怎么可能把它变成一个游戏?

讲个故事:

一位老人在一个小乡村里休养,附近住着一些十分顽皮的孩子。他们天天互相追逐打闹,吵闹声使老人无法好好休息,在屡禁不止的情况下,老人想出了一个办法。他把孩子们都叫到一起,告诉他们谁叫的声音越大,谁得到的报酬就越多,他每次都根据孩子们吵闹的情况给予不同的奖励。到孩子们已经习惯于获取奖励的时候，老人开始逐渐减少所给的奖励，最后无论孩子们怎么吵，老人一分钱也不给。

结果，孩子们认为受到的待遇越来越不公正，认为"不给钱了谁还给你叫"，再也不到老人所住的房子附近大声吵闹了。

小孩吵闹本是天性，为什么最后变成"不给钱了谁还给你叫"呢？老人巧妙地将内驱的天性的行为转变成了需要外界酬劳的工作行为。

那我们能将需要外界酬劳的工作行为变为内驱的行为吗？

其实，工作本来也是人的天性。人最初的工作或者说劳动是为了解决温饱问题，当温饱问题基本解决时，大部分人会选择继续工作，一是希望有更好的生活，二是工作本身就是种乐趣。

IT界的精英们，很多人年纪轻轻就因公司上市或出售而成了亿万富翁，但绝大部分人休息一段时间后又会重新出山，继续工作，继续奋斗。

搜狐创始人张朝阳在公司上市一段时间后宣布休息、闭关，但只过了一年多，就又回到公众面前，他说："人生的意义就是一种参与和相关性"。他自认年纪不大，身体也很好，赶上了第一波互联网爆发的机会，"把自己搞得很有名，也创办了搜狐"，还是可以做更多的事情——这是人生的意义。

"不仅在生活中自己走出来，而且继续在公众舞台上蹦跶"，这是张朝阳对自己闭关后复出的定义，也可以看作是"不退休"感言。

也许，你会说这是企业家级别的人，想法跟大众不一样。那我们再来看一个经典的企业案例。

丰田可以说是日本最伟大的企业，也曾经是亚洲市值第一的公司，超越美国通用汽车、福特和德国大众等老牌巨头，成为全世界第一大汽车制造企业。

丰田的成功更应该说是靠无数员工蚂蚁般的努力创造的奇迹，关键是让每个员工不只是带着双手来上班，更要带着大脑。这家公司员工超过26万人，遍布全球52个国家。他们没有办法像科技公司那样，将高分红及配期股的胡萝卜悬挂在员工面前。

究竟丰田如何超越福特，让员工带着大脑来上班呢？

首先，要有切合时代的管理理念。福特时代的特点是通过流水线提升生产效率，但枯燥的流水线作业会让员工厌烦、离职，因此福特选择了用高工资留住员工，保证了流水线的正常运转，实现了效率和效益的双提升，以及公司与员工的双赢。

而丰田作为汽车制造领域的追赶者，完全沿用福特的模式不可能超越福特，在资本、市场、技术各个领域，日本企业与美国企业比都明显处于劣势，丰田必须另辟蹊径。福特认为员工的大脑是负担，那丰田可不可以把员工的大脑变成财富呢？毕竟，经过一段时间后，同行的工资水平也跟上来了，福特也不可能持续地给出不可思议的高工资，失去了高工资的激励，流水线枯燥的工作总是会让员工厌烦和怠工的。

丰田生产模式发明人大野耐一意识到了这一点，他的理念是："没有人喜欢自己只是螺丝钉，工作一成不变，只是听命行事，不知道为何而忙，丰田做的事很简单，就是真正给员工思考的空间，引导出他们的智慧。"丰田相信：一线工作者是最了解问题的专家。传统的企业运营模式让员工自己和管理者都忽视了释放一线工作者的能量。"员工奉献宝贵的时间给公司，如果不妥善运用他们的智慧，才是浪费"，这是大野耐一的名言。

其次，要有一套将理念落地的经营管理模式。丰田模式核心是强调实时的TPS（丰田生产方式，Toyota Production System）与TQM（全面质量管理，Total Quality Management）两大庞杂的管理系统。表面上看，这是永不停歇的流程改善、广告牌管理、零库存系统、追根究底地降低成本，但其组织形态上的精髓就是成立大量的"QC小组"（即质量控制小组）。

丰田集团在日本国内的12家制造公司有1万多个QC小组，如果再加上分布在世界各地的生产厂商，有近2万个QC小组。丰田认为：有必要让每一个工作在制造业的员工，在工作中感受到快乐，喜欢自己的工作。所以，要想营造明快舒畅的工作环境和以人为本的氛围，QC小组是必不可缺的。借助QC小组活动，可以推动遍布世界各地的职场活性化。

丰田是如何推行QC质量小组活动的呢？下面我们就通过丰田某地公司开展QC活动的步骤来窥一斑而见全豹：

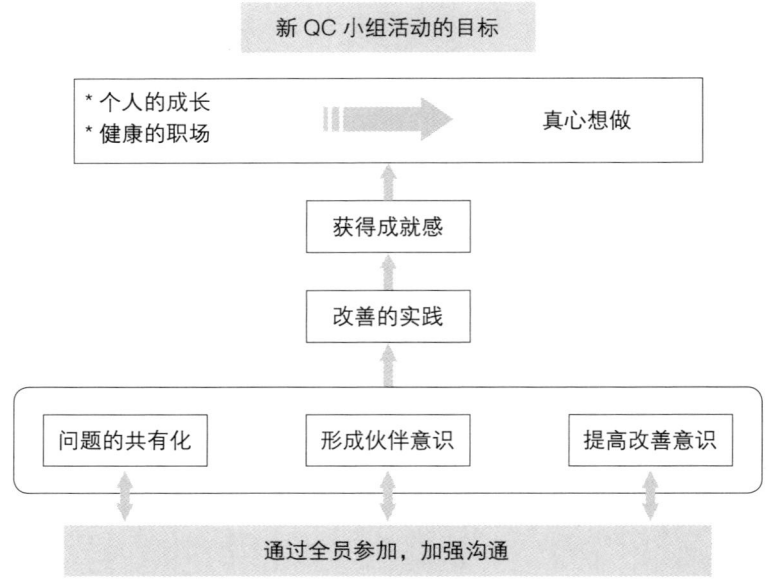

QC小组活动步骤

1. 成立QC体系委员会，由总经理牵头作为委员长，各工厂为分会，各部各科分别有评审委员会及评审员专门负责此项工作推进。

2. 在公司内部选拔和培养QC讲师，形成自身造血机制，每年每个讲师授课不少于32小时。

3. 在全公司范围内对一线的管理者开展两天的QC小组长培训课程，专门学习如何开展以小组为单位的QC改善活动。

4. 以QC小组长为核心开展PPT制作等相关知识讲座，并加以实践考核。

5. 在公司现场以班组为单位组建各种QC小组，每个班组可成立2～3个QC小组开展活动。由参加过QC小组长培训课程的班组长亲自指导并帮助开展活动。每个季度每个小组提出不少于5个改善提案。

6. 公司每半年开展一次评比活动，由班组、车间、部门、工厂层层选拔优秀的QC案例进行发布和表彰，每年开展一次全公司级别的QC大会，由各部门选拔上来的优秀案例小组亲自上台发表。并由公司委员会评出前三名和优秀奖，进行表彰，每年的第一名小组选派参加日本丰田总部举办的QC改善大会，并予以表彰。

看到这里，你也许会说，这跟GE的群策群力行动学习不是很相似吗？

对！二者确实有很深的渊源。20世纪80年代，以丰田为代表的日本企业的成功曾经强烈地冲击和刺激了美国的企业界，美国企业大量借鉴学习日本制造业的管理模式，包括QC小组的做法，但成功的不多，原因很多，文化背景不同是很重要的一点。

QC小组的做法在日本极大地调动了员工的参与感和积极性，但日本人的这套玩法不见得适合美国人。如果要用体育运动项目做比喻，日本QC小组的玩法更像是排球比赛，隔着网比赛，有板有眼，比枯燥的广播体操强多了，对于规矩感很强的日本人来说这个已经很好玩了。但美国

作者主导的老板电器上海公司行动学习工作坊，横幅上为员工自己提出的挑战性目标

人更野，美国人更喜欢中间没有网的比赛，比如NBA。于是，美国人在QC小组的基础上发展了一种更刺激的"赢的游戏"，就是"群策群力"。后来，游戏的玩法越来越多，"世界咖啡""欣赏式探询""未来探索""开放空间"……全世界的培训人士和管理人士一起研究、探索、实践，发展出了一套跨越经营管理和学习两大领域的独特体系——行动学习。

将工作变成游戏的四大法则

看到这里,有人会说,QC小组有什么新鲜的,我们工厂早做过了,没什么效果呀!还有人说,行动学习不就是一群人讨论来讨论去,还不断地换桌子(指的是行动学习工作坊中的"世界咖啡"),一开始挺新鲜的,但也没什么特别的效果呀!

对于这类问题,我会反问:太极拳也没什么特别效果呀,每天早上一群老头老太太手动动脚动动,跟广场舞有什么区别?

不去理会太极拳神奇的传说,即使不是武术爱好者,大家也知道从古至今诞生了不少真正的太极拳武术大家,我们不能因为把太极拳当广场舞练的人没有成为武术大家,就否定太极拳的威力。

同样,即使不是企业管理专家,我们随手在网上一搜,也能发现QC小组和行动学习在企业管理的百年历史中帮助众多企业获得了巨大的成功,虽然因不得其法而未获成功的企业更多。

俄国文学家列夫·托尔斯泰说过:"幸福的家庭都是相似的,不幸的家庭各有各的不幸。"企业也是一样,毕竟成功的企业少,但成功的企业一定有其规律,学习这些规律后仍未能成功的原因很多,可能先天条件不足,也可能不得其法,但不要轻易否定这些成功的规律。

所谓外行看热闹,内行看门道。行动学习作为"赢的游戏"一定有其规律,我们可以从分析游戏入手探究其成功的秘诀。

打游戏又没有工资、没有奖金,甚至有害健康,为什么那么多人乐此不疲,甚至废寝忘食?结合马斯洛理论分析,游戏满足不了第一、二层次的生理需求和安全需求，但能满足第三、四、五层次的社交需求（网络游戏中的互动让人有团队参与感）、尊重需求（过关后的成就感）和自我实现需求（游戏能激发人的创造力）。

工作让人有工资、奖金，间接满足了人的生理需求和安全需求。但大部分人的工作是被动、枯燥的，无法满足更高层次的需求。如何让工作能像游戏一样使人获得更高层次的满足呢？

2012年有一本畅销书叫《游戏改变世界》，作者简·麦戈尼格尔是著名未来学家，她认为游戏之所以吸引人，是因为所有的游戏都有四个决定性特征，也可以说是游戏的四大法则：

目标（goal）：人是不断需要目标的，它为玩家提供了"sense of purpose（目标感或目的性）"，有目标才有存在感和成就感。

规则（rules）：规则是一种限制，但有规则才有创造的空间，才能培养玩家的策略性思维。

反馈系统（feedback system）：通过点数、级别、得分、进度条等方式给人们不断地带来成就感和继续玩下去的动力。

自愿参与（voluntary participation）：任意参与和离去的自由，可以保证玩家把游戏中故意设置的高压挑战工作视为安全且愉快的活动。

这就是"赢的游戏"的门道，将行动学习模式与这四个特征对照分析，你会发现只要方法得当，枯燥的工作也可以变成快乐的游戏。

目　标

企业都有目标，但员工对于企业的目标往往没有切身的感受，100亿元销售额、公司上市和成为百年老店跟员工有什么关系？即使公司的企业文化体系很好，员工对于企业的目标、愿景有认同感，但这股驱使企业家和高管们早起的力量传到员工层面已经在逐层衰减了。即使公司的目标管理体系分解到位,分到员工的也一定是指标,而不是员工自发的挑战性目标,达不到自我设定游戏目标时的那种主动性和竭力去实现的热情。

看看杰克·韦尔奇用"群策群力"在 GE 是如何制订年度目标的。他说:"人们在表格、演示和资料之间工作了一个月,不断进来告诉 CEO 在既定的经济环境下,在既定的竞争情况下,最佳成果是 2。然后 CEO 说,'我不得不给股东 4 的回报'。他们最终在 3 上达成了一致,每个人都高高兴兴地回家了。这就是年终会议。而在 GE,如果目标是 10,你处于 2 的位置,我们将在你达到 4 的时候举行一个聚会,我们将发放奖金,到城里喝酒。当你到 6 的时候,我们将再次庆祝,我们不会浪费时间和金钱把预算从 4.12 做到 5.13 再到 6.17。所以 GE 的年终会议总是能达至超出期望的目标并自动自发地执行到位。"

为什么不把组织的要求告诉大家,然后大家一起去制订挑战性目标呢?

为什么不把组织的大目标设定后,再给每个团队、每个人一个机会让他们在各自领域制订自己的挑战性目标呢?比如,这些目标:

- 6 个月内将营业费用减少 1000 万美元;
- 3 个月内将进入系统的数据的精确度提高 30%;
- 将产品的开发周期减少到原来一半的时间;
- 在 4 个月内将客户的投诉率从 18% 降低到 2%;
- 不降低客户满意度的前提下,在 100 天内将维修成本平均每件减少 10%;
- 在始终达到服务标准的前提下,将生产效率提高 20%;
- 在"群策群力"实施的 12 个星期内提高 50 万美元收入;
- 在 4 周内将客户建议的准备周期减少 50%;

- 在6个月内减少250万—500万美元的直接索赔费用；
- 在3—4个月间将系统产出提高25%；
- 在100天内收回600万元的应收账款；
- 在两个月内电话中心员工处理一个销售来电的平均时间减少20%；
- 4个月内消除订货流程中的大部分，在采购循环上节省50%的时间；
- 6个月内将不必要的报告数量减少50%；

……

这些就是GE在实际工作中曾经开展的上千个行动学习课题的一部分，这些课题和目标都是基层员工自己提出来的。

大家也知道，丰田的核心竞争力正是来源于全球数万个QC小组通过无数个自我设定的课题获得的改进。

至于有些公司的QC小组行动学习效果不佳或流于形式，是方法不当的问题，不代表这种将自上而下的目标分解转化为由下而上自动自发挑战目标的思路和模式过时了。当然，一个组织一定程度的目标由上而下分解是必需的，只是如何将由上而下和由下而上有机结合，就体现经营管理者的管理水平和功力了。"赢的游戏"的关键就在于此，这也是"海星型组织""阿米巴组织""让听得见炮火的人决策"这些概念能否落地的重要前提。

规　则

无规矩不成方圆，游戏如果无规则也一定不好玩了，但当一个组织的规则让参与者有一种集体无力感时，就说明规则太复杂了，束缚了员工的能动性，我们要思考如何简化甚至打破这些规则。这很危险，因为"牵一发而动全身"，改造一个组织是一个庞大而持久的危险工程。

所以，当郭士纳在1992年接手濒临倒闭的IBM时，他知道要改变企业文化，要改变规则，但并没有大动规则，而是以行动学习作为突破口。他任命罗恩·霍斯特为IBM高管发展项目总管，支持罗恩停掉之前所有的培训项目，并放手让罗恩尝试行动学习。罗恩后来是这样描述这个过程的："从一开始我们便下定决心要采用最好的学习方法，着手改变企业文化，通过行动学习方式帮助一切工作走向正轨。我们已经对此着迷，事实上这个项目可以使双方达到双赢。我们可以解决政策上的主动性问题，并且可以一边学一边做。因此，行动学习成了整个项目的核心。项目结束后，几乎100%的项目参与者都说'当我重返工作岗位的时候，我的行为真的在好多方面已经或者将要改变'。"

罗恩之所以敢这么干，原因很简单，因为GE的杰克·韦尔奇就是这么干的，而且取得了巨大的成功。后来，离开GE的前高管们去新的企业时，都会将"群策群力"带到新的企业，也都卓有成效。詹姆斯·麦克勒尼作为GE的前高管，曾先后任3M的董事会主席兼CEO和波音的CEO，并将行动学习引入这两家企业。他说："对每个公司而言，不管它的规模有多大，都会不知不觉地积聚起'问题库存'，它会扼杀生产力，动摇公司的根基。'群策群力'负责把这些问题清除干净，而且使每个人都关注并积极迎合顾客的需求。如果您想使公司保持生机和活力，请让'群策群力'成为公司DNA的一部分。"

行动学习是一种另辟蹊径的组织改良方式，通过一个又一个行动学习项目打破组织间的壁垒，唤起员工的热情和参与感。这些新的（在常规管理体系外派生出来的）项目暂时不会或者一开始会尽可能少地牵扯到组织内千丝万缕的复杂规则和烦琐文化，但随着项目的推进，组织中的很多弊端暴露无遗，而行动学习简明的规则，开放的形式和短、平、快的模式让参与者（包括高管和员工）不得不一次次当场面对这些问题并现场解决，这样就逐渐融化了组织壁垒的坚冰，自然而然达到了组织变革的目的和效果。

反馈系统

几乎每家企业都有自己的绩效考核系统和激励制度，这很好，但这些制度往往过于系统和完美了。在这样一个快餐时代，人们似乎更喜欢即时的激励和戏剧化的团队庆祝活动，更享受过程。行动学习的课题往往是更具挑战性的目标，也可以设置更有趣更刺激的、花样百出的奖励，并在通常每个月一次的（为跟进项目进展而安排的）团队活动中即时兑现，相当于一月一次的团队嘉年华活动，这是"赢的游戏"最开心的时刻，其实也是最自然的团队建设和最升华的企业文化建设。

自愿参与

任意参与和离去的自由，可以保证玩家把游戏中故意设置的高压挑战工作视为安全且愉快的活动。

行动学习作为组织常规经营系统外的一套学习系统，以行动学习项目或课题的形式解决企业实际工作中的难题，既不脱离企业实际，又有一定的自由度，反而有可能让参与者打破惯性思维和部门壁垒，突破性地解决一些企业的顽疾或者拓展出一片新的领域。

行动学习暗合了游戏的四个特点，所以说，行动学习就是"赢的游戏"。

作者主导的中国通信服务公司浙江公司行动学习工作坊中的团队共创,学员高度参与,激烈碰撞

群策群力的企业文化——GE行动学习案例

前文多次提到 GE 的群策群力,这里再将其单独整理成篇进行详细介绍,以便于读者理解。我们将此案例分成两大部分进行介绍:一部分是群策群力产生的背景,一部分是群策群力在 GE 的应用。

群策群力产生的背景

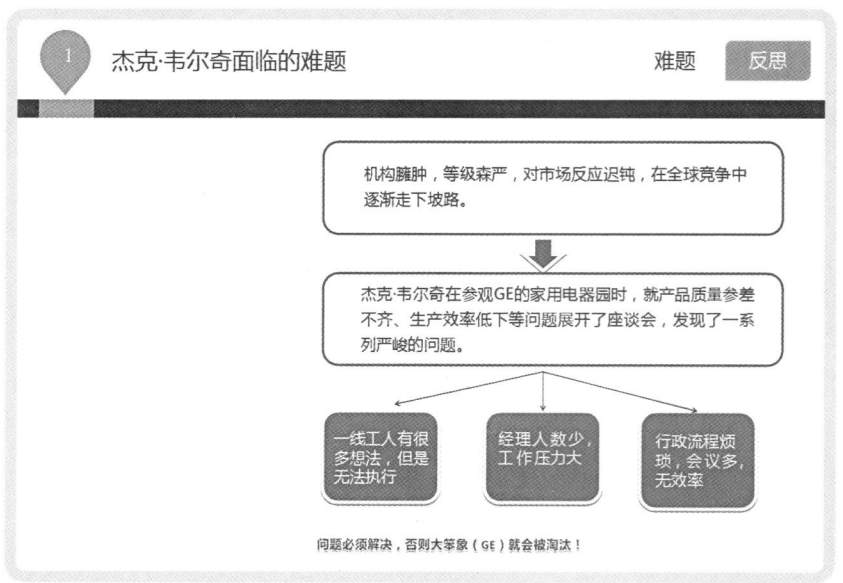

群策群力就是在这样的背景下产生的,这是杰克·韦尔奇的巨大创新,也是一种令问题无所遁形的方法。

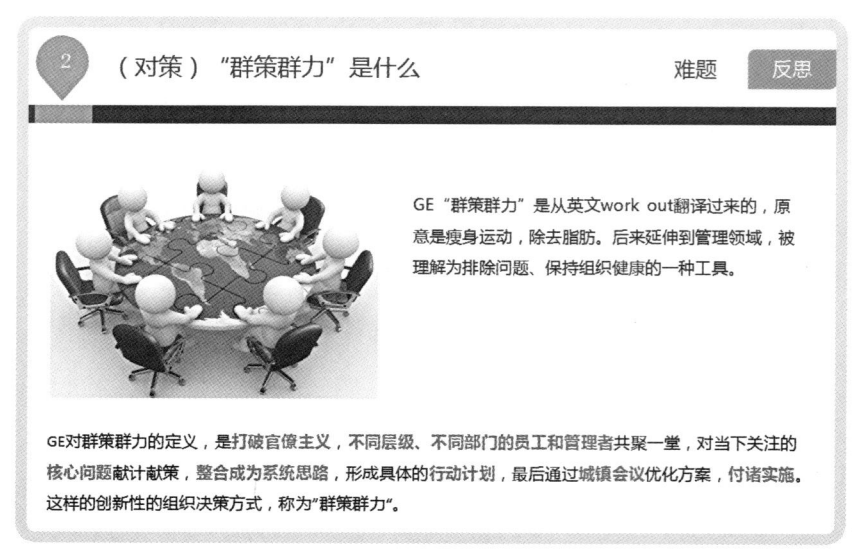

3 （对策）"群策群力"的四个目标　　　难题　反思

员工能畅所欲言	具有主人翁精神
员工必须有足够的渠道和机会表达自己的想法，问题堵塞在基层，天长日久就会让组织机体衰败！	员工其实乐于完成他们的工作目标，只要你向他们指明工作目标和个人梦想之间的紧密联系。太多主管迷信于权威和强制力，反而压制了员工成就自己的渴望。
企业瘦身，减少成本	**提高执行力，创建无边界组织**
如果不能做到数一数二，业务部门就没有存在的必要。企业的第一使命是赢利，对所有股东负责。到20世纪80年代末，GE的业务部门被大刀阔斧地砍到只剩13个。	打破部门墙。部门的设置，是为了明确岗位责任，清晰流程，减少交叉成本。然而，部门不能成为信息交流、上下游合作、客户导向的障碍。所有推御责任、自我设限的行为必须止。

4 "群策群力"的成果　　　难题　反思

借助群策群力这项变革工具,通用公司从"大笨象"变成了"会跳舞的大象",业绩迅速回升,赢利能力大幅增强,夺回了在多个领域的领导地位。

5 高管评价   难题   反思

"群策群力"帮助我们创建了一种全新的文化,每个人都开始积极参与,每个人的想法都开始被关注;领导者更多地是引导员工而不是控制员工。

——杰克·韦尔奇

"群策群力"是我们企业文化的一部分,它是我们将员工聚集在一起快速解决问题的方法。

——威廉姆·J.康纳提

6 "群策群力"被广泛认同   难题   反思

在通用公司内部,群策群力作为一种新的管理方式和工作方式,得到了广泛推行,也为通用公司带来了巨大变化。伴随着管理文化的变革,GE的业务越来越聚焦,所有的业务部门经过研讨和评估,未来难以达到"数一数二"竞争优势的业务部门都被"关停并转",GE整理行装,重新上路,销售额和赢利能力都得到了快速提升。

在通用公司外部,上下游客户在通用公司的熏陶之下,逐渐接触并认识到"群策群力"在组织变革和凝聚人心方面的奇特魅力,越来越多的企业学习这种管理方式,并将其融入到自己的管理文化中。

群策群力在 GE 的应用

杰克·韦尔奇借助"群策群力",为 GE 塑造了新的文化,帮助这个航母级企业获得了新的生命活力。那么,GE 的"群策群力"是如何操作的?我们可以从中获得哪些借鉴呢?

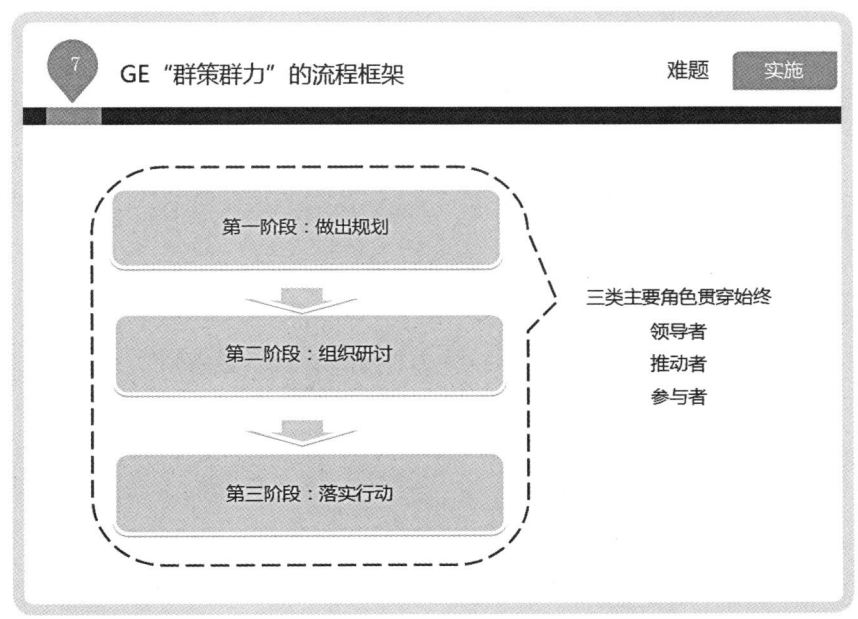

在群策群力的整个流程中,有三类主要角色贯穿始终:领导者、推动者、参与者。这三类角色都起到了至关重要的作用:领导者是整个群策群力活动的主导者和核心力量,决定着活动的成败;推动者统筹全盘事务,影响着活动推进的力度和质量;参与者是实际创新的源泉和成果的直接缔造者。

1 阶段：做出规划　　　　　　　　　　　　　　　难题　实施

1.聚焦问题，明确目标
当我们确定要组织一次群策群力活动，以改善某方面的管理或业绩表现时，首先要注意的是，尽量把我们的目标具体化、量化。

2. 邀请人员，落实分工
一次成功的群策群力活动，一定少不了三类人：领导者、推动者、参与者。有时候我们过于关注手中的事情，而不是关注人，结果无一例外是失败的。

3. 关注细节，设计流程
在明确所有的背景因素后，我们会设计出群策群力的操作流程。总体来说，流程应当是简单、有效、令人轻松的，并不僵化，富有灵活性。

 1.1 聚焦问题，明确目标　　　　　　　　　　　难题　实施

什么是好的"群策群力"的目标?
· 主题是一个开放性的问题，有足够的空间给大家研讨，没有明显的倾向性；
· 主题是大家关心的内容，通常是管理或业务中的核心问题；
· 主题最好与业绩相关，而不仅仅聚焦在制度流程、人员配给、资源支持等过程性的问题。

制定"群策群力"目标的原则
（SMART原则）如：
· 年度降本增效8000万美元；
· 重点业务部门骨干人员流动率比上年降低30%；
· 单店销售额上半年同比增加25%；
· 人均产出比上年增加30%；
· 一季度客户投诉率为0。

1.2 邀请人员，落实分工　　　　　　难题　实施

领导角色	推动角色	参与角色
• 发起人（必选项）：一般是公司高层领导，业务线的高层管理者； • 支持者（可选项）：一般是高层管理团队成员，以及主要的中层管理者。	• 顾问（必选项）：其主要职责是提供专业的行动学习项目知识，协助发起人，确定群策群力的目标、流程框架、工作要点； • 推动者（必选项）：包括负责宣传、负责督导、负责整场活动统筹协调的人员； • 行政人员（可选项）：负责后勤和资源支持工作。	• 团队领导（必选项）：带领团队伙伴，展望业绩目标，进行团队分析，形成行动计划，起表率作用； • 团队成员（必选项）：参与群策群力全程，在过程中贡献智慧，积极投入，落实行动计划，最终达成目标； • "城镇会议"的参与者（可选项）：参与城镇会议的学习，汲取其他团队在管理经营方面的经验，提供必要的反馈。

 1.3 关注细节，设计流程　　　　　　难题　实施

当我们完成了群策群力活动的前期工作，包括聚焦问题、确定目标，并选定参加群策群力活动的主要人员，明确各自分工后，后续的工作就是设计群策群力的具体流程，以便整个团队能够有序地展开研讨，形成最优决策。

> **制定具体流程时，需要关注的要点：**
> - 根据群策群力的总目标，要求各个团队确定自己的分目标，也就是各团队如何通过量化的业绩，支持整个组织目标的达成，子目标必须在正式的群策群力会议之前完成；
> - 根据需要，为各个团队提供数据表格、参考信息，以提升其研讨质量；
> - 列明每个步骤所需的物料清单，保障流程顺畅，提高研讨效率；
> - 明确每个团队的人员结构，包括团队长、代理团队长、成员。

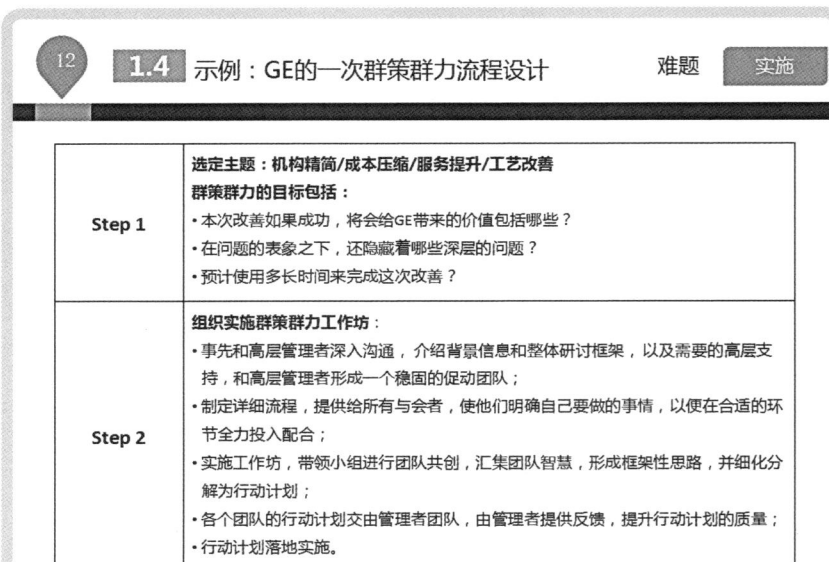

第一章 管理哲学篇——企业就是赢的游戏

2.1 背景介绍

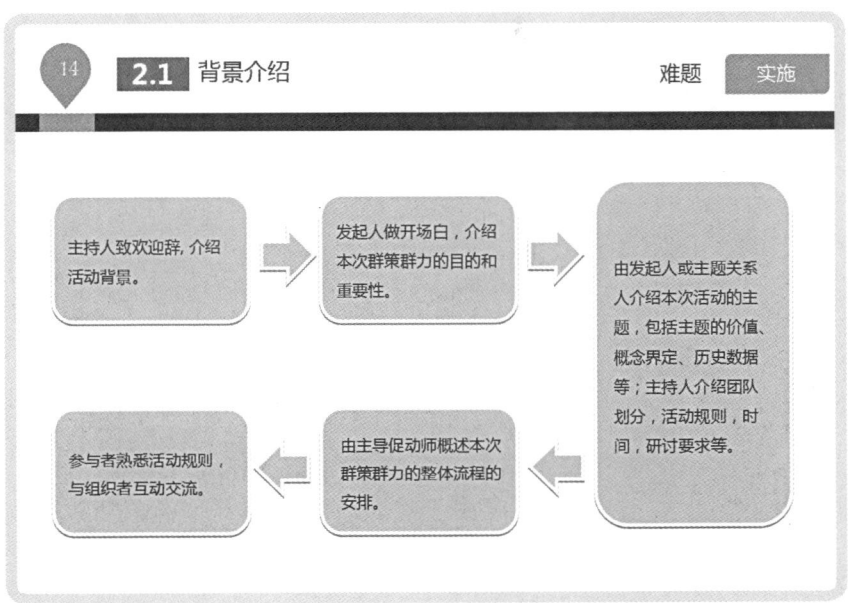

2.2 观点碰撞

在观点碰撞环节，GE要求各个团队根据小组的分目标，提出最有可行性的具体措施。这是一个"个人头脑风暴"环节，每个人都有机会充分表达自己的想法，从而避免了在传统会议中一部分团队成员的智慧被淹没的情况。经过研讨，每个团队最终筛选出最有价值的十项对策。

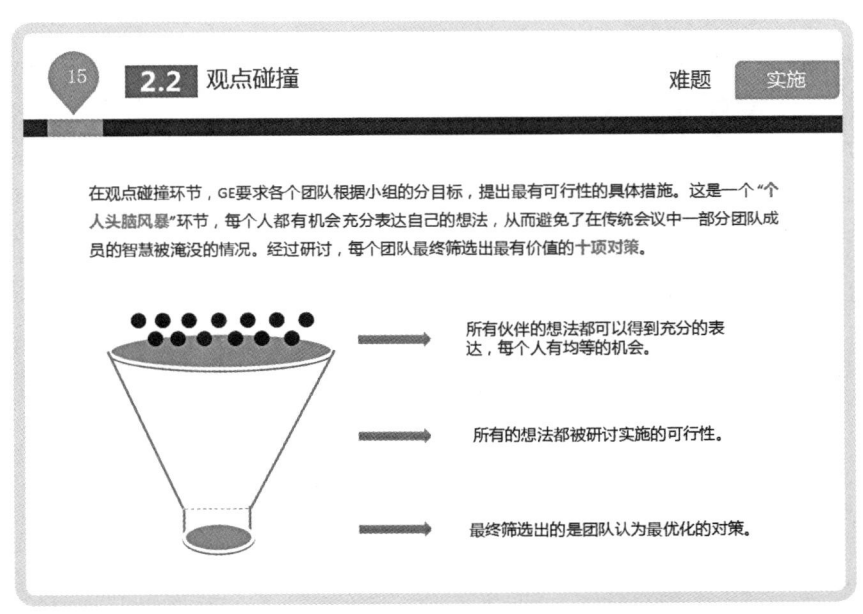

2.3 思维梳理　　　　　　　　　　　　　　难题　实施

在后续的环节中，每个团队把优化得出的十项对策公示出来，可以使用大白纸，或者彩色贴纸的方式，以便所有伙伴能够看到、参与到讨论中。

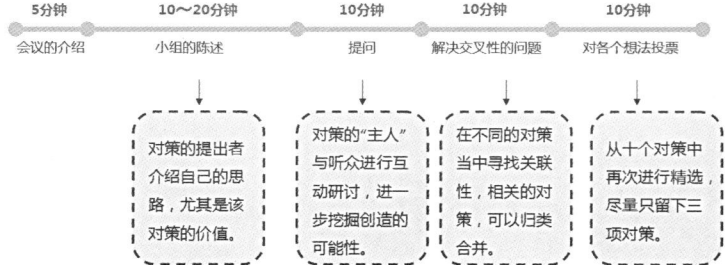

5分钟	10〜20分钟	10分钟	10分钟	10分钟
会议的介绍	小组的陈述	提问	解决交叉性的问题	对各个想法投票

- 对策的提出者介绍自己的思路，尤其是该对策的价值。
- 对策的"主人"与听众进行互动研讨，进一步挖掘创造的可能性。
- 在不同的对策当中寻找关联性，相关的对策，可以归类合并。
- 从十个对策中再次进行精选，尽量只留下三项对策。

 2.4 明确行动　　　　　　　　　　　　　　难题　实施

"明确行动"环节的关键点：

- 该包含哪些要素？是否需要具体的开始和完成时间？这个时间周期和我们的预期相符吗？
- 行动计划和我们日常的工作是否有冲突？是能和日常工作融为一体，还是相互挤占时间，我们的各项对策，如何转化成具体的行动计划？
- 行动计划应占时间？
- 行动计划是否建立了明确的衡量标准，以便团队长和管理部门进行跟进？
- 行动计划是否体现了创新，在过去工作的基础上，进行了有益的尝试？
- 群策群力的发起者，以及他们所代表的组织，对创新行动还有哪些期望？是否在行动计划中有所体现？

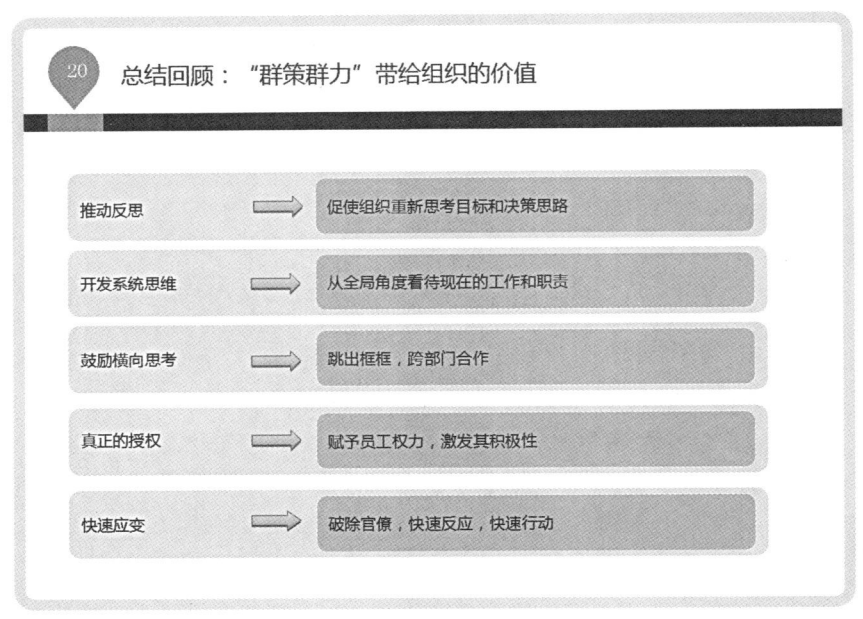

（本节编写：众行行动学习研究院顾问敖文静）

凤凰涅槃，绩效倍增——中国本土银行行动学习案例

背景：没有最烂，只有更烂

团队建设一向是一项艰巨的工程！如果一支后进团队、习惯于垫底

的团队，在短期内做到咸鱼翻身，一跃成为耀眼的明星团队，那这中间一定出现了某种神秘的魔力。GN银行白云中心支行的"凤凰涅槃，绩效倍增"行动学习项目，就是这个"神秘的魔力"。

GN银行白云中心支行位于广州市白云区，下辖62个网点，员工600多人。2013年2月，GN银行白云中心支行来了新行长。新行长是从原来一直数一数二的天河中心支行调来的，仿佛从暖春一下子进入了寒冬，面临的情况极其严酷：2012年度白云中心支行在总行综合排名倒数第一；刚刚经过了年初冲刺，到3月，部分指标严重回落，存款减少了40亿元！

但奇怪的是，新行长并没有像大家想象的那样，一头扎到业务里，亲力亲为去推动，而是先着手考察和调研。行里一些管理人员暗暗着急：过了3月，第一季度就结束了，怎么办？新行长在思考一个问题：现状背后必有本质，白云中心支行面临这个现状，问题根源在哪里？要冲业绩，首先要抓关键！

从覆盖区域来说，白云中心支行是13家兄弟单位中最大的，从环境看，白云区经济发展也不是最差的，那么，问题很可能出在人身上。

这时候的白云中心支行人心涣散，缺乏斗志，大家普遍对自己缺乏信心。基层网点流行一句调侃：白云中心支行的业绩没有最烂，只有更烂！这句自嘲之中，透露出干部员工们深深的失落与无奈。怎么把员工的积极性、主动性调动起来，怎么让他们自动自发、"嗷嗷叫"地去开展业务，这才是问题关键。

新行长迅速聚焦核心问题：通过项目形式加强团队建设，提升士气，以此作为绩效突破的关键点。

发起：慧眼如炬，凤凰涅槃

3月，新行长找到助力天河中心支行连续5年实现数一数二目标的众行公司，提出"团队建设、重塑文化"工作要求，希望解决几个首要问题：

1. 服务方面，要求服务人员形象、理念都发生改变，由松散的现状，改善到专业水平。

2. 管理方面，现阶段管理者的工作过于简单和粗放，执行力较弱，通过项目，要显著提升管理水平。

3. 营销方面，营销人员素质亟须提升，要通过能力提升业绩。

关于项目总体目标，新行长提出希望：

1. 解决以上问题之后，一年之内，团队管理和服务方面发生明显改变。

作者在该项目启动会上

2. 让有梦想、求上进的人有机会实现梦想。

3. 在带队伍和管人方面，通过项目积累起一套有效的机制。

关于业绩提升的具体目标，现在综合排名已经是倒数第一，待团队建设有了成效，业绩自然会有提升。期望不必过高，白云中心支行在总行的排名能够从倒数变成正数，足矣！

基于这样的背景，众行公司提出了"凤凰涅槃，绩效倍增"的行动学习系统思路，其中包括"1+2+6+1"战略步骤：

- "1"指通过领导班子的深度汇谈，确定团队建设项目需要达成的一套目标；
- "2"指通过2天1夜群策群力工作坊，凝聚士气，启动行动计划；
- "6"指6个月的复盘跟进，教练式贴身辅导；
- "1"指项目总结，形成一套以赛代练的团队建设和绩效倍增模式。

启动：释放梦想，点燃激情

3月27—29日，在众行公司组织的"凤凰涅槃，绩效倍增"行动学习启动会现场，白云中心支行的伙伴们有了全新的感受。

大家以前从来没有经历过这样创新形式的学习活动，在学习过程中，充分感受到了领导班子对员工的重视。战略决策以前都是领导关起门来制定的，今年居然让全体员工都参与其中，这多么奇妙！在年度战略目标落地的群策群力研讨会中，大家热情高涨，积极参与，献计献策。

在启动会的"展望愿景"环节，白云中心支行员工们释放激情，呐喊出在心底封存已久的梦想：大家齐心协力，创造一个绩效奇迹，要让白云中心支行今年在总行的KPI达到"保三争一"。这个目标过去没有人提过，也没有人敢想，倘若有人提起，必定会被嗤笑"痴人说梦"。

感受到久违的激情，看到上百名员工眼中迸发的光辉，领导班子欣慰地笑了，他们仿佛看到一艘巨轮正在轰然长鸣，拔锚起航。

跟进：成效初现，业绩喜人

在启动会后，各部门、业务条线按照"团队共创"形成的行动计划，有条不紊地开展工作。但是，是不是计划形成以后，大家就会自动自发执行呢？中途是否会遇到艰难险阻？答案是：必定有困难！

全员参与的行动学习项目，在项目启动会的"城镇会议"汇报环节中，就遇到了严重挑战：八成的管理层有将信将疑的心态，认为目标不可能实现，这是项目结束后在庆功会上管理层自己承认的；绝大部分员工期待变化，但又不希望工作压力大，基本上都是抱着矛盾的心态在观望、在等待……

但行动学习就是行动中学习，学习中行动，行动是关键。不管是真心还是假意，项目启动会就是动员令，启动会上各个团队在顾问引导下自己做出来的行动计划就是工作指令，现场的承诺就是军令状，说到必须要做到！一个月的行动在管理层的辅导督促下开始了……

一个月后，每月一次的复盘开始了。行动学习第一阶段复盘辅导会上，各个团队上台汇报工作，接受质询。大家欣喜地发现，短短时间成效显著！具体体现在四个方面。

第一，网点环境和服务水平有了明显改善。白云中心支行的伙伴们在21天中完成了下辖网点339项整改。原来门厅杂乱泥泞的，在21天后，已经平坦开阔；网点座椅随意摆放的，经过规划也变得舒适整洁；物品到处堆放的现象得到遏止，办公区域井井有条；所有网点自我管理升级，普遍导入晨会机制，会议经过强化训练，达到了专业、规范水平。经过这一系列的改善，总行多次神秘探访检查，大量客户亲身体验，都给予了高度认可，并迅速转化为现实的经济效益。

第二，柜台人员销售能力得到提升。这一点主要体现在销售业绩上，从项目启动到第一阶段复盘，数据出现快速增长。4月，零售条线存款增长量达到总行业绩增长总量的50%，以一己之力扛下了半壁江山。这个业务奇迹引起了总行和兄弟支行的高度关注。

第三，团队士气得到明显提升，充满正能量。总行到白云中心支行例行调研时，充分体会到团队士气的显著变化：以前的工作氛围是松弛散漫的，常常听到抱怨；现在却经常看到大家在找方法，自我挑战，充满激情。为什么一个团队的协作和氛围可以在短时间内有如此之大的变化？在总行零售条线要求下，其他兄弟支行纷纷到白云中心支行取经交流。

第四，运营质量明显进步。这一点也得到了总行运营管理中心的充分肯定。

成长：不断成长，永不放弃

伴随光辉业绩而来的，当然也有困惑，甚至是质疑。在复盘辅导会上，有少数团队提出，工作压力太大，感觉到力不从心。他们发出疑问：当初制订的任务目标是否切合实际？是否可操作、可达成？梦想固然美好，目标固然伟大，但现实如此"骨感"，条件如此匮乏，我们如何能够达成目标？

在会议现场，众行顾问打开电脑，播放了精心制作的一段视频：《凤凰涅槃》。看着视频中主人公为了梦想打拼，为了目标挖掘潜力，团队伙伴们为之动容，许多人眼中闪烁着泪花。的确，每个人的心底都有对于梦想的渴求，这不是外界力量对我们的压迫，而是我们对人生的承诺，对生命的尊重。我们曾经因为琐事缠绕，忽略了自己的梦想，我们曾经因为困难牵绊，消磨了前进的勇气，而今天，应当重新启程。

在肃穆的气氛中，新行长做了指导性的发言，他提出：行动学习的核心就是成长。白云中心支行所有员工在行动学习过程中，一定要秉持快乐、感恩、分享的价值观。有梦想，就可能会遭遇困难，但是人因梦想而伟大，人因行动而成功，人因分享而收获，人因学习而改变。成功的路不是一帆风顺的，不是确定了一个目标，就能够顺风顺水地实现的。过程中有怀疑，这很正常，但在充满怀疑的年代，我们依然要坚定自己的信念。很多光辉的业绩、耀眼的成功，就是因为有了明确的目标，并且能够坚定不移地去执行，才有了最终实现的可能。当然，并不是有了坚持，就一定能成功，更加关键的是在努力的过程中不断反思、质疑，从而改进、成长。这才是行动学习对于每个白云中心支行员工的价值。

新行长的话鼓舞了在场所有人的信心。通过第一次复盘，全体伙伴更加坚定地把行动学习和自己的日常工作高度融合，通过日常的小范围复盘，不断修正和完善自己的工作计划，向着目标大步前进。

快乐、感恩、分享

在行动学习计划实施的过程中，各个团队的压力非常大，加班加点是家常便饭。细心的项目组伙伴发现，第二次复盘汇报恰逢零售条线两位同事的生日。同事们平时很辛苦，项目组很心疼，如何表达自己的情意呢？于是，一场"地下工作"悄悄展开……

复盘汇报进行中，领导正襟危坐。突然响起《生日歌》，转而成为百人大合唱，现场气氛从复盘的专注严谨变得亲近柔和起来。会场侧门打开，有人推着插满了蜡烛的生日蛋糕缓缓走入。行领导走上讲台和正在汇报工作惊讶的"寿星"合影，切生日蛋糕，并赠送精心准备的小礼物……让"寿星"幸福地抹眼泪吧，这一切都是勤劳奋进的白云人应得的！

一位"寿星"说：今天的生日本以为会和往常日子一样，平平常常地过去。拼命工作的银行人很少有闲情为自己过生日。真没想到，居然有一天，行领导和上百人为他庆生。在白云中心支行工作了20年，这是他终生难忘的一天！

这是集体的情意，这是团队的关爱。在白云中心支行，不仅仅强调业绩，也有人文关怀，有精神，有文化。因为他们知道，人是经营之本，也是经营之终。一切业绩都要由人做出来，而更高的业绩，是为了成就更多人的幸福与和谐。

这个小插曲，再次实践了新行长提出的价值观：快乐、感恩、分享。这个价值观既服务于全体员工，又能够为绩效目标"保三争一"保驾护航。快乐的力量是无穷的，当团队从工作中寻找到快乐时，就会释放出巨大的潜能，创造出惊人的业绩。

蜕变和突破

到了第四次复盘会议，白云中心支行的团队氛围发生了翻天覆地的变化，大家不再等着领导去推动业务，而是拼着、抢着推动客户，甚至是推动领导。

年中，一部、二部跟进某个大客户利丰集团（化名，下同），涉及10多亿元信托合作，谈判异常艰难。

在一次谈判之后，客户已经意向明确，但是还没有清晰提出下一步行动要求。按照过往的工作习惯,大家就会等待客户的回信了。但是这次,业务骨干们改变了做法,一部、二部的同事拉着行领导,奔赴客户总部,做项目推动,再加一把火。

偏偏天公不作美,那天狂风暴雨,一行人遇到航班延误,回到公司已经是凌晨3点。5个小时之后,一群"铁人"又神采奕奕地出现在了行动学习项目会议现场。

事后有人问,天气那样恶劣,为什么还要往客户那里赶?往后推一两天,也没什么大不了的吧?业务骨干们回答:这么重要的一笔业务,每延迟一分钟都是煎熬。时间拖得越久,业务风险越大,不可控因素越多。大家现在已经养成习惯,任何事情,想到就做,抓住一切机会促成业务!

最终,这个项目在9月成功落地,开创了一个纪录:这是白云中心支行第一笔信托业务。并且衍生出3000万元中间业务收入,为白云中心支行"保三争一"奠定了坚实的基础。

这笔业务极大地鼓舞了白云中心支行对公团队的自信和激情。对公团队已经在业务上处于倒数的位置很多年了,在总行,在兄弟支行,常常被人看扁。现在,大家对他们刮目相看,甚至白云区的四大行也开始把白云中心支行当成强有力的竞争对手。

当兄弟支行打电话来"取经"时,白云中心支行的伙伴们感受到了对方的尊敬,他们畅享着汗水换来的骄傲和自豪!

结　语

"凤凰涅槃,绩效倍增"行动学习项目帮助白云中心支行实现了多年来的梦想,使之面目一新,绩效取得突破,创造了奇迹。在精诚奋斗的过程中，白云人在总行支持及以新行长为核心的领导班子带领下，重塑"快乐、分享、感恩"价值观和企业文化，实现了心智模式的突破。

白云中心支行行动学习项目的成功，是全体白云人全力以赴、力争上游的必然结果，也成就了GN银行建立数十年历史中光辉灿烂的一页！

CHAPTER
第二章

心法篇——心智模式是行动学习的内核

心智模式是人面对环境快速反应的一种捷径，任何人都不可能有绝对全面的信息和绝对正确的决策，人必须选择性地接受信息、分析信息和得出自认为正确的结论并做出相应行为，而这个过程一定是有局限性的。我们不可能改变人的局限性，但我们需要认识到我们有局限性，甚至能觉察到自己的局限性所在，并不断地修炼提升自我和组织。这就是我们研究学习心智模式的意义所在。

解剖行动学习公式

"行动学习"的创始人是英国的雷格·瑞文斯教授,他 1965 年从英国曼彻斯特大学转往比利时工作,为高潜能的管理人员举办了新的管理发展课程。在课程中,每个参与者所在的机构都提出了一个比较棘手的问题作为课题,参与者们组成一个个团队去研究和解决这些难题。很多参与者被交换到不属于自己专长的课题小组,大家群策群力,分享知识与经验,在一段较长的时间内,以学习团队的方式共同解决这些棘手的难题。这种方法获得了巨大的成功,被称为行动学习法。

1975 年,瑞文斯返回英国,运用同样方法为英国电力公司开办管理发展培训课程,再次验证了行动学习的神奇效果。从此,行动学习开始在一些组织,尤其是企业中尝试和发展,大多数尝试过行动学习的管理者都承认行动学习是实现组织效率提升的强有力手段。

行动学习概念是 1938 年提出的,但正式提出行动学习的理论与方法是在瑞文斯 1971 年出版的《发展高效管理者》中。这位爱因斯坦的学生没有在物理领域发展,却开创了一个全新的学习领域,他用公式"L=P+Q"来说明基本观点,其中"L"代表学习,"P"指程序性知识的获得,而"Q"则代表有洞察性的问题。

其后,英国学者麦吉尔和贝蒂对行动学习进行了深入研究,并对其做出了明确定义。他们指出:行动学习是一个以完成预定的工作为目的、在同事的支持下持续不断反思与学习的过程。通过行动进行学习,在行动学习中,参加者通过解决工作中遇到的实际问题,反思经验,相互学习和提高。

行动学习有很多流派,也有很多的定义,各有侧重,各有发展,其中最简洁的定义是美国培训认证协会(AACTP)的:行动学习是一个团队在解决实际问题中边干边学的组织发展技术及流程。

到了20世纪90年代末,美国乔治华盛顿大学的人力资源开发教授马奎特出版了《行动学习进行时》(*Action Learning in Action*)一书,发展了行动学习的公式:

AL = P + Q + R + I

AL(Action Learning):行动学习

P(Programmed Knowledge):结构化知识

Q(Questions):质疑(提出有洞察性的问题)

R(Reflection):反思

作者与马奎特合影

I（Implementation）：执行

即：行动学习＝结构化知识＋质疑＋反思＋执行

这个公式也得到了行业内的广泛认可。

P 是什么

P 有三种解释：一是程序性知识，二是结构化知识，三是心智模式（paradigm）。

程序性知识是什么呢？举个例子，有一把扫帚，别人告诉你它是扫地用的，就是陈述性知识；告诉你如何使用扫帚扫地，就是程序性知识。前者回答是什么的问题，后者回答怎么做的问题。

结构化知识指的是系统化的知识。系统化的知识既包括营销学、物理学等学科化的知识，也包括某一小领域的相对系统化的知识，如游泳的知识、行动学习的知识等。

心智模式又叫心智模型，所谓心智模式是指深植于我们心中的关于自己、别人、组织及周围世界每个层面的假设、形象和故事，并深受习惯思维、定势思维、已有知识的局限。

这三者应如何解读？举个例子：关于游泳，《如何学会游泳》是程序性知识，一本游泳的教科书可称之为结构化知识，而我们在水里面的习惯性行为就是心智模式的行为体现。

程序性知识和结构化知识的差异不大，只是翻译不同，若要细究，后者涵盖面大一点，而心智模式则完全是更深层次的概念。

比如，某个初学者即使把《如何学会游泳》和游泳教科书背下来，他也还是不会游泳，下到水里还是会有在陆地时的习惯：头高高抬起，不会换气，这是惯性思维带来的惯性动作，只有通过不断练习改变原来的习惯动作，才能慢慢学会游泳。当他学会了游泳后，即使几年不游了，一旦下水马上也能适应，因为他已经储存了游泳的心智模式，即使已经完全说不出书里面任何关于游泳的知识点了。

所以，彼得·圣吉说"学习是人的心智模式的根本改变"。可见心智模式的改变极其重要、极其不容易。关于心智模式的深层解读，后文会有专门的章节进行阐述。

Q 和 R 是什么

新的心智模式是如何获得的呢？关键在于"Q"和"R"。

行动学习专家一般都会说：衡量一个项目是否是真正的行动学习，关键是看其中是否有 Q 和 R。如果没有 Q 和 R，只有 P 和 I，不管是否有选题，不论是否有讨论和汇报，都不过是一次普通的培训，如果计划真被执行，也不过是培训成果被转化，而非真正的行动学习。

因为行动学习的核心与灵魂是 Q 和 R，没有 Q 和 R，学习就没有真的发生。

彼得·圣吉的《第五项修炼》出版后引起了整个企业界乃至世界的轰动，这本书首次提出了学习型组织的概念，认为学习型组织是企业发展的最高形态。

这本书里面提到一个让人非常震撼的啤酒游戏。在这个游戏中，零售商、批发商和生产商都按照以往的经验持续工作着，首先是零售商发现啤酒销量增加，于是开始向批发商增加订货，接着批发商因为订单增加，加大了向生产商的订货量。而生产商当然兴奋地扩大生产能力，以应付滚滚而来的订单。一切看起来非常合理，几年甚至几十年都是这样操作的，然而到游戏终结时，却产生了灾难性后果：订单突然没有了，库存却很大，这意味着，生产商增加的设备投入无法回收，新招募的工人要大量解雇，而批发商和零售商也正在为大量积压的库存发愁。

到底为什么？因为惯性行为，因为惯性思维，因为心智模式。我们一直在预测未来，根据什么预测？根据以往的经验预测，甚至根据预测进行了适度放大，扩大订单，扩大生产，最后市场消化不了的时候就"Game Over（游戏结束）"了！

啤酒游戏之所以引起轰动，是因为它非常真实地反映了组织的运行状况。福特汽车因为"只生产黑色T型车"追求极致的高效率而崛起，成为汽车行业的泰斗，也因为"只生产黑色T型车"忽视消费者购车要升级换代的需求，最后濒临破产。蓝色巨人IBM因为技术先进而成为IT巨头，乃至美国人的骄傲，但也因为过于追求技术先进，重视大型机而忽略民用机，发展遇阻。

知识属于过去，经验也属于过去。所以彼得·圣吉说："今天的问题来自昨天的解决方法。"解读一下就是"失败是成功之母，成功是失败之父"，我们从失败中吸取教训，摸索出成功的方法，又因为延续成功的轨迹而失败。

如何突破"失败—成功—失败"的宿命呢？关键在于质疑和反思，即在这个变化的世界里，我们既要快速行动，复制成功，又要保持对事情的质疑和对个人与组织的反思，就像登山一样，在登上一个顶峰，短暂的喜悦之后要意识到这次登高已经到顶了，在暴风雪来临之前要及时下山，再去攀登另一座高山。

对于登山者来说，上山下山的转换相对容易，因为我们能看到这座山峰到顶了，主要风险在于若过于留恋山顶的风景，可能会错过下山的时机，遇上风暴雪。而对于企业家和企业管理者来说，我们看不到山顶，甚至也感受不到暴风雪来临的预兆，很难判断什么时候该继续登山，什么时候要下山,更多的是延续过去成功的轨迹,等到从高处下滑,发现暴风雪时,已经来不及了!

要避免这种悲剧的发生,我们能做的就是不断地"质疑"+"反思",质疑显而易见的事实,反思个人和组织惯性的行为。

古人提倡"吾日三省吾身",我们做到了吗?因为市场竞争激烈要求我们快速反应,我们很难做到;因为质疑会破坏组织的和谐,我们很难做到;因为反思会让人看到自己的缺陷,我们很难做到……所以,行动学习要在组织中通过营造一定的组织环境促使个人和组织不断质疑和反思。

阿吉里斯在《哈佛商业评论》上发表了一篇经典文章,批评了"阻碍学习的优良沟通"。他认为,正规的沟通技巧和方法,如焦点小组和组织调查,实际上就是让员工表达自己的想法,又对问题及自己在处理问题中的角色和作用不承担任何责任。这些方法失败的原因,是无法让人反思自己的工作和行为。不鼓励个人的负责态度,也不能暴露深层的、可能带有威胁性或者令人窘迫的信息,而只有这些信息,才能激发学习动机,产生真正的变革。

没有反思,今天就可能只是昨天的简单延续;没有反思,学习就很可能没有发生,无论组织和个人,都无法获得成长。

I 是什么

I 是执行,或者说就是行动、实践。

实践是检验真理的唯一标准,无论是 P(结构化知识)也好,Q(质疑)和 R(反思)也好,最后都要在实践中得到检验。换个角度讲,真正的质疑和反思,也只有在实践中才能触发和开展。

行动学习 = 游学？

行动学习＝结构化知识＋质疑＋反思＋执行，这是我们从国外翻译过来的行动学习公式。其实中国人也有自己的学习公式：学习＝博学之＋审问之＋慎思之＋明辨之＋笃行之，这是几千年前《中庸》里的文字，为中国人所广为传诵。

对照这两个公式，会发现两者几乎一一对应，P对应"博学之"，Q对应"审问之"，R对应"慎思之"，I对应"笃行之"，只是中国的公式多了一个"明辨之"作为补充。

大道相通，东西方的学习之道汇合了。

我们再看一个西方的研究模型：行动学习创造价值模型。

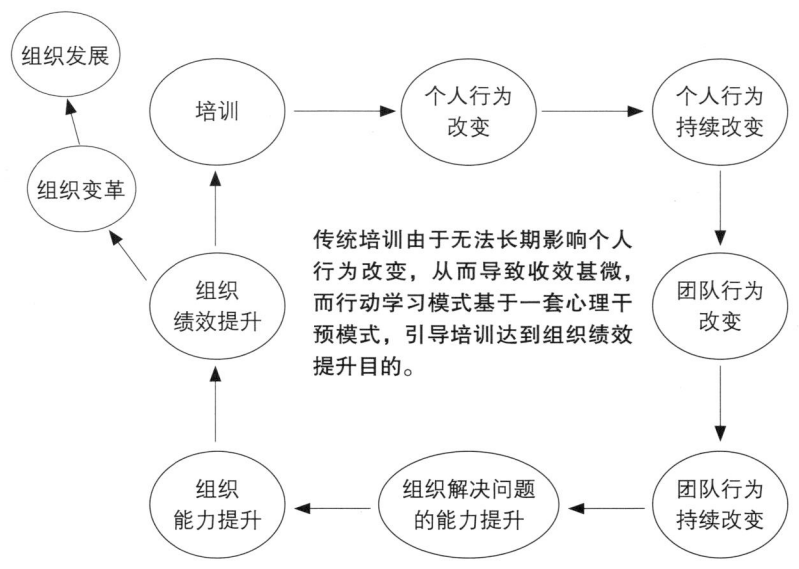

行动学习创造价值模型

培训会带来个人行为改变，但改变率不高；个人行为持续改变很难，最基本的说法是 21 天能够形成一个新的习惯，而能有意识坚持 21 天的行为的人并不多；团队行为改变更难，当某个人听了一个课程，兴奋地回到团队中想改变一点什么时，往往看到的是奇怪的表情，甚至是冷漠的眼神，个体推动团队改变太难了，再往下推动毫无疑问会难上加难……这也是传统培训遇到的最大困境和解不开的难题。

也许我们可以转换思路，以终为始，把组织发展的某一个问题变成一个项目，组成一个或多个项目小组，边干边学，在学习的过程中，团队成员自然会有相互的质疑，也会带来对个人和组织经验的反思，并通过实践检验已有的知识。

所以，有人说，行动学习不就是游学吗？

教育界也在反思现代教育，有人说，最好的教育是最原始的教育——游学。孔子带着弟子游学，没有教学大纲，没有教材，一路走，一路碰到很多问题，边解决问题边探讨，探讨的语录就成了《论语》，孔子的弟子也有很多成才的。因为游学成本高，风险大，为了"有教无类"，更多人可以接受教育，后来的学生只是通过读《论语》等书籍获取知识，效率是增加了，但效果就大打折扣了。中国人意识到了这一点，于是说"读万卷书不如行万里路"，还是希望学习之后一定要有行动，才算得上是真正的学习。

可以说，游学跟行动学习的理念是相通的，东西方关于学习的底层思考在这里又交会了。

探究行动学习的内核——心智模式

在行动学习的概念中,不管是"游戏"还是流程,目的都是要通过实践和学习的过程引发参与者的质疑与反思,从而影响和改变个人与组织的行为及行为模式。

行为及行为模式改变的背后是什么?是心智模式的改变。

"心智模式"这个概念是由苏格兰心理学家肯尼思·克雷克在20世纪40年代创造出来的。随着彼得·圣吉《第五项修炼》的热销和学习型组织实践的推行,"心智模式"成为管理实践中的"热词"。

遗憾的是,这个词很抽象,虽然管理者和学者经常提到这个词,但大家的理解普遍不到位。从学习型组织的角度来说,心智模式的改善是组织能否成功的基石,也是行动学习能否成功的关键要素,甚至是唯一关键要素。

所以,我们有必要细细探究一下心智模式。

心智模式是什么

直白地讲,心智模式就是我们对客观世界的"看法"和待人处事的"套路"。"心智模式"包含思想认识基础、思维方式载体和实际行动计划三个部分。每个人的心智模式的形成与其教育背景、实践经历及成长环境密切相关,由此每个人的心智模式都不一样。所以我们不难理解人们对待同一件事情会有不同的想法、说法和做法。

比如鲁迅说：看《红楼梦》时，经学家看见《易》，道学家看见淫，才子看见缠绵，革命家看见排满，流言家看见宫闱秘事。甚至同一个人在不同年龄段，看完之后也是感悟迥异，而不同的感悟自然导致不同的行为，这就是心智模式的作用。彼得·圣吉在《第五项修炼》中总结说："我们的心智模式不仅影响我们如何认知周围的世界，还决定我们采取何种行动。"

为什么同一本书，不同的人看完后的感受差异有时候非常大呢？因为有些人视而不见，在输入阶段，就把信息丢弃了；有些人虽然把信息接收了，但并没有进行分析处理，仅仅是简单存储下来了；还有些人不光存储下来，还和自己原有的信息进行了整合。造成上述差异的根源就是心智模式。它就像电脑软件，决定了信息获得的多寡（观察）、如何处理信息（思考）、如何保存信息（记忆）、如何做出反馈（行动）。

比如有人说，我这台电脑的软件特别强大，所有信息都能处理和存储，最后的输出精准无误。遗憾的是，这不可能，因为当你面对任何事物时，要往深里去研究，都有海量信息，所以我们小学的时候可以去研究森林，中学去研究植物，大学去研究某一树种，博士只能研究某一树种的某一局部了，比如阔叶树的树叶结构。

没有人能在头脑里装进所见所闻的一切，所装的只能是对重要事物的印象、看法和理论假设。人们也只能依据所得的印象、所拥护的理论假设和所形成的看法、观念，去构成认识周遭世界、解决实际问题的标准方式，这就形成了心智模式。

心智模式的三个层次

企业文化的鼻祖埃德加·沙因曾经用一个睡莲模型去说明企业文化（也可以称为组织文化）的三个层次。

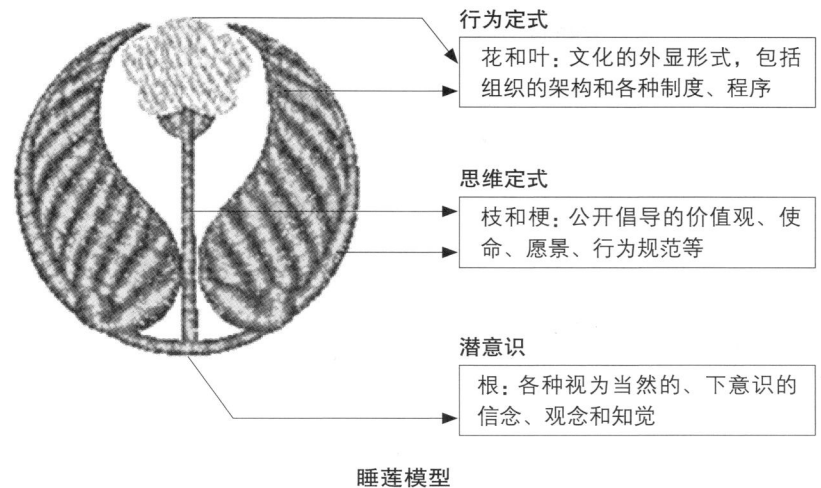

睡莲模型

花和叶代表第一层：文化的外显形式，包括组织的架构和各种制度、程序。枝和梗代表第二层：公开倡导的价值观、使命、愿景、行为规范等。根代表第三层：各种视为当然的、下意识的信念、观念和知觉。

这个比喻很形象，心智模式可以借鉴这个比喻，分为从外到里的三个层次：行为定式、思维定式、潜意识。

心智模式是一个复杂的事物，其表现为一定的行为模式，包括沟通模式、思维模式，更深层的就是潜意识。为了表述和运用方便，人们往往把这些直接等同于心智模式。从学术的角度来说，这不全面，但从应用的角度来看，这样更有助于大家学以致用。就像企业文化一样，通常企业文化的完整表述要包含愿景、使命和价值观等要素，但很多时候大家提到其中的某一关键要素或者一些具体行为时，会直接说这是我们的企业文化，大家都能接受，在管理实践中的沟通也更顺畅。同理，我们也接受大家将心智模式的某一关键要素或表现简称为某人或某组织的心智模式。

比如，"多疑"可以是一个人的思维定式，这种思维定式一定会体现在其行为上，比如"不喜欢跟陌生人打交道"，而根源也一定在其潜意识中，即"这个人缺乏安全感"。

心态可以说是一个人心智模式的直接表现，但心态并不等同于心智模式，因为心态只是某一个人对某项事物的某种观念及状态，并不能完全解读出一个人的行为定式、思维定式或潜意识。心态的概念更小，心智模式的概念更大，更全面。

所以，要完整地理解心智模式，一定要全面把握心智模式的三个层次：行为定式、思维定式和潜意识。

心智模式改善对于个人和组织的意义

心智模式是一个中性词，没有好坏之分。

心智模式是人面对环境快速反应的一种捷径，任何人都不可能有绝对全面的信息和绝对正确的决策，人必须选择性地接受信息、分析信息和得出自认为正确的结论并做出相应行为，而这个过程一定是有局限性的。我们不可能改变人的局限性，但我们需要认识到我们有局限性，甚至能觉察到自己的局限性所在，并不断地修炼提升自我和组织。这就是我们研究学习心智模式的意义所在。所以有位哲人说：一个人最大的客观，就是承认自己有多主观。

人面对环境快速反应的这种捷径虽有局限，但对于人也是有好处的，甚至会持续地带来好处，这种持续的好处就叫成功。

成功会带来路径依赖，成功者会认为自己对于世界的看法是客观的，自己的思维模式是正确的，潜意识认为自己会一直成功下去。

可是，管理大师彼得·德鲁克给了这些成功人士当头一棒："上帝想要真正毁灭一个人，会先送给他三十年的成功。"

不信吗？建议你去看两本书，一本叫《聪明的经营者为何会失败》（*Why Smart Executives Fail*），这是达特茅斯学院的管理学教授芬克斯坦访问了二百多名企业领导人后所撰写的；另一本是企管顾问达特里奇所写的《CEO为何会失败》（*Why CEOs Fail*）。这两位作者都认为，领导人的失败往往源于其行为模式及个性。

在行为模式方面，芬克斯坦表示，不少事例显示，失败的领导人都拥有一套自己的做事方法，这套方法造就了他们昔日的成功，让他们爬上最高位，因此他们深信这套方法，不愿进行改变。这种将昨天的成功模式套用在明天的情形，产生了许多曾经辉煌却最终失败的领导人。

以美泰玩具公司的前CEO巴拉德为例，她曾雷厉风行地带领团队将公司的产品芭比娃娃卖成了世界级的热门商品，并因此步步高升。当上CEO后，她沿袭了自己雷厉风行的作风，做出了一系列并购的重大决定，可惜都失败了。过于雷厉风行的工作方式导致她留不住高阶主管，也没有左右手，优点变成了缺点。

达特里奇同意这种说法。他指出，成功中存在着失败的种子，领导人所要做的最难的一件事就是，在成功的巅峰改变公司既有的经营模式，以准备迎接下一波的成长。

以IBM20世纪80年代初期的CEO艾克思为例，有人批评他不是好的领导人，因为他没有看出产业潮流，带领公司朝个人计算机领域发展。但是，客观评估他当时的处境，个人计算机才刚刚起步，IBM在大型计算机领域做得有声有色，如果当时他必须告诉董事会，公司要放弃非常成功的大型计算机事业，把资源投入完全未知的新事业——个人计算机上来，即使这是未来的发展方向，但对于一个稳重的人来说，这很难做到。而"稳重"恰恰正是蓝色巨人IBM掌舵人最可贵的品质，也是董事会所看重的。

在个性方面，达特里奇表示，性格决定命运。一个人的个性比他的知识体系，或者说智商，更关系着他的成败。

面对公司的CEO时，许多人不会说实话。好的领导人会在身边放敢说实话的人，而且他们愿意向别人学习。相反地，骄傲的CEO想要知道真相，但他们的个性和行为模式导致了根本不可能得到真相，他们看不见的死角往往成为失败的温床。

摩托罗拉所处的手机产业变化迅速，领导人更需要快速和决断，即使只掌握了80%的信息，也要做出决定立刻执行。但是，该公司的CEO却因为个性过于谨慎，显得行动力不足，在做出决定之前，他往往会仔细思考所有可能出错的部分，缺乏该产业需要的速度。而谨慎这点曾经也是董事会最认可和放心他的地方之一。

领导人为什么会失败？这往往和领导人为什么会成功有很大的关系，所以中国人说"成也萧何，败也萧何"。

固有的心智模式能够给我们的管理带来快捷和便利。比如成熟的企业组织架构可以使每个人都能驾轻就熟地开展自己的每一项工作，使工作变得简单化、程序化；固化的工作流程可以使每个人都节省时间且少犯错误；稳定的团队人员相互配合默契，可以减少不必要的沟通障碍和沟通成本。但是正因为架构、流程、团队，以及思想、意识的过度稳定和固化，导致经营过程下意识化或无意识化，管理人员懒于思考并疏于改进，在环境发生变化的时候，往往会后知后觉甚至不知不觉，最终使企业陷入"温水煮青蛙"的困境。

"温水煮青蛙"的故事每天都在上演，无数个人和组织都因为过去的成功而陷入了所谓的成功模式中，但"今天的问题源于昨天的解决方法"（彼得·圣吉语），环境在变，消费者的口味在变，选择不变将成为最危险的方案。

心智模式的问题不在于对或错,而在于人们不了解它,常进行简化的假设,以及它常隐藏在人们心中不易被察觉与检视。或者说,每个人都戴着"有色眼镜",问题不在于"有色眼镜",而在于你没有察觉到你的"有色眼镜"。

不论是在与人相处还是在管理企业方面,如果心智模式不能持续改善以适应现实需要,就会阻碍组织和个人的发展与进步。可以说,所有新的管理理念或方法都会踢到"心智模式"这块隐藏在暗处的顽石。

发现自己的"有色眼镜"并自觉地进行修正,对于个人和组织来说具有重大意义,可以使我们摆脱"失败是成功之母,成功是失败之父"的"失败—成功—失败"轮回循环的命运,真正成为自己命运的主人。

如何改善心智模式

如何改善个人及团队的心智模式?常用的方法是:培训、教练、行动学习。

培训让人们意识到自己的知识、技能和心态方面的短板,并学习改进。相对于教练、行动学习,培训的方法虽然成本低、操作简单,但只有当学员本身有意愿改变时才有明显效果,否则培训很难影响到人的心智模式这个冰山下的东西。比如,给一群烟民讲"吸烟有害健康",课后有多少人会戒烟呢?即使有人开始戒了,他能坚持多久呢?

当然,对于心智模式的改善,培训也不是毫无作用。播下种子是其最大价值,也是非常有必要的。在此基础上,如果还想通过培训获得更大效果,就只能是"重复、重复、再重复"。

"高效能人士的七个习惯"是一门世界级的经典课程,被很多世界500强公司引入,作为改善员工心态和提升基本职业技能的第一门课,但成效各异。微软的做法非常值得借鉴，微软将这门课列为全球轮训课，所有在职员工每两年必须轮训一次。我认识一位离开了微软的大客户经理，他在微软工作了八年，听过四次"高效能人士的七个习惯"课程，这门课深深地影响了他，离开微软后他转型做了职业培训师，经常讲的课程就是"高效能人士的七个习惯"。

宝洁公司在培训领域可以说是全球企业的标杆，宝洁的培训体系也可称为世界上最完备的培训体系之一。宝洁基本不从外部招聘职业经理人，几乎所有员工都来自于校园招聘，通过这种模式宝洁培养了一批批杰出人才，不仅所有高管都靠自己培养，而且还输出了不少高管，被誉为"CEO 的摇篮"：如微软的史蒂夫·鲍尔默、eBay 的梅格·惠特曼、波音的吉姆·迈克纳尼、通用电气的杰夫·伊梅尔特。"宝洁校友"在商界的威名甚至让猎头公司直接把分公司开进了宝洁所在的写字楼。

很多人会就此认为宝洁的培训课程应该很多、很新，其实宝洁的课程体系并不复杂，也不追求最新最时髦的课程，反而特别强调"重复"。

2004 年，我通过猎头将宝洁的大中国区培训负责人张伟纲引入众行公司成为我的合伙人。

他介绍说，宝洁的培训模型不是 ASK（attitude 态度，skill 技能，knowledge 知识）模型，而是 HAWK（habit 习惯，attitude 态度，working-skill 工作技能，knowledge 知识）模型。这两个模型关键的不同就在于宝洁加上了"habit（习惯）"，所谓习惯，就是员工心智模式的直接表现。

很多培训从业者一味追求新课程、时髦课程，一到做年度培训计划时就去问各家培训公司：今年又有什么新课呀？我好排到公司的年度培训计划里去。实际上，培训效果却并不好。

教练是改善心智模式最有效而强大的工具，所以教练技术在西方企业中的应用越来越广泛，成效也不错。只是外来的教练技术与中国的本土文化结合时遇到了两大挑战。

一是文化适应问题。西方人习惯了找心理医生，或者去教堂找牧师倾诉。而中国人如果找心理医生一定不会让周围人知道，否则可能会带来风言风语：这人有精神病？所以中国的企业给员工安排教练时，常常会遇到反弹：难道你认为我有心理问题？而教练能否有效的第一步就是"建立信任关系"，这有很大的挑战。

二是文化变异的问题。我认识一名国内著名的教练，姓沈。沈老师曾经跟我讲过一个故事。有一次他去见一个要引进教练技术的总裁，总裁的第一个问题是"你的课程要不要关灯？"第二个问题是"你的课程是不是要让学员哭？"两个问题都得到否定的回答后才松了一口气，说"这我就放心了"。为什么那位老总会问这么奇怪的问题，因为国内有人将"教练"变成了"传销"，而且声势还很大。

虽然有这两个挑战，但好东西是经得起时间的考验的，我相信教练技术会逐渐适应中国的国情，发展壮大。

行动学习和教练技术有很多相通的地方，核心都是改善人的心智模式，但教练更多侧重于一对一（教练对被辅导者）的沟通方式，而行动学习的模式是团队完成一个共同的任务，在促动师（也称为行动学习教练）的促动（或者引导、催化）下营造出一种学习和工作的场域，在这种场域下，参与者更容易发现自己和团队的盲点、误区，并更有意愿和压力加以改善。个人认为，行动学习是一对多的形式，避免了一对一时人自然产生甚至强化的防卫心态，从心理学上讲，人更容易在一种适合的场域或氛围中改变。一对多的形式效率更高，但深度可能不如教练一对一的方式，两者各有所长。

行动学习项目中经常会用到培训和教练的手段，培训的课程中也经常用到教练和行动学习技术,教练也发展了团队教练的形态,三者在交融,边界越来越模糊。从学习者的角度当然也可以界定三者的差异,但作为企业应用者有时候并不需要界定得这么清楚,只要能为企业创造价值就行。

脑科学揭示心智模式改善的秘密

2007年5月,在威尼斯举行了世界首届"领导力与脑科学(Neuro-Leadership)"高端会议,中国教授唐一源参加了这次会议,他奇怪地发现,与会者并不只是脑科学领域专家,更多的是世界各地企业的总裁和CEO,其中不乏世界500强的企业领导者。这些总裁和CEO非常渴望了解脑科学知识,并想将之运用于企业实践中。

"基于脑科学的领导力"这门新兴学科发展非常迅速,美国《策略和商业》《商业周刊》《哈佛商业评论》等杂志都专门做了报道,世界上许多从事企业咨询、管理、教练、教育领域的人士,以及美国耶鲁大学、加州大学、西北大学等学校的社会心理学家和神经科学家等专家学者都参与了这个领域的研究和应用。

心智模式是如何形成的

先做个小测试,看下图,你看到正方体了吗?

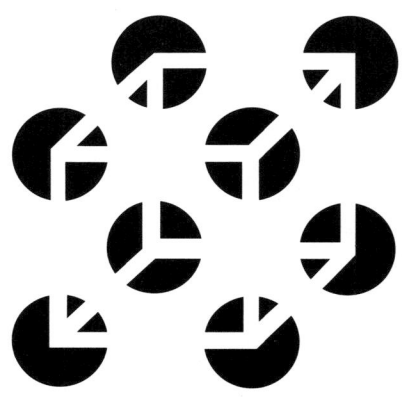

能否看到正方体

大部分人会说看到正方体了,但这是正方体吗?不一定,只是八个内有白线的圆构成了正方体的轮廓而已。

为什么我们会把各不相干的几部分组成一个正方体的形状?如果你以前从来都没有见过正方体,还会把这个图看成是正方体吗?

这就是我们看待事物的模式:我们能接收的永远是不全面的信息,然后在信息不全时做出判断;我们所想的往往都是假设而不是真相;我们总是透过自己的心智模式来看这个世界,而心智模式总是不全面的。

脑科学可以揭示人类认识事物的物理机理。李中莹先生的《重塑心灵》中有这样的论述:

> 每个人脑都有约1000亿个神经元,人与人神经元数量的差异不会超过1%～2%,所以一个人的聪明程度不是由神经元数目决定的,而是由神经元之间的连接网络决定的。

一个人在出生之前，脑中的1000亿个神经元已经几乎全部准备好，而神经元之间的连接网络却是十分稀疏的。因为婴儿还没能形成自己的意识和思考，只会因外界的刺激而在脑内建立自己的连接网络。

任何声音、景物、身体活动，只要是新的，都会使脑里某些神经元的树突和轴突生长，与其他神经元连接，构成新的网络。同样的刺激第二次出现时，会使第一次建立的网络再次活跃。就是说，新网络只能在有新刺激的情况下产生。一个人的一生之中，不断有新的网络产生出来，同时旧的网络会萎缩、消失。

旧的网络对同样的刺激会特别敏感，每次都会比前一次启动得更快、更有力。多次之后，这个网络便会深刻到成为习惯或本能了。这便是学习和记忆的成因。在某些特殊情况下，一次学习便能记忆得很久，这便是恐惧症和一见钟情出现的原因。每当有同样的事物出现时，同样的网络便会启动。比如，同一件事曾经有过五个不同的发展过程或结果，当类似事情出现时，大脑的前额叶就会收到由眼、耳或其他感觉器官传入的讯息，并马上启动所有有关的连接网络，就是说，大脑会自动在资料库中找出所有有关的储存资料，然后做对比节选工作，最后，把最有可能适合这次用的资料传给大脑边缘系统，边缘系统负责情绪和（在绝大部分情况下）做出决定，这时边缘系统会在已有的五个网络中选择最贴切的一个启动。

上面这个过程中大脑的前额叶做的搜集、对比和节选工作，在五百万分之一秒内完成，这是我们生活中每刻不断做的工作。速度之快，只有潜意识才能做到。所以我们对于外界的反应大部分是靠潜意识，少部分靠意识。

（部分文字有删节）

有个脑筋急转弯问题：两条腿的老鼠是什么老鼠？米老鼠。那两条腿的鸭子呢？很多人会回答：唐老鸭。这没错，只是所有的鸭子都是两条腿的，为什么只回答唐老鸭？

这就是思维的惯性。

关于心智模式形成的主要原因，有这样的说法：

理论上，导致每个人形成独特心智模式的主要原因有四个。

1. **遗传基因**。遗传基因是决定我们是谁及我们能做什么的最根本基础，拥有不同的基因是导致个体心智模式差异的最主要因素之一。

2. **教育和训练**。教育和训练在很大程度上塑造了我们的心智模式，形成了我们认识世界的基础。比如，一个物理科学家和一个历史学家对世界的看法可能会迥然不同。

3. **他人的影响**。每个人都受到来自老师、家长、朋友的影响，还受到所读过的书的影响。比如很多喜欢鲁迅作品的人，很可能也会喜欢辩论。

4. **回报和动机**。当我们做完一件事以后受到奖赏或赞扬，往往会持续去做。当我们的某一行为受到贬低或批评时，很可能将会摒弃这种行为。这也可归结为成长过程中做事情的强化反馈。

在这四种因素的作用下，我们的大脑会不断形成一些神经元网络并持续强化，这就构成了相对固定的心智模式。心智模式可以帮助我们从纷繁复杂的世界中快速做出判断并行动。但另一方面，定型的心智模式又会像牢笼一样，框住我们的起言坐行，束缚我们探索更多的可能性。尤其在社会环境快速变化的今天，固定的、老化的心智模式可能会羁绊我们前进的步伐，造成致命的、难以挽回的损失。因此，能否主动积极打破固有的心智模式成为个人或组织成功的重要因素。

（引自季玉龙博客《突破心智模式的囚笼》）

为什么心智模式很难改变

俗话说：江山易改，本性难移。改变一个人的性格很难，同样，心智模式的改变也极其不容易，于是有些管理学家常用"改善"这个词，改善比改变感觉程度轻一点，但实际应用中"改变"和"改善"常常混用。总之，心智模式的改善和改变都不容易。

为什么心智模式改善特别难呢？前面我们简单提到了脑科学的研究，不断深入研究的脑科学会告诉我们更多奥秘。

《南开经济评论》中引用了一篇文章《习惯是什么》中这样说：

> 科学家本杰明·里贝特曾发表过一项震惊世界的研究成果。结果表明，大脑准备电位（preparatory brain activity）的出现比人有意识的选择运动要早几百毫秒。通俗地说，就是在我们显意识知道的几百毫秒前，潜意识就已经有活动，并做出了决定。这似乎是对人类引以为傲的自由意志最大的打击。我们的想法、欲望、冲动，都不是自由意志产生的，是几百毫秒前就已经决定好的。潜意识早就决定了一切，而对显意识，它似乎只是通知一下而已。这个发现实在令人沮丧，人类得意的自由意志和理性原来仅仅是个傀儡而已。

按这个发现，是否可以得出结论：我们的行为习惯将无法改变，因为那不是我们的显意识可以决定的？

还好，脑科学的研究还在深化进行中。随后法国认知科学研究院的神经生物学家安吉拉·西里古德的实验进一步证明，我们的显意识虽然不能决定冲动的发生，但是潜意识将命令分别发给运动中枢和显意识神经区域时，显意识能提前200毫秒获得消息，虽然时间很短，但在这个时间段内显意识可以行使否决权。也就是说，自由意志虽然无法控制动作的发生，但是却可以投否决票，最终叫停这个动作——这个傀儡首脑并非懦弱无用，它在必要时候绝对有实力对令他不满意的事情说"不"！

现在我们明白，一旦有必要，显意识能快速制止不当行为。这就是人类自由意志存在的意义。可以这么说，我们无法决定"自由做"什么，只能决定"自由不做"什么。

比如，突然很想吃巧克力，这时候你的自由意志就开始要行使它唯一的权力了——是不作为还是有所作为。如果你没有发出命令制止，放任自己，最终就很可能会影响身材。

当然，我们的自由意志除了拥有否决权外，还有超强的思考分析能力。这种能力能使我们发现模式和认识规律，是我们学习和创造的基础，可以让我们有意识地形成新的潜意识去削弱和覆盖原有的潜意识。

为什么我们不直接通过显意识去处理所有行为呢？因为显意识是潜意识更高一层的机构，它不能用来处理大量琐碎的信息，否则我们就无法进行更高级的思维活动了。

我们的行为习惯源于心智模式，心智模式包含三个层次：行为定式、思维定式和潜意识。三者层层递进，行为定式由思维定式决定，思维定式源于潜意识。

如何改善人和组织的心智模式

习惯是在特定的环境下,人们会重复做出的某种行为。可见,改变习惯的重点是改变环境,或者说是营造改变的氛围或场域。

比如,企业中团队互动沟通最多的情景是会议,传统会议的氛围通常都很沉闷甚至很压抑,而我们又总希望通过会议影响、改变甚至指挥员工的行为。这种做法其实是很难产生效果的,所以行动学习各种工作坊应用的最佳场合就是企业的各种会议。因此,我常说改造组织就从改造会议开始。

杰克·韦尔奇改造组织的第一步就是发起"群策群力"项目,通常项目会议的做法就是领导动员,讲讲项目的重要性,然后大家表表态,最后布置任务。这是很多公司的通病。中粮集团人力资源部培训部总经理曾经这样描述宁高宁董事长入主中粮后主持的第一次战略研讨:"以前几乎所有的会议都是'领导讲,我们听着,然后表表决心',但是宁总把行动学习的形式引进之后,就慢慢彻底改变了企业工作、开会的方式。"

"群策群力"工作坊的做法完全不同,它一般分为六个步骤:第一步愿景,在项目一开始先引领大家憧憬成功后的景象,在心理上起到消除防卫心态的作用,这个环节偏感性;第二步SWOT分析,让大家看到同一幅图画,发现个人和组织的盲点和误区,这个步骤偏理性;第三步承诺,从基于命令的管理转向基于承诺的管理,这个步骤偏感性;第四步关键行动(团队共创),让员工从"要我做"变成"我要做",是一种新颖科学的头脑风暴活动,让每个人贡献智慧,最后形成各个小组的行动策略图,强调一下,这些策略是员工自己的而不是领导强加的,这个步骤理性与感性兼具;第五步行动计划,基于自己的行动策略自主产生策略小组,并各自形成符合SMART原则的行动计划,这个步骤偏理性;第六步城镇会议,各个小组现场向领导汇报行动计划,接受领导及同事甚至外部评委的质疑,在这个过程中反思自己的思路和做法,获得学习和工作的成长,这个步骤理性与感性兼具。

这六个步骤感性与理性结合,既是一个一步一步导向问题解决的流程,也是一个一步一步引导团队成员改善心智的过程,还是一个绩效改进、组织创新、团队建设和企业文化建设的过程。

我发现了一个有趣的现象,行动学习工作坊的第一步通常都是感性的,比如"未来探索"的第一步"过去",引导大家回忆过往,把心门打开,"欣赏式探询"的第一步"发现",引导大家挖掘低潮期企业成功的另一面,唤起大家的积极情绪。

改善心智从营造场域开始

前文提到,改善心智模式可以通过改变环境来达成,"环境"相当于群体动力论(又叫团体动力学)中"场"的概念。

群体动力论的开创者库尔特·勒温认为,人是一个场(field),人的心理活动是在一种心理场或生活空间里发生的。生活空间(Life space,简称LSP)包括个人及其心理环境。一个人的行为(Behavior)取决于个人内部动力(Power)和他的环境刺激(Excitemene)的相互作用。

改变个体先从团体开始

群体动力论最著名的实验是"改变饮食习惯实验"。

勒温是大萧条时期从德国到美国的,为了解决食物不足问题,美国红十字会资助了勒温的一项研究,让他在美国的家庭主妇中推广普及食用动物内脏。主妇们分为两组,一组听演讲,找一些专家名人来说动物内脏怎么好之类的内容;另一组是讨论组,让大家讨论动物内脏做什么菜肴好吃。结果,演讲组事后只有3%的主妇回去烹饪了动物内脏,而讨论组的比例则有32%。

这表明:群体决定对于未来的行为具有某种"凝固"作用。

依据场论和群体动力论观点,从根本上来说,团体并非个体的集合,而是包容诸多个体的"格式塔"。作为团体,它不是由个体的特征所决定的,而取决于团体成员相互依存的内在关系。或者通俗地说,团队不是个体的数学加法效应,而是化学效应。勒温认为,虽然团体的行动要由构成团体的成员来执行,但是,团体具有较强的整体性,对个体具有很大支配力。因而一般来说,要改变个体应先使其所属团体发生变化,这要比直接改变个体来得容易。再进一步剖析,勒温认为,只要团体的价值观没有改变,就很难使个体放弃团体的标准来改变自己,而一旦团体标准发生了变化,那么由于个体依附于该团体而产生的对变化的抵抗也就会消失。

任正非曾经说:氛围也是一种宝贵的管理资源,只有氛围才会普及大多数人,才会形成宏大的具有相同价值观与驾驭能力的管理者队伍。才能在大规模的范围内,共同推动企业进步,而不是相互抵消。

这是从企业经营管理角度对氛围的经典解读。

会议为什么无效

组织当中最常见的团体活动就是会议,遗憾的是,会议往往是最无效和无奈的。

情境一:公司年会

公司召开半年度会议或年终总结会议,照例是领导讲话,然后各个部门做述职报告,目标未达成的客观原因一般都是其他部门配合不到位,主观原因也一定是老生常谈的。最后,领导分析问题的原因一定是"员工的执行力差"。其实员工们认为组织的愿景是"永远不可能到达的地方",会议往往充满抱怨、推诿和扯皮。年年如此,老板无奈但会议却照开不误,员工们也无奈但不得不郁闷地参加。

情境二:提升士气会议

组织经历危机或员工士气不高涨时,公司通常会组织户外拓展。当时大家抱在一起哭成一团,士气高涨、员工团结,可一回到工作环境,还是井水不犯河水,各自为政。

情境三:内外部协调会议

公司内部及公司与供应商和客户之间的流程常常会出现问题,于是客户责怪公司,公司内部抱怨或者把问题归咎于供应商,于是公司常常召开内外部协调会议。传统会议中大家往往互相指责,无法聚焦问题和达成共识,或者草草达成共识但其实是虚与委蛇。谁也跳不出客户埋怨公司,公司内部扯皮,最后归咎于供应商的"怪圈"。

情境四：组织融合会议

公司新来了高管，于是安排内部沟通会。传统的会议模式通常客气、沉闷、拘谨，参与者无法打开心扉。会议充满套话与距离，导致新来的高管无法快速获得真实的信息，大家对"空降兵"充满了猜疑，组织融合"新血"的速度减慢甚至失效。

情境五：创新会议

组织的创新会议就是点子会议，往往是浅而不系统；需要员工参与时就来个头脑风暴，但又欠缺技术含量，很容易失控，一遇到领导先表态大家就迎合了。创新会议本身就很不创新！

情境六：咨询项目沟通会议

公司花大价钱请著名咨询机构做了组织变革、战略定位、流程再造等咨询项目。项目沟通会议是内外知识和智慧传承的关键环节，但往往是咨询顾问口沫横飞，内部员工满心狐疑，却又基于自我保护心态，在沟通会中不表态，散会后充满"无声的抵抗"，以后所有问题都可归罪于引入咨询项目，咨询项目的实施常常"不明不白地胎死腹中"或者"静悄悄地半途而废"。

情境七：学习分享会

公司引入外部培训，希望参与者学习完能够分享给团队成员，但内部的学习分享会往往是单纯的单项传播，而分享者的理解和口才都不及讲师，自然效果不佳。更关键的是，公司派自己的管理者到不同的培训机构和商学院学习，回来后没有在内部进行有效的交流和融合，于是涉及实际工作问题时，都认为自己学到的才是"正宗"，各执一词，反而加剧了组织管理者之间的分歧。

这些都是我们常见的会议情景。为什么这些会议不能取得预期效果？

根本原因还是心智模式，用专业术语来解释，就是"习惯性防卫"与"习得性无助"，这两种心智模式让我们的会议陷入低效率与无意义。

所谓"习惯性防卫"，指的就是人们心理上有一种根深蒂固的习惯，用来保护自己免于因为说出真正的想法而受窘。

"习得性无助"是指人接连不断地感到自己对于一切都无能为力，丧失信心，陷入一种无助的心理状态。

"习惯性防卫"与"习得性无助"是组织活动中最典型的两种心智模式。这两种心智模式体现在会议中的状态就是：管理者总会认为自己在工作上对于处理问题的方式、方法比一般员工有经验，员工也学会了不在领导面前表达自己的想法，更别说去指正领导想法中的错误，而要保护自己。因此管理者的想法很少会受到公然的检视与挑战，这也就增加了管理决策的风险。会议的信息流通常都是单向的，从领导到员工，而从员工到领导的信息很少，甚至是虚假的。

久而久之，人们就习惯了"领导说了算"，因此产生会议中的"习得性无助"，从而导致领导们开会只是找了一群人来"陪会"，这样的会议只有领导自己的智慧，没有群体的智慧。有些领导会说，我不需要下属贡献什么智慧，我自己早就想清楚了，他们只要有"执行力"就行了。可惜，当员工不参与和不完全理解领导的决策时，很难有百分百的执行力。尤其在这样一个变化太快、信息量太大的时代，一个组织只有一个脑袋更不现实了，所以才有"海星型组织""阿米巴组织"是未来（这个未来并不遥远）组织形态的共识，也才有任正非"让听得见炮火的人决策"的呼吁和实践。

改造组织从改造会议开始

《第一财经日报》曾经发表了一篇文章,叫《宁高宁将行动学习方法从华润带到了中粮》,文中提到:

> 中粮集团人力资源部培训部总经理李金鑫记得,宁高宁刚到中粮时,曾全程主导一个长达四五天的战略研讨设计会,通过团队行动学习的方式,将行业战略、地域战略、组织战略、经理人评价等问题一个一个导入、研讨、呈现、点评,研究透彻,最后总结归纳形成了企业的战略。"中粮现在很多的发展规划基本上都是在这个会上确定的。"李金鑫说。
>
> "宁高宁将行动学习方法从华润带到了中粮,以此作为推动企业转型的最好切入点。"李金鑫说,在中粮,这被称作是"团队学习"。他记得,宁高宁当时强调"团队学习是团队决策、建设,推动人才发展和企业进步的方法"。
>
> 尽管过去8年,李金鑫对上述宁高宁主持的战略研讨仍印象深刻,因为在宁高宁进入中粮前,几乎所有的会议都是"领导讲,我们听着,然后表表决心",但是宁高宁把行动学习的形式引进之后,就慢慢改变了企业工作、开会的方式。
>
> 从那时到现在,中粮所有的转型关头的培训、工作方法,都是用这种方式,从中粮的愿景、战略、流程、领导力,到管理语言、核心竞争力,再到品牌管理、渠道管理等都是采用这种方式,而宁高宁作为一把手常常亲自做催化培训师。

可以说会议就是一个组织中最现成和最常见的团队活动"场域"。

要影响和改变一个组织从会议入手是最自然不过的事情，所以，宁高宁这么干了，杰克·韦尔奇也这么干了，他们都干得很成功，我们是否可以借鉴其经验呢？

行动学习是由某领导发起，将实际问题设定为一个行动学习课题，组成一个或多个团队，通过一连串的团队活动去探讨和实践，这个过程中有质疑和反思，最后获得一定的成效，带来参与者个人的学习进步和组织发展。这里提到的团队活动除了实践活动，绝大部分是团队会议，也可以称之为"工作坊（workshop）"，而我们前文提到的很多行动学习名词，比如"群策群力""开放空间""未来探索""世界咖啡""欣赏式探询"等等都是行动学习中常用的工作坊技术，也可以说是各种各样的会议形式。

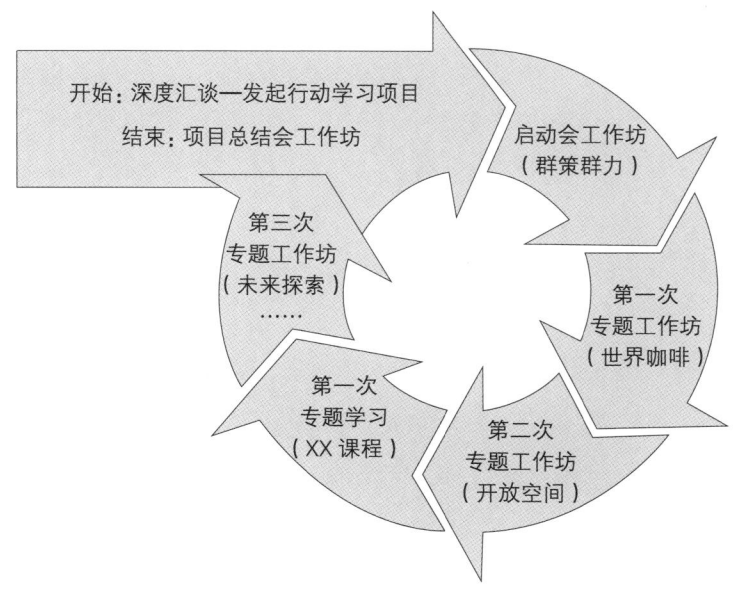

某机构行动学习项目流程图（示意）

工作坊是一种双向为主的会议形式，区别于"公证会""座谈会""研讨会"等单向为主的开会方式。最早出现在教育与心理学的研究领域中，是一种可以让不同立场、不同族群的人们思考与探讨的会议形式。特点是鼓励参与，所以很多时候我们会加一个定语，称之为"参与式工作坊"。

一般会议也可能有与会者一定程度上的参与，工作坊不同的地方在于可以让每个参与者发表意见，以游戏的方式带动参与者的参与感，用轻松的方式让参与者了解其规划的动机、目的，以及规划地点的现况，不仅可以获得多方的意见与想法，更有利于议题的讨论及整体活动推行。

当我们将组织中枯燥低效的会议变成轻松高效的工作坊时，就已经在改变组织中的氛围了，不管这种方式叫不叫"行动学习"，员工的成长和组织的变革之旅已经启程了。

CHAPTER
第三章

技法篇——行动学习的流程技术

行动学习是一种流程技术，其本身既是一种管理流程，应用于日常管理工作，也可以是一种有效的流程工具，应用于组织的业务流程改造和优化。

当一个组织要启动一个任务或者解决一个问题时，这个任务可以是开设一个公司，引进一个项目，或者完成某部门、某公司、某集团的某项指标甚至是年度业绩目标，组织一定要用一些步骤去完成这件事，这些连续的步骤可以说就是一种流程。

行动学习技术本质上就是流程技术

行动学习是一个团队在解决实际问题中边干边学的组织发展技术及流程。这个定义中的流程是关键词。可以说，行动学习就是流程的组合，行动学习技术本质上就是流程技术。

管理就是流程

聪明人做事为什么能成功，因为事前有计划，事中有步骤，事后有总结，体现在企业管理中就是有流程。每一个大流程中又有小流程，如复盘有四个步骤：回顾目标、评估结果、分析原因、总结规律。

管理学中最著名的应该是戴明的PDCA循环，也是一个管理流程，PDCA是Plan（计划）、Do（执行）、Check（检查）和Action（改善）的第一个字母。P（Plan）计划，包括方针和目标的确定，以及活动规划的制定；D（Do）执行，根据计划进行具体运作，实现计划中的内容；C（Check）检查，检查总结执行计划的结果，分清哪些对了、哪些错了，明确效果，找出问题；A（Action）改善，对检查的结果进行改善处理，对成功的经验加以肯定,并予以标准化,对于失败的教训也要总结,以引起重视。没有解决的问题应提交给下一个PDCA循环去解决。

在PDCA的每一个步骤中,还有小流程,比如P(计划)的部分,可以分为"分析现状、找出原因""分析问题产生原因""找出主要原因""制订计划措施"四个小步骤。

PDCA最早用于质量管理领域,后来被应用在管理的各个领域,可以说是管理的基本流程。在此之后,很多机构在实践中发展和总结了很多流程工具,比如丰田的精益生产法就是一个大流程,包含了丰田解决问题8步法、A3汇报法等一系列小流程。还有福特的8D法、麦肯锡的解决问题7步法,等等。

可以说,每一个成功企业的背后都有一套有效的管理流程。

行动学习流程超越一般管理流程的秘诀——心智改善成为主线

行动学习是一种流程技术,本身既是一种管理流程,应用于日常管理工作,也可以是一种有效的流程工具,应用于组织的业务流程改造和优化。

当一个组织要启动一个任务或者解决一个问题时,这个任务可以是开设一家公司,引进一个项目,或者完成某部门、某公司、某集团的某项指标甚至是年度业绩目标,组织一定要用一些步骤去完成这件事,这些连续的步骤可以说就是一种流程。

这种流程可以是戴明的PDCA,也可以是丰田的TPS,这些都是非常行之有效的管理流程,也在行动学习项目中经常用到。

但行动学习项目中经常用到的流程好像还是有点不一样。比如:群策群力、欣赏式探询等等,除了名称很特别,现场的情景也很特别,经常是一群人在画画、在讨论、在分享，墙上也贴满了花花绿绿的图画，这是什么流程？

比如，欣赏式探询的流程包括四个步骤，简称 4D。

发现（Discovery）。启动一个项目往往是为了解决一个问题，这时候大家往往是问题思维，甚至整个组织一直都是问题思维。大家认为组织的存在就是为了解决问题，每一次聚会都是要解决问题，都是有麻烦才开会，那参与者如何还有激情？如何还有创意呢？

为了调动整个系统，使所有利益相关者都参与进来，找出我们能完成这个项目的各种优势、最佳实践的启示及其引发的各种创意，我们研讨的第一步是"发现"，即"回顾我们过去与现在最为成功的要素"。

梦想（Dream）。基于上一步骤挖掘出来的潜能，围绕更高的追求，构筑清晰的梦境。例如，问一问大家："如果这个项目成功了，我们会怎样？"或者"我们期望通过这个项目帮助企业到达怎样的高度？"这个步骤也在构建项目与每个参与者之间的连接，参与者完全被动参与的项目是不会有好的结果的。

设计（Design）。就如何完成这个项目提出各种建议。PDCA 流程的 P（计划）环节一般指的是上级制订计划，而 4D 流程的 Design（设计）环节是让员工全面参与设计和制订计划，两个流程中完成相同任务的不同思路，也体现了两个流程背后不同的管理理念，这个 D 的目的是如何让员工从"要我做"变成"我要做"。

实现（Destiny）。设计做好后，如何实施？如何跟进？是要定期复盘还是要像华为一样僵化优化再固化，处在积极情绪的每一个参与者要做出决定并承诺行动。这个步骤可以进一步强化整个系统积极的状态，让每一个参与者满怀希望和动力去实现更为远大的组织目标。在此过程中，团队成员的学习、调整和提高已经成为自觉的行为习惯，就好像爵士乐队的即兴演奏。

在欣赏式探询会议上，主持人让大家围坐成一圈，各自就下面几个议题，依 4D 的步骤逐次探讨，过程中也经常用图画的方式进行创造，然后再依次发表个人和团队的感想。

经过以上四个步骤，不但激励了参与者，使其开放积极，更塑造了整个组织正向思考的氛围，减少了竞争和批判，增进了了解和合作。如此，人人主动真诚为愿景服务，项目自然成功。

可见，"欣赏式探询"是以激发、动员、探询优势为导向的积极的变革模式和流程工具。

比较 PDCA 和 4D 这两类流程工具，你会发现两者有明显的不同，前者偏理性，后者偏感性；前者重在直接解决问题，后者重在通过心智改善实现组织目标。

而这两者又是相通的，都是为了实现项目目标或者组织目标。作为后起的和新型的流程工具，欣赏式探询等方法的流程中也会融入 PDCA 等传统解决问题流程工具的元素，比如设计和实现的环节就会包含 PDCA 的很多步骤。

解决问题流程 + 心智改善流程 = 行动学习流程

我们可以形象地通过一幅画描述行动学习的流程：

第三章 技法篇——行动学习的流程技术

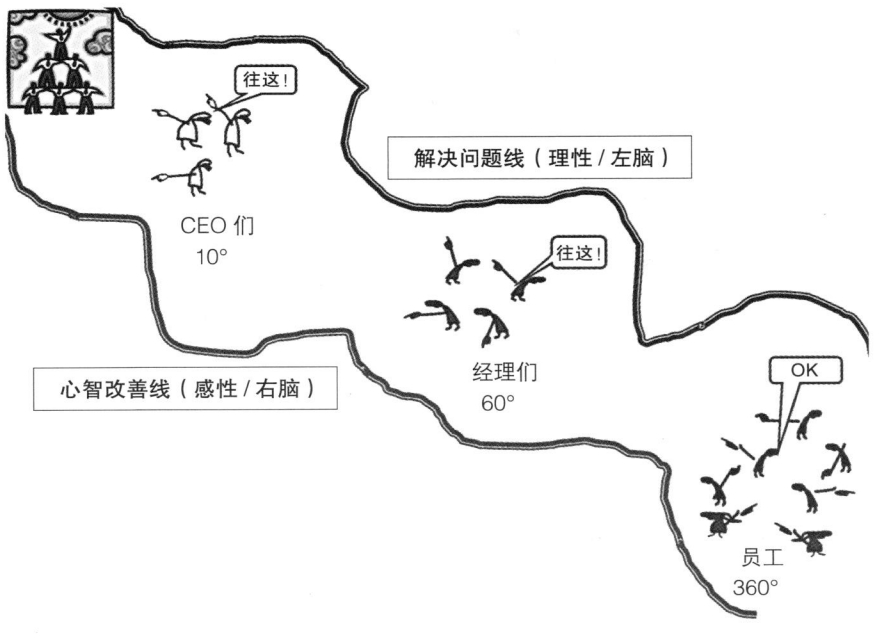

行动学习与传统管理方法有什么不同

左上角是组织目标,CEO们告诉大家目标在哪,大家往哪个方向努力,CEO们的指向已经有10°的偏差了,到中层的经理们就有了60°的偏差,再到员工,就会有更大的偏差了,员工的这种状态就是任正非所说的"管理中的布朗运动"。

稍有经验的管理者都会有这样的经历,你三令五申的事情,总有员工跟你的指令背道而驰,他还振振有词:我就是照你的命令做的呀!这经常让管理者啼笑皆非。

这时候,我们需要一条清晰的流程线保证员工和组织资源指向目标,管理的这条线就是PDCA、PODC,或者是项目管理流程等。最简单有效的实物流程线就是生产线,保证所有人都得按照指令完成任务,生产线可以让每个人的工作一目了然,所以生产线的发明者福特曾很明确地说

"我要的是员工的手脚,而不是脑袋"。

但很遗憾,越来越多的工作无法用生产线这样的实物流程线来管理,甚至连 PDCA 这样的经典管理流程也很难很好地管理员工了。因为越来越多的工作是脑力劳动,管理者要管理的是员工的脑袋而不是手脚了,这要麻烦很多。脑力劳动带给传统解决问题方法的挑战是:员工可能没有意愿、不积极、被动,团队之间不开放、相互拆台,组织创新不足,无法解决大量需要创新才能解决的问题⋯⋯

彼得·德鲁克在《21 世纪的管理挑战》一书中说:"在 20 世纪,管理所做的最重要也是唯一的贡献,就是把生产过程中体力劳动员工的生产效率提高了 50 倍;在 21 世纪,管理需要做出的最重要的贡献,是使知识员工的生产效率得到同样的提高。"

20 世纪与 21 世纪管理者比较

比较	20 世纪的管理者	21 世纪的管理者
焦点	事	人
关注	效率(正确地做事)	效能(做正确的事)
沟通	多说,给指令	多听、会提问
方式	基于命令管理	基于承诺管理
角色	指挥者	支持者

21 世纪管理挑战引发的新管理理念体现在管理者身上,就是要从传统型管理者转变为教练型管理者,从基于命令管理到基于承诺管理。

体现在管理流程上,就是除了传统的解决问题流程,还需要另一条线去激发员工的激情和智慧,消除团队隔阂和引导组织创新,这条线就是心智改善线。

这也正是行动学习和传统的项目管理、TQM的关键区别,大部分传统的解决问题模式没有一条清晰的心智改善线,即使有对心智的关注,这条线也不清晰或不是主线,而行动学习的所有流程都有一条清晰的心智改善线。

这两条线,可以说是一条感性线,一条理性线,问题解决线偏理性,心智改善线偏感性,这是从心理学的角度去解读。而从脑科学的角度去解读,可以说一条是左脑线(问题解决线),一条是右脑线(心智改善线)。这也正符合现代管理中领导力需要突破的方向:领导者理性思维和右脑思维的开发与组织实践。

正是因为这两条线的融合,行动学习这种新颖的流程工具才会风靡全球,成为世界500强企业的核心管理工具。

行动学习基本流程设计

行动学习技术本质上就是流程技术,所以,开展行动学习项目时流程设计就很关键了。

设计流程之前——搞清楚项目流程和工作坊流程

很多初学者甚至有些老师都认为"世界咖啡""欣赏式探询""未来探索"等工作坊就是行动学习,其实,严格意义上讲,这些只能算是工作坊流程,是行动学习项目大流程的一部分,不能说就是行动学习流程。管理学概念的行动学习就是一个项目,项目过程中包括一连串工作坊。

当一个企业说要做行动学习时,通常不是说只做一个工作坊就完了,而是要启动一个项目。行动学习可以实现项目目标,也传导和实践了管理者的经营管理理念,并延伸带动了员工成长、团队建设、组织变革和企业文化建设。

区分一下,行动学习流程就是项目流程,是大流程,包含了各种各样的工作坊;而工作坊是行动学习项目中的一部分,每个工作坊也有流程,如"欣赏式探询"包括四个步骤,这四个步骤是小流程,在工作坊当中用到的技术就是引导技术。国外有很多培训师在课程和会议中大量用到引导技术,但他们可能一辈子都没做过行动学习项目。

人们在口头沟通和实践工作中往往对于概念的定义不会界定得这么清晰,这就给初学者带来混淆。当我们想真正学习和运用一个东西时,一定不能含糊,概念的区分是真正掌握知识的前提,当我们彻底搞清楚概念后,最好能在团队工作时澄清概念的内涵和外延,达成共识才能保证后续合作过程中沟通的效率和效果。只是在大众场合,我们虽然可以理解每个人对概念的理解不一致,却无法对每一个人都去纠错,做"改错先生"。

比如,大家经常讲的行动学习经典技术"群策群力",其实也有两层含义,一层含义就是 GE 内部的本义,"群策群力"就是行动学习,包括了项目的整个流程(通常称之为步骤):发起项目—项目启动会—跟进辅导—知识导入—总结分享(有很多版本)。而当"群策群力"技术传到外部时,很多机构不见得能开展项目又想学习引入这种技术,就把"群策群力"概念缩小为其核心环节——项目启动会中的工作坊技术,包括以下流程:愿景—分析—承诺—团队共创—计划—城镇会议(也有很多不同的版本)。本书引用 GE 的案例时提到的"群策群力"指的就是行动学习项目,而当介绍"群策群力"技术时指的是工作坊技术。

设计行动学习项目流程

各个公司、各个机构设计的行动学习项目流程差异很大,但万变不离其宗,行动学习项目基本上都得包含"发起项目—项目启动会—跟进辅导—知识导入—总结分享"这五大基本流程(步骤),所以 AACTP 总结出了行动学习项目通用流程图,这五大基本流程正好可以用"SMART"

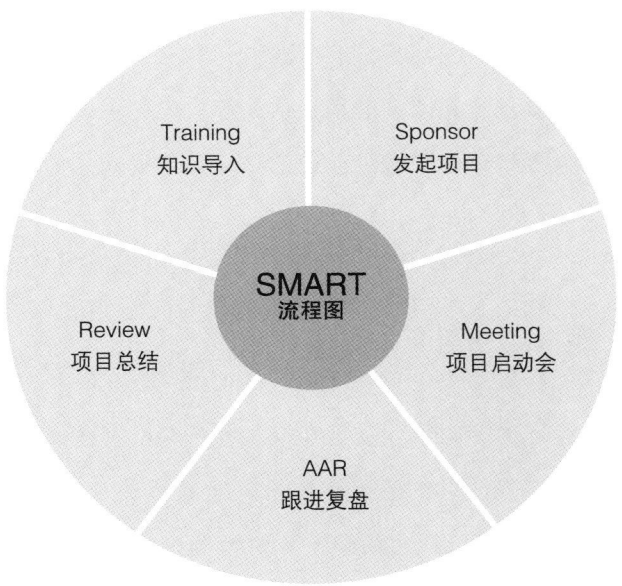

行动学习项目通用流程图

五个字母来表示：发起项目（Sponsor）、项目启动会（Meeting）、跟进复盘（AAR—After Action Review）、项目总结（Review）、知识导入（Training）。

我们来简单了解一下这五大基本流程。

发起项目

主要工作包括前期调研、深度汇谈、成立行动学习委员会。其关键点是与高管（项目发起人）的深度汇谈（约1天），通过深度汇谈明确组织的关键目标和实现此目标中的关键难题，并根据此难题确定此次行动学习项目的课题、目标和参与者（人数、具体人员）、地域、团队组成形式、相应的配套奖惩机制。

项目启动会

一般安排为2天1晚，其目的是通过一套科学与艺术结合、感性与理性兼具的会议流程唤起团队的积极情绪和内生智慧，达成高度共识和承诺，形成可执行和符合SMART原则的计划并现场向领导汇报，领导当场决策。

跟进复盘

一般为每个月2天（持续时间为4～12个月），其中1天复盘会议、1天集中辅导或分散式辅导。复盘会议的安排是：跟进检查进度，通过持续的城镇会议引发团队的质疑和反思，促进员工成长和项目的推进。辅导工作的安排是：通过解决问题工作坊帮助学员把过程中学习到的技能运用到项目中去解决实际问题并融会贯通。

项目总结会

时间一般为1天,这是最后的成果验收会,也是最好的知识管理、团队建设和企业文化建设仪式。

知识导入

这个环节通常穿插安排在项目过程中间,也可以安排在项目开始,以补充项目过程中学员可能缺失的知识点,其时间长度根据实际需要,几天或十几天。也有的项目将知识导入环节改造为微课程融入辅导环节。

这五大流程只是一个参考,并不是项目流程的标准流程,行动学习项目也没有什么标准流程,每个企业实施时可以参考这个流程进行自由组合,行动学习的核心是实现组织目标,流程只是手段、工具。

设计项目中使用的工作坊流程

前文多次提到,行动学习项目跟以往其他项目的不同是:行动学习的项目过程中引入了促动技术,即将各种感性和理性相结合的工作坊引入项目的各大流程中,带动个人和组织的质疑、反思,触发心智模式的改善,从而实现预定的项目目标及员工成长、组织发展。

所以,设计行动学习项目时,在项目的各个阶段选择什么样的工作坊就决定了这个阶段的团队工作流程,也很大程度地决定了这个阶段可能达到的效果。

行动学习工作坊的选择

项目流程	目的	常用工作坊	选择原因
发起项目	组织方（如HR部门）、促动师（内部或外部）与发起人（高管）深度沟通，明确课题及目标，确定时间费用安排、参与团队组成、相关奖惩措施、项目支持人员架构	深度汇谈、世界咖啡等	工作坊以沟通为主，适度发散后达成共识
项目启动会	唤起参与者的积极情绪、展望愿景、分析现状、达成共识、激发创意、形成计划并现场决策	群策群力、欣赏式探询、未来探索等	以聚焦为主，适度发散后收拢聚焦目标，形成可行性计划
跟进复盘	跟进项目进度、分享阶段收获、展开跨部门及跨级别的无障碍沟通、触发质疑和反思、提炼和复制最佳实践、推动下一步计划完善与实施	复盘会议、六项思考帽、GROW、开放空间、世界咖啡、鱼缸会议等	强调质疑和反思
项目总结会	分享收获、总结得失、更高层次的质疑与反思、促进团队融合、企业文化建设	ORID深度汇谈、世界咖啡等	相对之前更强调感性与升华，可提升到团队建设和企业文化的高度
知识导入	补充项目过程中发现的知识短板，提升自我认知，学习应用心智模式改善类技术与工具（如人格分析工具、教练技术等），提升项目管理水平，提升领导力	互动式课程，一般包括项目相关专业课题、项目管理知识、自我认知类、教练技术、领导力等	缺什么补什么、与项目相结合

掌握了这些知识就可以开始尝试设计一个行动学习项目了。但要做好一个行动学习项目,这还远远不够,促动师需要学习各种促动技术,并能从企业经营管理的高度结合企业的实际问题应用自如，需要不断学习、实践、质疑和反思，这也是一个将行动学习的精神融入个体学习的过程。

解读1234N1行动学习流程

美国曾有几家专业机构这样定义行动学习促动师：促动师拥有群体流程（group processes）的知识，通过设计和主导组织有效运作所必需的流程来保证互动的有效性。促动师是有效对话的专家，是管理过程的专家，是解决问题的专家，以学员为中心开展研讨。

促动师的作用就是通过设计和主导一套有效的团队工作流程，引导团队深度沟通、形成共同愿景和自动自发行动，解决企业的实际问题，提升组织绩效。于是，促动师又有了另一个称谓——绩效改进的魔术师。

促动师是如何通过流程玩转绩效改进的魔术的呢？下面的案例可以让你看得很清楚。

项目背景及项目成果

广州某银行已开展多年的传统培训，效果越来越不明显，于是邀请众行公司促动师团队进驻该银行开展"营销团队建设与绩效提升"项目（2011年6月—2011年12月），最终成果使该行业绩由2010年总行排名第6名提升到2011年总行排名第2名。同时为其培养出4～5名优秀后备行长，多名明星客户经理。

1234N1 的项目及促动师工作流程

促动师设计和引导整个项目流程,为了能够更直观发现"促动师在过程中究竟做了什么?",这里提供本次项目流程 1234N1 的模式作为参考。

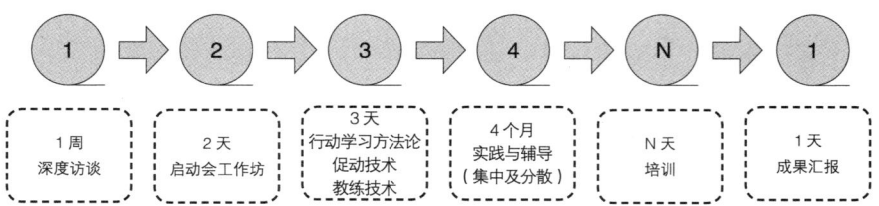

1234N1 流程

第一步,深度访谈。促动师面对高层会涉及的问题包括:

深度访谈中的提问	对项目的影响
我们某银行的使命是?	厘清长远目标
我们某银行 3 年内愿景是?	厘清定位
我们的核心价值观? 团队建设问题如果解决,会获得什么?	厘清项目目标 厘清可行性、意义
营销团队现在需要改善的地方? 营销团队现在需要提升的地方?	聚焦核心改善点 聚焦核心问题
营销团队未来的战略目标? 营销团队未来的战略规划?	行动计划目标依据 行动计划时间依据
营销团队建设具体跟哪些部门有关? 营销团队建设具体跟哪些人有关? 要改善问题,可能用到什么资源?	

行长的智慧

行长在促动师的引导下首先确认了该银行的长远目标和短期定位、目标。并把项目目标修订为：以营销团队建设为组织目标，以业绩提升为根本目标。并细致对其下属8大支行进行能力和绩效提升的可行性分析。定义了主题，包括：新客户开发、深度挖潜、计划达成、效率提升四大主题。并按20/80原则最终锁定短期内最有可能提升的几个支行投放资源。

第二步，启动会工作坊。促动师就深度汇谈结果，对群体进行"促动"，包括主题的宣导、愿景共识、区分问题、策略分析，并公布对应项目的激励政策。

该银行启动会简讯

促动师在工作坊中使用了"未来探索"促动技术,分别从聚焦过去（Focus on the past）、聚焦现在（Focus on the present）、聚焦未来（Focus on the future），以及凝聚共识（Discovering common ground）四方面进行引导，整个促动流程就像一条河流一样引导全体项目成员团队融合、看到同一个画面、绘制共同愿景、群策群力形成关键行动、制订执行计划和自动自发承诺执行。该银行对公业务团队各层级员工真正汇聚成了"一股绳"。

第三步，行动方法论工具学习。该环节促动师将会把贯穿项目始终的方法论教给学员，更重要的是把这套方法中的"思维模式"传递给包括支行行长、客户经理，是一个播种的动作。

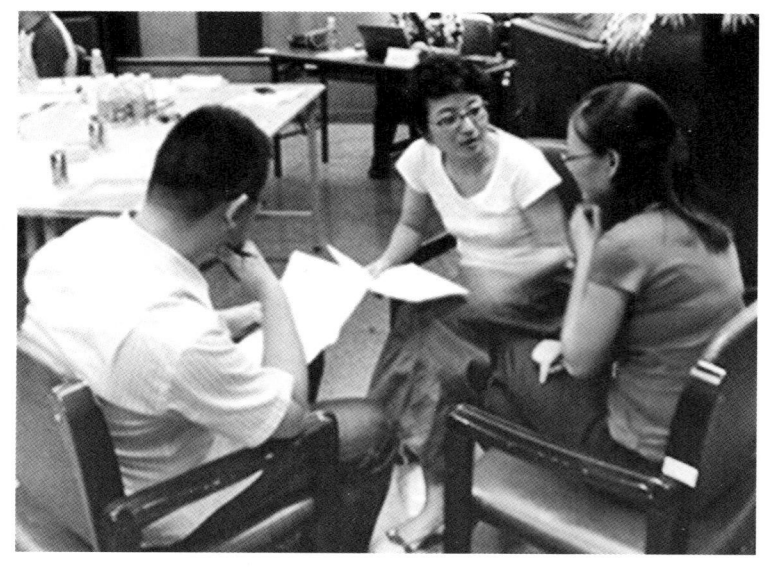

学员演练深度汇谈工具

当然，双方都明白一种习惯的养成不可能通过一两天就可以固化，因此引出了接下来4个月的实践及促动师的辅导。

第四步，实践与辅导。这是整个项目的重中之重，事实上第三步只是一个播种的环节，如果习惯养成期被打破，行动学习最有价值的一环也就缺失了。因此，促动师在此环节除了进行"心理干预"外，"行为干预"也变得十分重要。在实践过程中，促动师分别采用了集中式辅导与分散式辅导两种方式保证"点面结合"，以达到从策略分析到细节执行层面固化习惯、发现问题、聚焦问题、解决问题的效果。历时4个月，过程中，我们从开始的收到参与者的怨言进展到后来收到了大量感言。

从"踢一踢"到自动自发

"以前，都是踢一脚动一动，所以业务我得自己去跑"，方经理直接管理下面8大对公团队，包括支行行长，团队成员不能自动自发一直是他的"痛"。

现在，方经理做的事情完全不同了："我以前觉得都是要靠自己打单，但现在我觉得我想做音乐会指挥。我去协调乐器的旋律，尽量让所有乐器步调一致，但乐队成员当然也有困难，这就需要他们自发去调整，如音色、乐谱等细节。综合部就如同舞台布置，太热太冷都不行，我要做的就是促动他们自己描绘音乐会的愿景、自动自发去做好音乐会，而不是每次钢琴不行我去弹，空调不行我去修。现在，他们终于自动自发地去调音色和修空调了。"——这是一位促动型管理者的生动描述，也是我们促动师在过程中的角色。

"你们改变了他"

刘行长作为高层之一，在总结成果时她认为，促动师在整个项目中，特别是每一次的集中式辅导乃至分散式辅导中，不仅仅促使了包括支行行长、客户经理在内的员工自动自发，更使得他们在心态（心智模式）上有了很大的改变。

"以这样的团队，这样的人性化氛围，取得第一名，是明年目标！"高层这样说。一把手王行长在一旁接着："或许，现在促动师在他们心目中的地位，比我们几位行长还重要。"

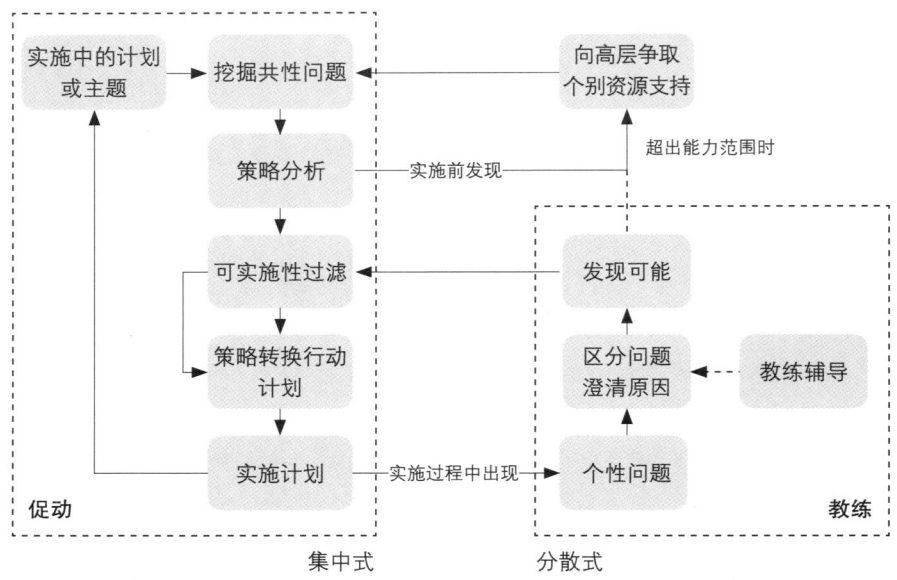

促动师的集中式与分散式辅导

第五步,"N"天培训。在项目过程中根据实际需要安排一定的培训课程,以补充项目成员在项目实施中的能力短板,这些课程可以在项目开始时通过测评和深度汇谈确定,也可以在项目中根据实际需要安排。这一步体现了培训师和促动师的最大不同,传统的培训模式只有这一步,员工培训后会自己将所学知识用在工作中,提升绩效。促动师则通过前四个步骤引导员工解决企业的实际问题,在共同解决问题过程中发现能力短板，引入针对性的培训。这样培训后就不会有员工仍然没有变化的问题了，自然能提升个人和组织绩效。

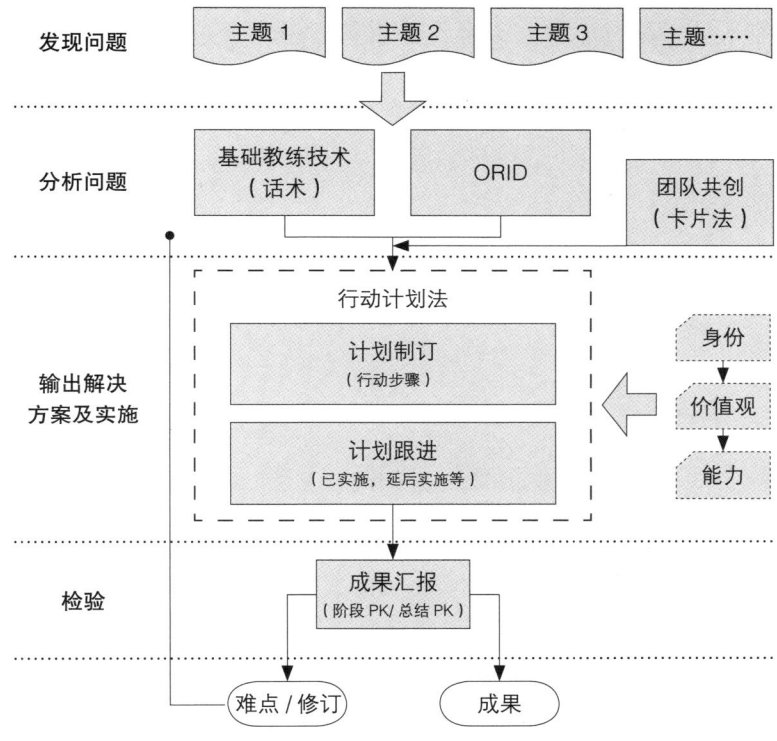

1234N1 每个环节具体操作示意图

第六步，1天成果汇报。包括促动师在内的顾问团队联合该银行高层根据项目前期进行的360°调研，同时以事实为依据（行动计划的实施情况），对支行行长及后备行长进行绩效评估与能力评估。事实上，在项目结束时，"一把手"王行长把这次行动学习项目定义为：改变心智模式乃至行为习惯，借此推动绩效！

		持续绩效水平		
		卓越绩效	全面绩效	非全面绩效
将来可能的工作贡献	转型			A
		E		
	成长		F D	
			C	
	熟练	B		D

绩效评估与能力评估（出于保密，以上工具均为示例图）

由于篇幅所限，这里阐述的促动师角色可能仅仅是全豹的一斑，但希望不久的将来，促动师乃至促动型管理者能够在企业中大量产生，每位培训师乃至所有管理者都能玩转行动学习流程，成为绩效改进的魔术师。

行动学习基本功——团队共创

团队共创技术原创于1960年到1970年间，是文化事业学会（Institute of Cultural Affairs, ICA）在研究过程中创新出来的团队方法，得到的结果令人印象非常深刻。团队共创法可以在简单的主题上运用，也可以在复杂的主题上运用。我们简单介绍一下团队共创的独特价值、什么是团队共创，以及如何操作团队共创。

在团队沟通中，我们是否面临这些尴尬场景

- 受彼此思维方式干扰，议题难以集中；
- 慑于权威不敢充分发表意见，特别是反对的意见；
- 为维护集体的团结和统一放弃自己的意见，甚至放弃自己的独立思考；
- 为顾及彼此的面子，减少发表不同意见；
- 由于不能批评，集体不能进行正常有效的反思，不能从自己的经历中学习；
- ……

在通常的会议、沟通、研讨过程中，往往会出现以上哪些现象？

是什么降低了团队沟通的质量

群体压力:他人影响自己的观察与判断。

习惯性防卫:为使自己或他人免于说真话而受窘或感到威胁而形成的一种根深蒂固的习性。一般表现为"不说真话"或"沉默寡言"。

从众行为:自己有正确的判断,但看多数人的意见与自己的不一致,怀疑自己以致放弃自己的判断;明知别人的判断是错的,但不愿与集体作对,跟着作出错误反应。

结构框架不合理:缺乏沟通的流程与步骤,出现跑题、争辩,从而难以达成共识。

出现沟通质量低下的原因,可能有群体压力、习惯性防卫、从众行为、结构框架不合理等。

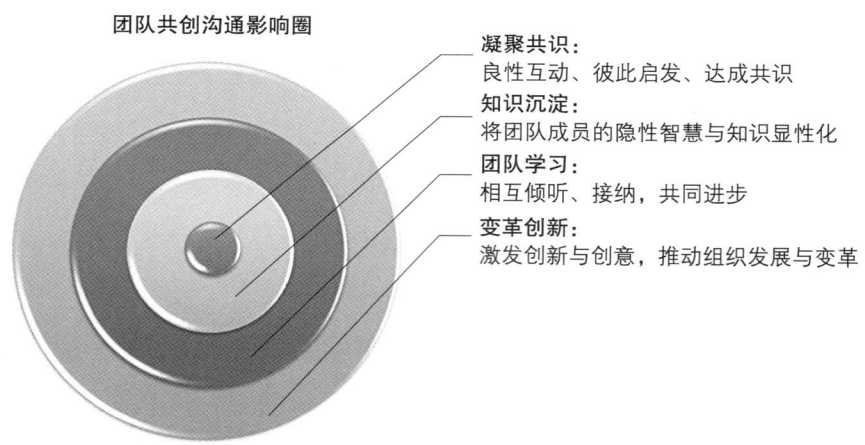

团队共创的沟通方式,能为我们创造更大价值

在团队沟通技术的发展中,越来越注重尊重个体智慧,通过研究及应用群体动力学,变群体压力为群体动力,打破沟通中的防卫心理,让

智慧畅通地在团队成员之间流动。

什么是团队共创法

团队共创又叫卡片法，是一套有架构的体验活动。大家围桌坐一圈使用告示贴或者小纸片，把相似的卡片聚在一起。通过这个过程，提供视觉线索，提高团队的分析和决策质量。团队共创的特点有三个：

第一，它使参与者能够表达个人的观点，在共创中形成新见解和综合意见，并扩展观点；

第二，它让人们看到自己想法与别人想法的关系，打开见识，回避争论和辩护；

第三，它让人们尊敬并理解彼此的观点和体验。

团队共创适用于团体针对某个共同的议题进行头脑风暴，最后达成共识。适用于任何管理体制、任何技术发展阶段、任何时间和地方。团队共创是一个巧妙的方法，无论是非洲农村还是世界500强企业，都可以灵活适用这种沟通、探寻和解决问题的方法。

团队共创的主要价值

团队共创的主要价值有：激发团队创意与新能量、建立一种共享的责任感、发展整合性思考方式、达成共识促进行动产生。具体来讲，激发团队创新与新能量可以使每个人与每个想法都被尊重；建立一种共享的责任感可以使团队的决策中包含每个人的想法与智慧；发展整合性思考方式可以使团队成员从不同的角度思考（包含理性与直觉），给出相应的建议及方案，避免片面的方案。最终整个团队达成共识，采取行动。

团队共创法实施步骤

物料准备

进行团队共创之前先要准备的物料主要有四种：有一大面墙的房间、A4纸、A5纸（或便利贴）、彩笔、美纹纸。彩笔主要用来在讨论过程中记录迸发的灵感、关键的结论，绚丽的色彩和温馨的环境能够刺激我们的右脑，辅助左脑的逻辑思维，更容易产生创新性的想法。

背景介绍

需要先做背景介绍，选择参与人员，准备开场白。

首先，邀请小组成员参与对话。团队共创参与人数不少于4人，超过10人则需要分成3～4人一个小组进行。

其次，读出对话的焦点问题。

再次，说明对话的原因、和小组成员有什么关系、为什么马上需要进行这次对话。

第四，确认参与者是否理解，澄清主题。

最后，讲解会议纪律、角色分工和讨论规则。

通过必要的话术，进行团队共创的背景介绍，比如："欢迎大家参加这次的主题研讨。希望通过在团队共创过程中的积极参与，使我们从更多的角度思考今天的主题，并有效达成共识（做出邀请）""这次我们研讨会的主题是（焦点问题）……"。

背景介绍可采用的话术

开场白	话术
邀请	邀请小组参加对话 欢迎大家参加这次主题研讨。希望通过每个人在团队共创过程中的积极参与，使我们可以从更多的角度思考今天的主题，并有效达成共识（邀请）
焦点问题 背景说明	说明共创的原因、和小组成员有什么关系、为什么马上需要进行这次对话 这次我们研讨会的主题是……（焦点问题） 关于这个主题我们现在的情况是……如果我们不立刻解决这个问题则影响到……（背景）
共识	确认参与者是否理解，澄清主题 关于这个问题大家是否有不清晰的地方？问题中的概念谁来解释一下？有没有不一样的理解……（共识）
预防反对	事先堵住反对对话的理由 相信对这个主题大家有很多不一样的角度，将来我们可以再找时间去研讨，今天先把主题集中在这个问题上（预防反对）
规则讲解	会议流程、纪律、角色分工的讲解 为了让研讨高效地进行，我们讨论应遵循的原则是…… 我的角色是……你们的角色是……（订立会议纪律／角色与分工）
结束语	感谢参与，确认成果，推动行动落地

焦点澄清

焦点澄清，让参与成员对本次会议的主题达成共识。这个环节要注意的问题有：

- 保证重点问题是明确、具体的；
- 有 20 个以上答案的问题都可以是主题；
- 通常以"什么"和"如何"的开放式的问题开始；
- 清楚地将焦点问题写在墙面的左上角，保证整个会场中都看得见，用清楚的颜色强调问题的关键词；

● 要对焦点问题进行澄清，不要使用缩写。

另外，为主题页绘制花边或涂鸦，可以激发创新及发散思维。

澄清焦点，找准问题，明确团队共创的方向，这非常关键。

焦点澄清可以使用的话术，比如："我今天的角色是研讨会的主持人，通过设定各个环节的任务，引发大家从不同的角度对焦点问题进行思考。并通过提出问题，让大家充分表达内心真实的想法。"

为了不干扰大家的思考，过程中我需要保持中立的角色，不会对大家分享的内容作出自己的评判，也请大家监督。（明确促动师角色定位）

在这个过程中我们会经历个人头脑风暴到团队想法归类、提炼关键词并赋予意义几个步骤。（简单概括过程）

为了让研讨高效地进行，我们讨论遵循的原则是……（参考团队共创讨论原则，简单讲解）

好的，现在就让我们一起开始这次的共创之旅吧！

当然，团队共创讨论还需遵循一些原则：

● 思维快的稍等思维慢的；

● 讨论求深不求快；

● 请勿"一言堂"；

● 尊重原创；

● 写切实可行的。

个人头脑风暴

接着进行个人头脑风暴，主要要注意以下几个问题：

● 个人独立进行思考，记录在便利贴或A5纸上；

● 一张卡片只能写一条能回答焦点问题的具体观点；

- 卡片横着写，字体足够大，占满整个页面，字迹清晰；
- 每张卡片字数限 6 个字以上、12 个以下；
- 限定写 4～6 张纸。

同时，促动师将收集上来的卡片数量控制在 25～40 张以内。

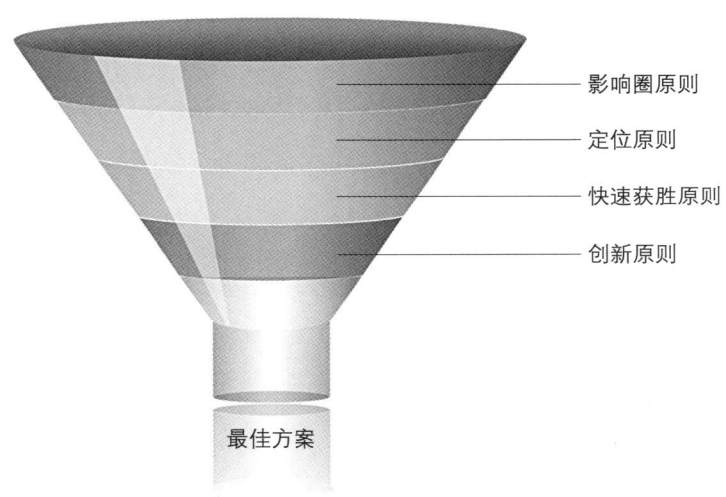

团队决策过滤器

团队共创往往会产生多个行动策略，究竟应该如何选择，先做什么，再做什么，可以通过四个原则进行甄选。

影响圈原则：选择策略中凭借自身能力可以完成的、有资源的、可以掌控的、可以影响成败的策略。

定位原则：团队的时间、人员、精力都是有限的，策略选择应该聚焦关键行动，而不是发散的。

快速获胜原则：所得利益少又不易执行的，浪费时间；所得利益少容易执行的，能够快速获胜；所得利益大不容易执行的，需要专项努力；

所得利益大又容易执行的是重大机遇。

创新原则：鼓励创新的策略。

小组头脑风暴

进行小组头脑风暴，分享交流达成共识，提交卡片。主要步骤是：

●以小组为单位，每人分享各自的观点与想法；

●小组共同选出对焦点问题最重要、最关键的观点（最佳想法）交给促动师。这个步骤中注意可以选出 1～2 张核心卡片。

组织分群

将相近的观点进行分类：

●在促动师带领下对第一轮收集的卡片（最佳想法）做分类；

●参与者自行把手上剩下的卡片做分类；

●处理单独成列——"孤儿"卡片，将其归入其他列，或从其他列中找到同类，如与焦点问题相关度不大可暂时搁置，如果公认是个好想法，则全体参与人员再补充一条类似的与其归在一列；

●重新检核每一列卡片，把归错列的调整好；

●控制列数在 4～7 之内。

这个环节要注意以下几点：

●促动的流程是一个输入（主题）—过程—输出行动计划的流程；

●如同生产线一般，墙面布局也要遵循流程图的布局；

●纸张、卡片不能随意张贴，这样才能有效引导人们的思维。

结构化表现的目的是：厘清行动策略之间的关键，方便理解与记忆，加强结果的达成。

群组命名

为每一列卡片提炼关键词：

- 从最长一列依次开始提炼关键词；
- 不超过6个字，且不可以和该列任何一张完全一样；
- 关键词记录在当列最上方的卡片上，用画框做区分；
- 所有列的关键词提炼好之后，促动师结合焦点问题念一遍成果，加深认识。

促动师要留心现场的声音，收集参与者对关键词的意见。同时要观察参与者的表现，确保每个人都要参与。出现分歧时，要探询观点背后的想法，不要急于投票决策。

赋予意义

思考关键词与主题之间的逻辑关系。主要分为以下几步：

- 观察关键词，思考可以表达关键词关系的结构；
- 共同讨论各关键词在靶心图上的位置摆放；
- 促动师总结整体讨论成果。

将关键词结构化一般有三种方法：

- 按重要／紧急程度进行排序；
- 用逻辑架构来排序；
- 用图形来排序。

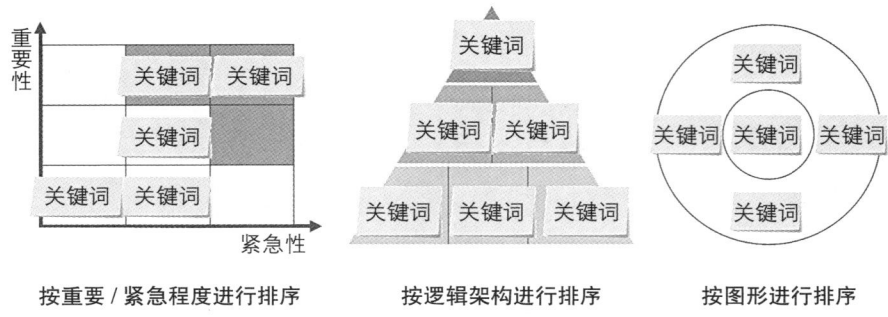

行动策略的结构化表现

进行结构化的目的是：厘清行动策略之间的关键，方便理解与记忆，加强结果的达成。

制定行动方案

针对提炼出来的关键词制定行动方案，要包括具体目标、所需资源，以及行动步骤与时间。注意：可根据执行时间和人力资源来确定方案数。

行动步骤	何时开始	何时完成	衡量成功标准（指标类的衡量数据或方法）	需要支持（人、财、物）	第一负责人

（本节编写：众行行动学习研究院资深顾问陈晓燕）

第三章 技法篇——行动学习的流程技术

行动学习经典技术1："群策群力"工作坊（PPT微课）

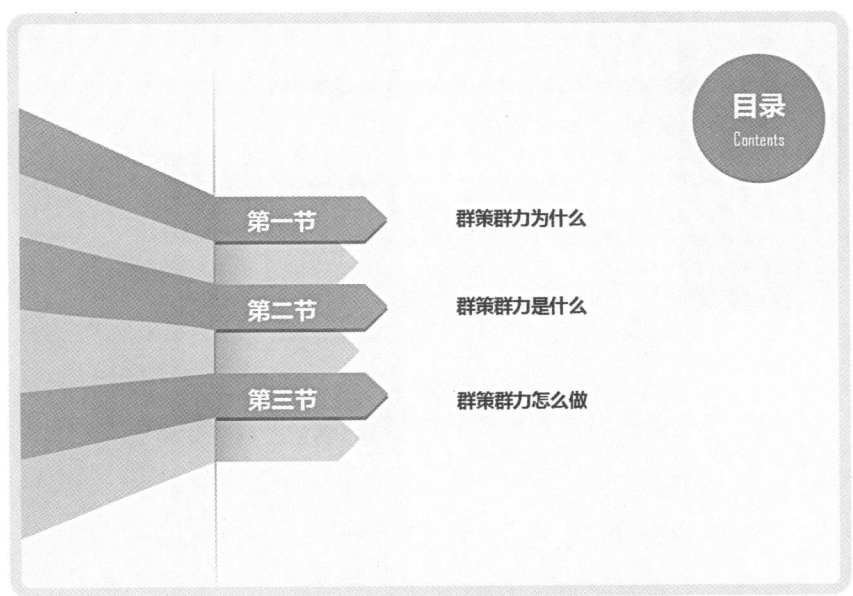

 1.1 GE的困局　　　　　　　　　**为什么**　是什么　怎么做

1981年，杰克·韦尔奇进入GE。作为一个发展多年的庞大组织，GE已经染上了"大企业病"，呈现出陈腐、僵化、沟通不畅等糟糕问题。更加可怕的是，管理层上下并不认为这有什么错；一部分人认识到问题，但束手无策，他们常常抱怨，却不知道解决办法。

在一次会议中，杰克·韦尔奇召集了一线员工的部分代表，听取了他们的心声。员工们说："我们有很多想法，也知道客户真正需要什么，但是我们没有权力去做。领导们都很忙，没有时间听我们的意见，时间一年年过去，所有问题都是老样子，公司业务越来越不景气，大家都感到沮丧。"

可笑的事情也发生在管理层。当杰克·韦尔奇向管理层寻找这个问题的答案，管理者们说："你知道我们有多忙。每天都有开不完的会，一边听冗长的报告，一边心急火燎，在下面偷偷处理公务。我们每周都要填一大堆表格，每张表格的脸上都写着"十万火急"四个字。而且公司人手严重不足，现在都是一个人当三个用，哪里有时间听员工的意见呢？"

一线员工有想法，但没有授权；管理者疲于应付各种任务，又没有时间去挖掘员工的潜力。这是所有企业的困境，通用公司也一样。那么应该怎么破解这种困局呢？

 1.2 杰克·韦尔奇的破局之道　　　为什么　是什么　怎么做

听起来，这个悲惨的故事，正在每家公司上演。

员工和管理层，他们都有智慧、有抱负，但是没有合适的渠道释放出来，正能量被长期压抑之后，变成了组织的毒素。每个人都是无辜的受害者，那到底谁来打破僵局，承担起责任？

杰克·韦尔奇的习惯是："问题到此为止"，如何打破僵局呢？

他终于有了一个新的思路——群策群力。让员工得到释放，让管理者得到解放，从现在开始吧，给GE带来新的局面。

杰克·韦尔奇不断遇到类似的问题。这就形成了一个瓶颈，像中层到基层，中间隔着一层障碍，形成一个血栓，导致血流不通。这个血栓会让组织越来越虚弱，有一天就会要了组织的命。组织越大，阻碍越严重。杰克·韦尔奇察觉到这是组织的一个致命问题，于是，创造了一种方法——群策群力，来化解难题。

 1.3 用群策群力重塑GE文化　　　为什么　是什么　怎么做

GE向全世界宣布行动学习是GE改变成"全球思想、快速转变组织"的主要策略。

"群策群力"促动技术帮助我们创建了一种每个人都开始积极参与、每个人的想法都开始被注意、领导者更多地是促动员工而不是控制员工的文化。

——杰克·韦尔奇

杰克·韦尔奇借助群策群力技术，帮助通用公司塑造了新的文化，使其摆脱了臃肿迟缓的"集团病"，成为"会跳舞的大象"。

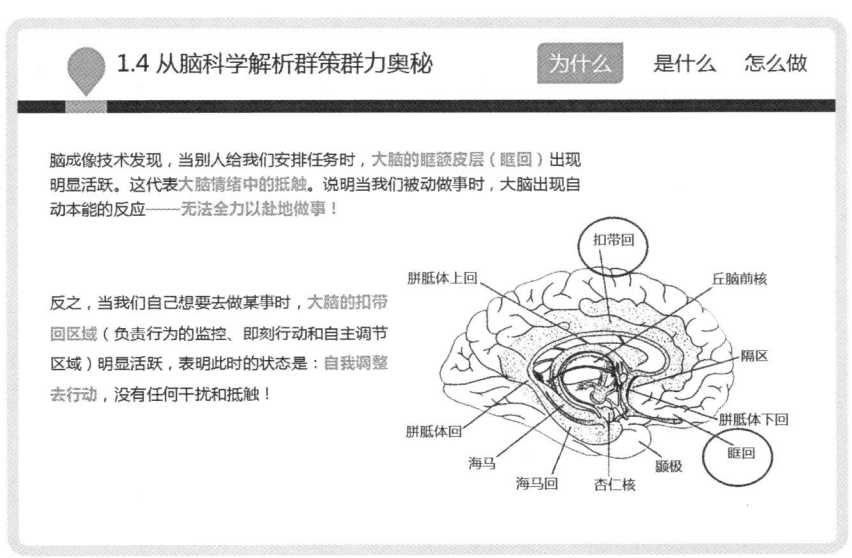

为什么群策群力有如此之大的魅力？如果让员工有机会把自己的智慧投入到决策和计划当中，他们将会爆发出前所未有的荣誉感和执行力。

群策群力技术的背后，体现的是传统型管理者和促动型管理者的本质区别。掌握以群策群力为代表的行动学习技术的管理者，我们称之为促动型管理者。群策群力作为一种被广泛应用的行动学习技术，代表了这两种管理思想的跨越，能够让组织不断解决问题，重新具有旺盛的生命力。

那么，群策群力到底是什么？

2.1 "群策群力"是什么

为什么 **是什么** 怎么做

群策群力的概念

"群策群力"在组织中营造一个全体成员能平等、无拘无束、坦诚地沟通与交流的环境,并通过这样的环境来凝聚组织的智慧,对组织面临的重大问题形成创造性的解决方案。

群策群力的特点

快速解决问题:"群策群力"能高度有效、快速解决企业中跨部门的扯皮推诿问题。中国企业一般都按照直线职能的部门组织结构来管理,同时缺乏面向流程的管理方法,造成企业内部时常出现扯皮现象,责任人与所有者不能清楚界定的现象十分普遍。"群策群力"消除了常见的推诿和议而不决的现象,在快速解决问题方面效果特别显著。

真正实现授权:"群策群力"强调对问题的快速解决,在解决问题的过程中依赖于各个部门与该问题直接相关的人员的参与及贡献,而不依赖于领导者。

群策群力在很多企业中都得到了广泛的应用。它的特点包括:快速解决问题、真正实现授权。

企业常常说"让员工当家做主",在过去,这更多是一个口号,缺乏落地的措施。而通过群策群力,这个理念得到了真正的贯彻。

经典的群策群力流程包括六个步骤:愿景、SWOT分析、承诺、关键行动、行动计划和城镇会议。这些步骤当中,既有理性的分析,又有感性的推动,能够让员工认识到把个人目标和组织愿景融为一体,这是实现梦想的最佳选择。

3.1 群策群力的六个步骤　　为什么　是什么　**怎么做**

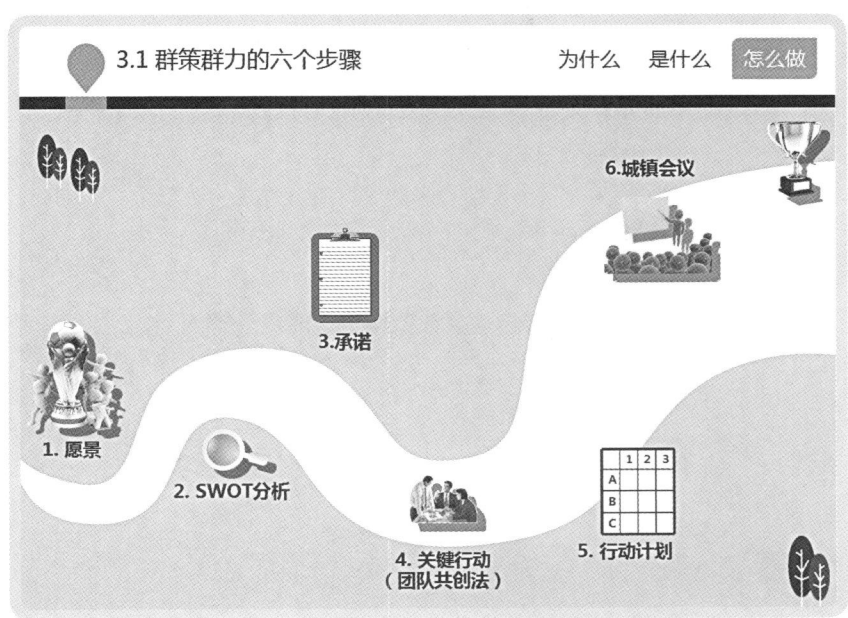

3.2 准备工作：聚焦问题　　为什么　是什么　**怎么做**

选择群策群力的主题，必须符合 SMART 的要求，做到清晰、可量化。

示例

- 6个月内将营业费用减少1000万美元；
- 3个月内将进入系统的数据的精确度提高30%；
- 将产品的开发周期减少到原来一半的时间；
- 在4个月中将客户的投诉率从18%降低到2%；
- 不降低客户满意度的前提下，在100天内将维修成本平均每件减少10%；
- 在始终达到服务标准的前提下，将生产效率提高20%；
- 在"群策群力"实施的12个星期内提高50万美元收入；
- 在4周内将客户建议的准备周期减少50%；
- 在6个月内减少25万～500万美元的直接索赔费用；
- 在3～4个月间将系统产出提高25%。
……

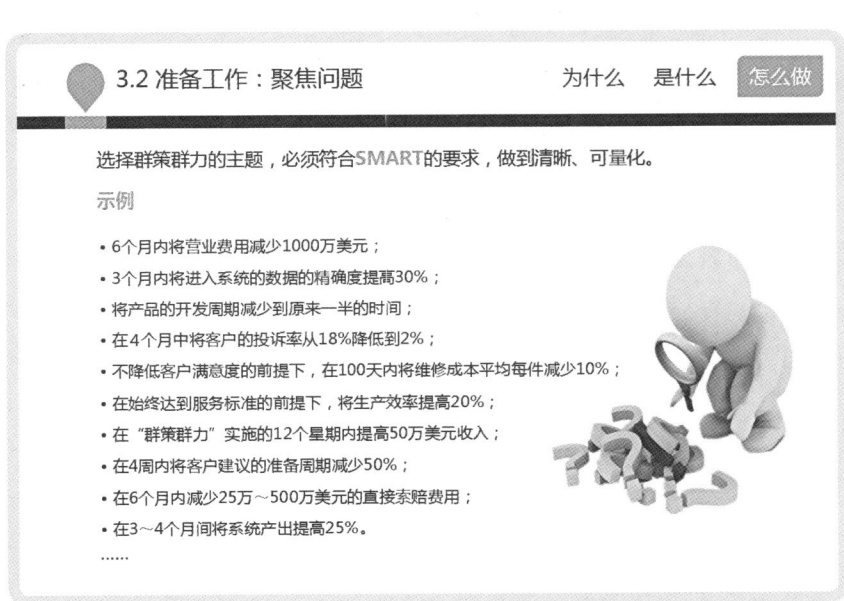

在群策群力的准备环节，整个团队首先要聚焦问题。群策群力希望解决什么样的问题？这个问题必须兼具重要性、紧急性，值得团队投入精力。同样重要的是，这个问题必须被精准地描述，这样团队的研讨才会有扎实的基础。

聚焦问题之后，大家一起来畅想：如果已经解决了这个问题，顺利达成梦想，我们一起来举办一场盛大的庆功会，在这次庆功会上，将会有哪些内容？请团队所有伙伴都来参与，用手中的画笔，共同描绘这场庆功会。

3.4 描绘愿景的四个原则

为什么　是什么　**怎么做**

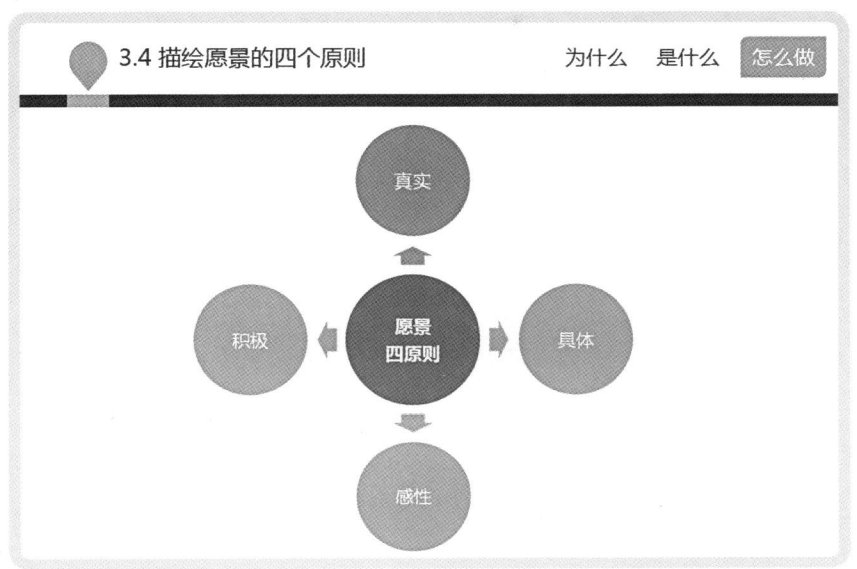

描绘愿景的四个原则：真实、具体、感性、积极。真实，这个愿景是我们真正想要的，而不是随便说说；具体，愿景的细节越细致，越能激发我们的愿望；感性，愿景中应该寄托我们的感情；积极，愿景中应该有更多的正能量。

"描绘愿景"环节通常都是喜气洋洋的，洋溢着快乐的气氛。要知道，这个环节并不是简单的互动游戏，不是单纯为了讨大家开心，在"描绘愿景"的背后，有着深刻的心理学原理。一个团队，必须学会描绘梦想，才可以走得更高，走得更远。

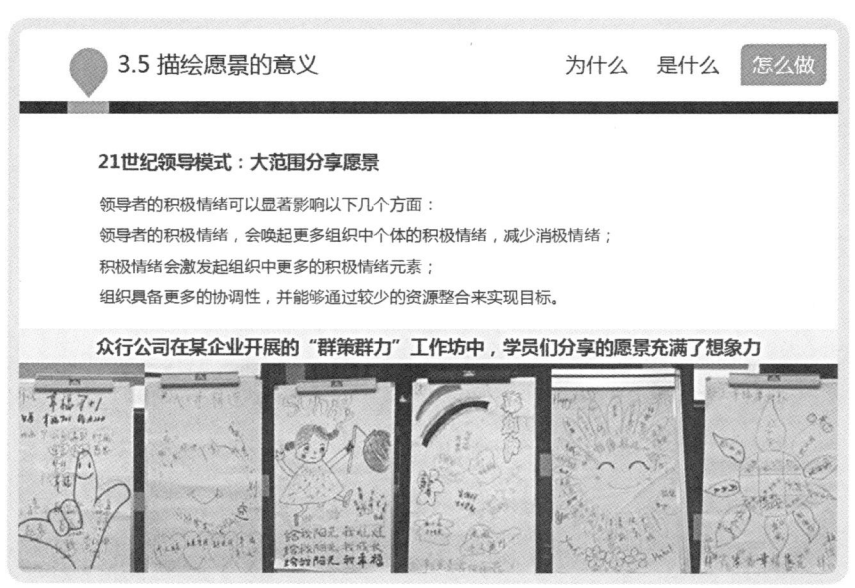

在"描绘愿景"之后,进入一个理性的环节,就是一起来分析现状,看我们距离愿景有多远,有哪些问题需要解决,有哪些资源可以调配。

| 第三章 技法篇——行动学习的流程技术 |

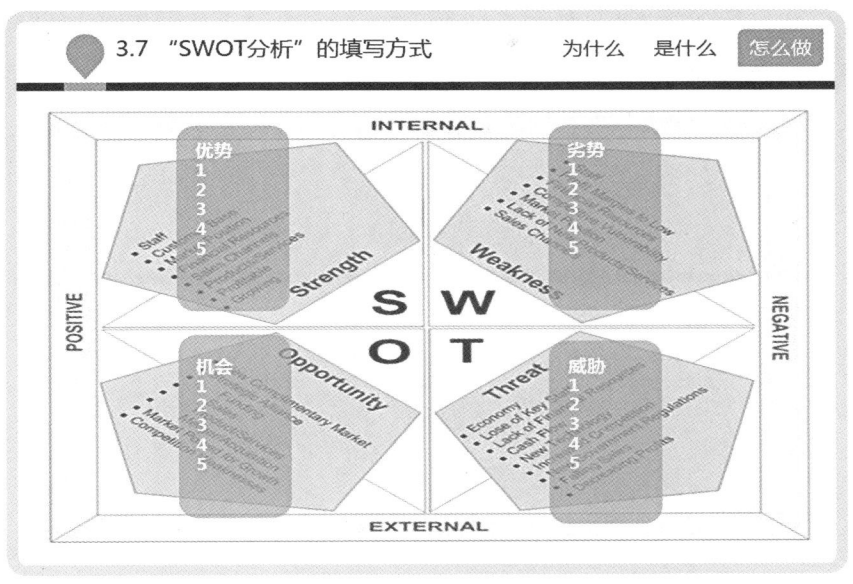

SWOT分析是用来做现状分析的常用工具，它分为四个部分：优势、劣势、机会、威胁。

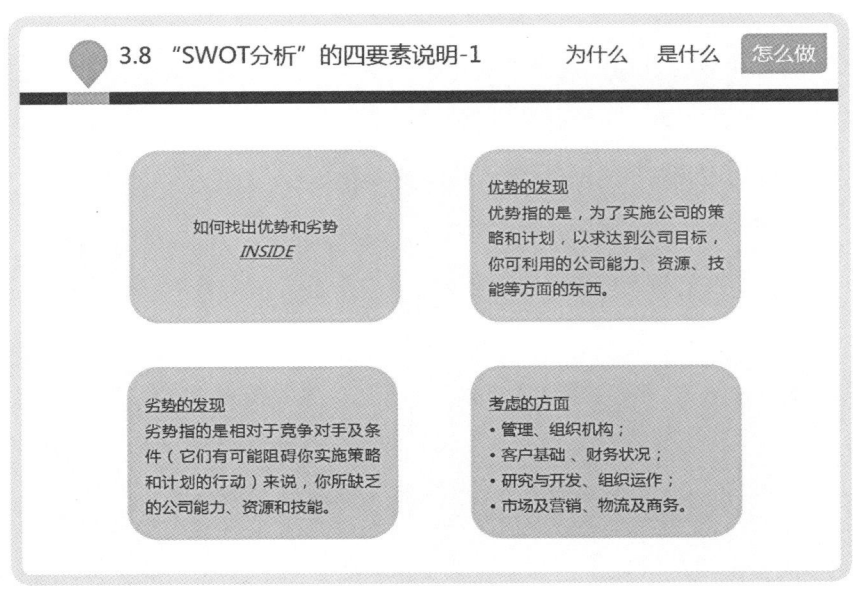

优势和劣势，通常是针对组织内部而言。和竞争对手相比，我们有哪些强项？包括资源、能力、管理机制，这些就是优势；相对于竞争对手，我们在资源、能力、机制方面有哪些短板？这些就是劣势。

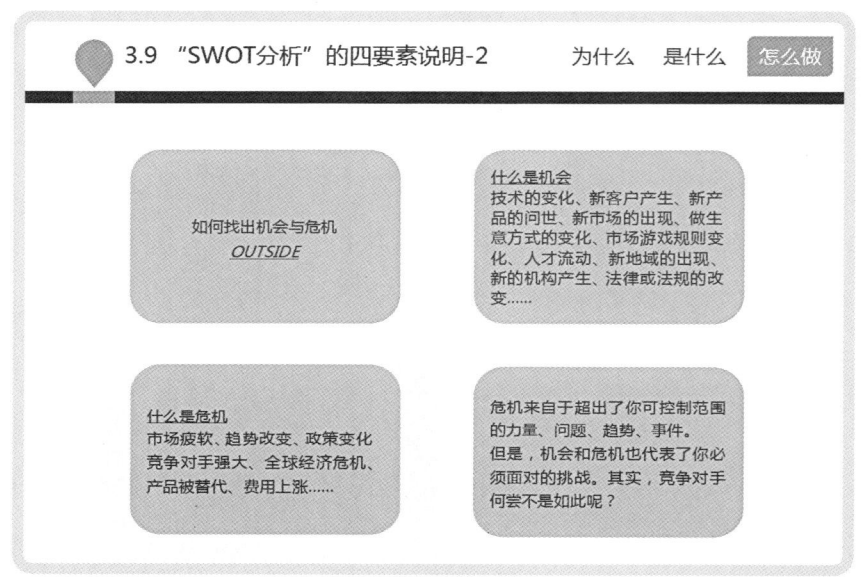

机会和威胁，指的是企业外部的有利和不利因素。有利因素，比如新技术、新客户群、新的政策法规、新的游戏规则，等等，这些就是机会；威胁，比如市场疲软、金融危机、政策变化等。

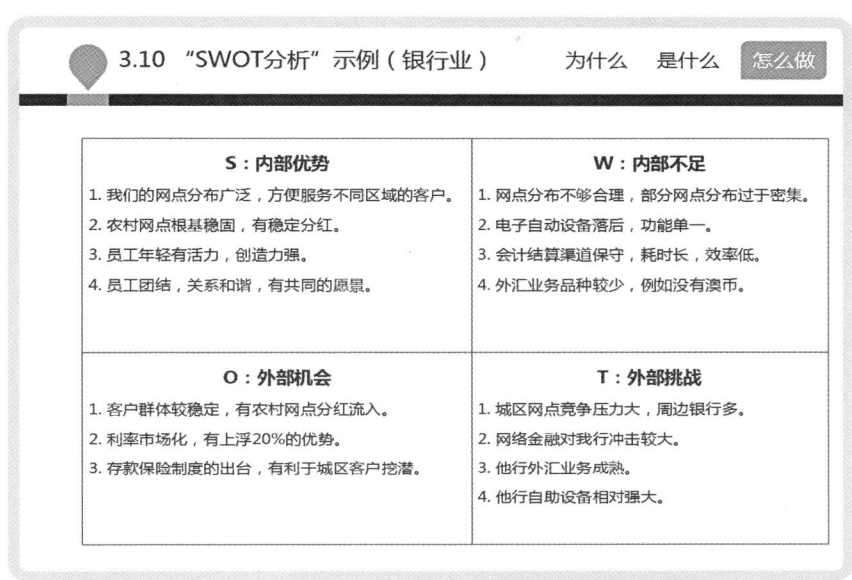

这是一个银行企业的示例。通过分析，大家在优势、劣势、机会、威胁方面列出了具体、有针对性的要点。这些分析将会让后续的群策群力研讨更加合理，思路清晰。

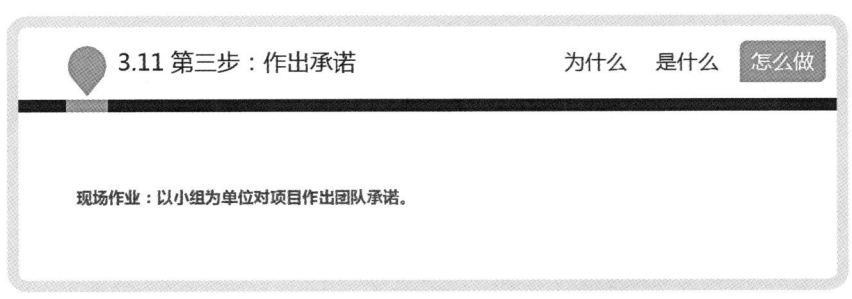

第三个步骤是"作出承诺"。我们都期待美好的愿景，也对现状进行了理性的分析。那么，如果没有达到愿景，我们愿意承担什么样的责任？这要请大家作出承诺。

3.12 承诺，让工作变成"赢的游戏"　　为什么　是什么　怎么做

姚明初到美国打职业联赛时，很多人并不看好。在一次重要比赛前，著名篮球评论员巴克利说，要是姚明一场比赛能拿下19分，他就亲吻搭档肯尼·史密斯的屁股。结果姚明发挥出色，在那场比赛中拿下20分。巴克利要兑现诺言，他的评论员搭档史密斯却不愿意当众露出屁股，于是就找了一头毛驴，让巴克利去"亲密接触"。

工作其实并不是严肃、呆板、枯燥的，通过承诺，可以把工作变成一场游戏。

 3.13 第四步：团队共创　　为什么　是什么　怎么做

现场作业：以小组为单位进行团队共创，头脑风暴写出完成本课题需要的关键行动，并形成行动策略图。

第四个步骤，团队共创。在这个环节，我们需要借助大家的智慧，看看怎样可以帮助我们达成梦想。

3.14 团队共创的五个步骤   为什么 是什么 **怎么做**

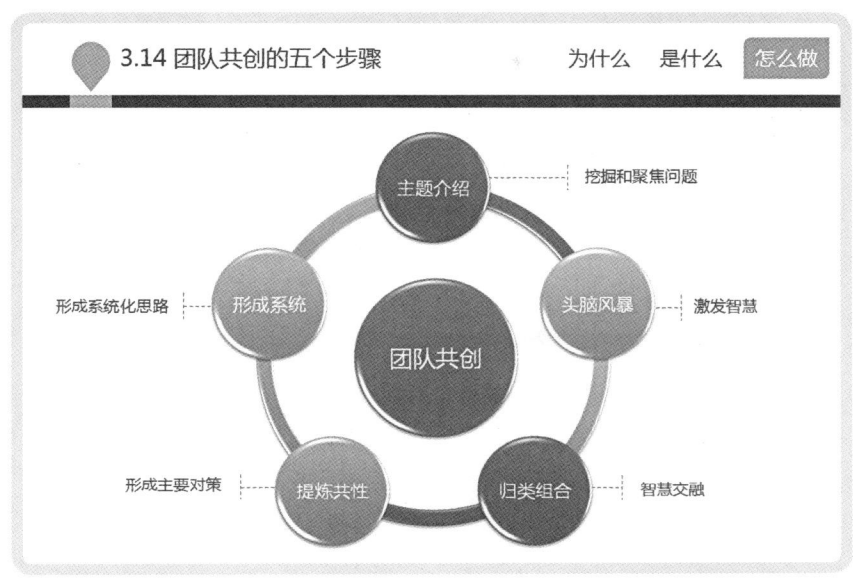

团队共创分五个步骤：主题介绍、头脑风暴、归类组合、提炼共性和形成系统。通过介绍研讨的主题，所有伙伴进行头脑风暴，对得到的行动措施进行归类组合，从不同的行动对策中提炼共性，再梳理成系统化的解决思路。

3.15 团队共创的四个基本原则   为什么 是什么 **怎么做**

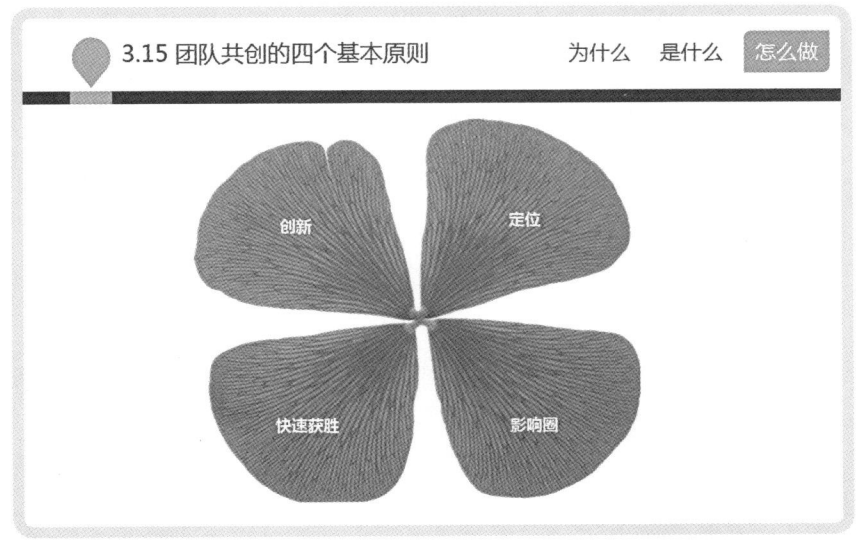

在进行团队共创的时候，我们必须遵循四个原则：创新、聚焦、影响圈和快速获胜。所有的行动对策，最好是有新意，有亮点，和过去的工作方法有所不同的；必须有聚焦，有重点；关注自己的影响圈，减少抱怨；还要能够快速取得效果。

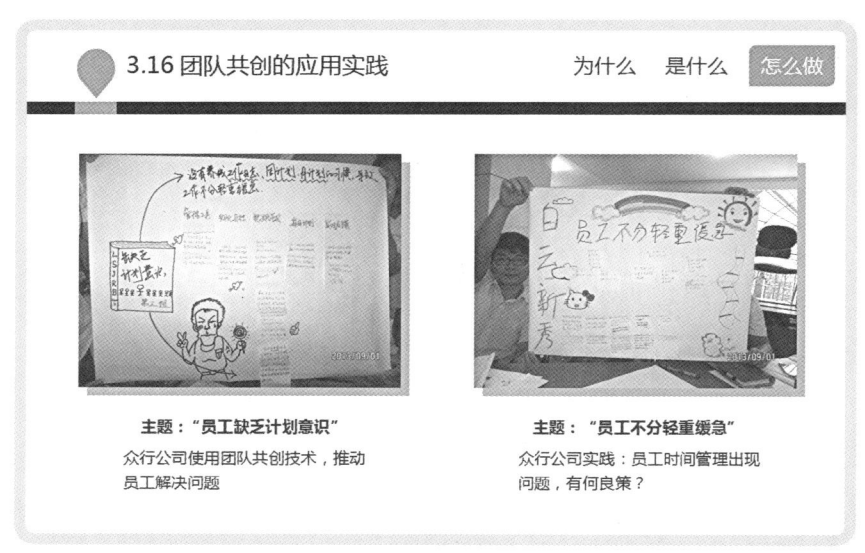

众行公司在众多企业使用团队共创的方式来快速解决问题。比如，"员工缺乏计划意识""员工不分轻重缓急"都是降低执行力的顽疾，通过团队共创，大家可以在2小时之内形成系统的对策，并付诸行动，获得改进。这让整个团队感到士气振奋。

3.17 团队共创的成果示例　　为什么　是什么　**怎么做**

开拓业务	建设团队	提升服务	维护客户	创新营销
留存村社分红，争取分红款不流失	解读考核方案，任务分解到个人，提高员工凝聚力、责任感	提高服务水平及效率，增强服务及业务技能，提升学习成效，提高客户满意度	做好存量客户的维护，积极推荐我行各类优惠活动及做好产品营销	加强公私联动，配套的保险、POS等综合营销
以一带一的方式开发新的客源	加强人文关怀，增强向心力，每月组织一次团队活动	做好柜台微笑服务、三声服务	做好品牌宣传，维护网点中高端客户	组织营销人员走出去，下场子、摆摊子
深度挖潜存量客户，将客户分级分层进行深度营销	创新例会形式，加强业务演练、分享并形成文字	做好网点业务指引及分流	做好存量VIP客户资产维护与提升，每日电话跟进50户	到4S店、驾校推销保险和信用卡分期业务
利用年底及年初的高利率保本理财锁定VIP客户	加强制度学习	定期组织文明服务检查	多途径举办高端客户活动，提升个人AUM资产	
利用股市利好形势，开拓银证通业务，吸引他行客户资金	加强员工产品培训，提升员工营销积极性		做好客户分层管理，重点挖掘40万以上的客户	
	定期组织业务评比，评比出网点优秀营销及服务人员，树典型促先进			

这是一家以"快速提升业绩"为主题的企业进行团队共创的结果。最终大家形成了五项主要对策：开拓业务、建设团队、提升服务、维护客户和创新营销。这些措施既延续了以前的一些工作重点，又有创新突破，研讨质量比较好。

3.18 第五步：行动计划　　为什么　是什么　**怎么做**

现场作业：
1. 领养孩子：每组3~5人自愿领养上步骤形成的行动策略，组成团队学习策略小组。
2. 以策略小组为单位制订行动计划。

群策群力的第五步是行动计划。在上一步"团队共创"环节，大家形成了框架性思路，在这个环节，我们要把它变成具体的行动计划。

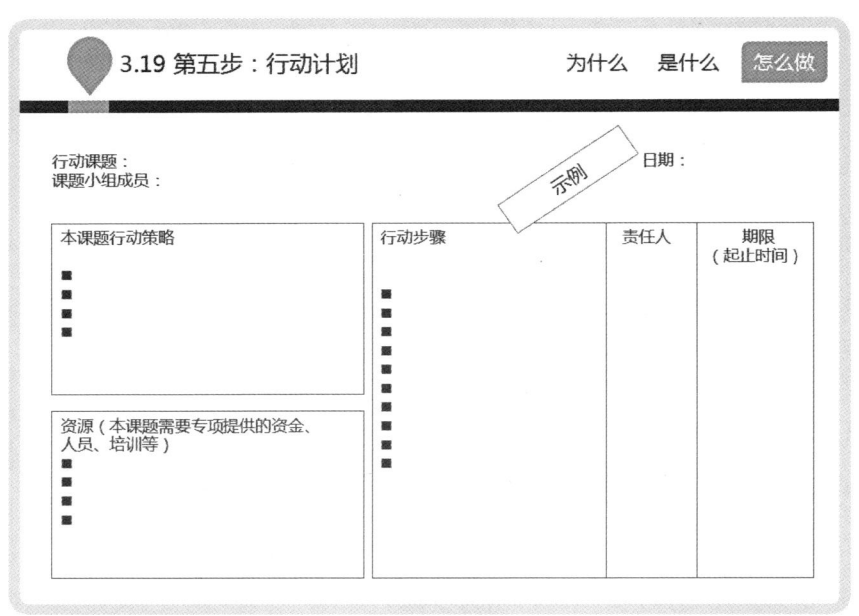

大家在制订行动计划的时候,要关注几个要点:不同策略都可以细化成具体的行动计划;行动步骤要尽量细化,细化的程度也代表了落地的可行性;在行动的"期限"中,要尽量细分,不要放在一个很长的时间周期里,否则会难以做过程管理。

众行刘永中老师主持城镇会议　　众行老师对学员汇报做反馈点评

群策群力第六步，也是最后一个步骤，是"城镇会议"，城镇会议是来自西方的一种高效率会议形式，鼓励员工积极参与，自主决策，管理者成为教练和支持者角色。众行公司把城镇会议也带到了中国众多企业当中，为他们的管理创新做出了强有力的推动。

在复盘中，管理者作为评委，还有一个很重要的工作就是"提问"。告知引发争辩，提问引发思考。当我们告诉学员一个答案时，学员习惯性地会去质疑，去求证；而当我们用提问去引导学员思考时，他自己就能得到答案了。

评委的提问，一般有四个方面的作用：

收集资料，深入了解各个团队的分析决策过程；

激发动力，用梦想、成就和价值激励整个团队；

引导思考，让团队伙伴学会透过现象看本质；

启发创意，让团队学会改变，适应环境。

群策群力之所以能够在企业获得让人惊讶的奇妙作用，在于它有以下几个关键点，这也正是群策群力的魅力所在。

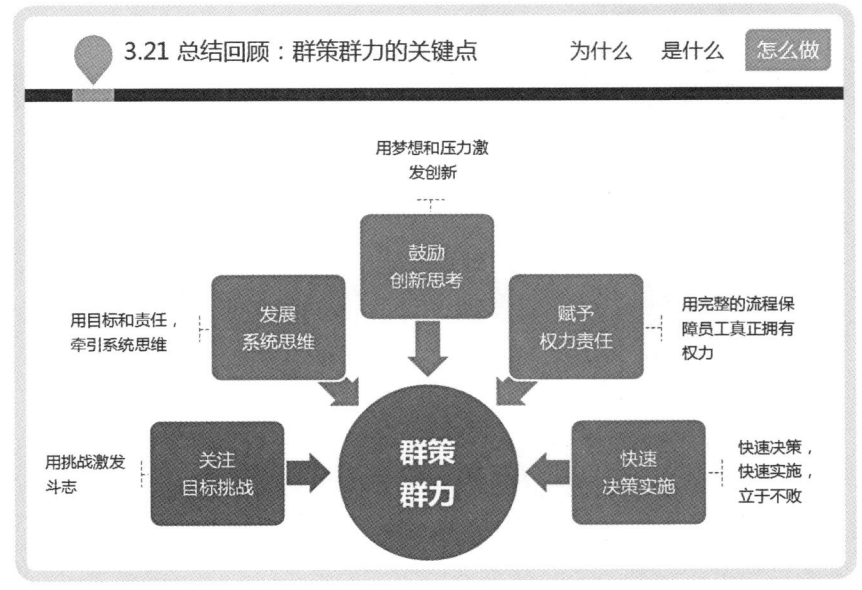

行动学习经典技术2：
"欣赏式探询"工作坊（PPT微课）

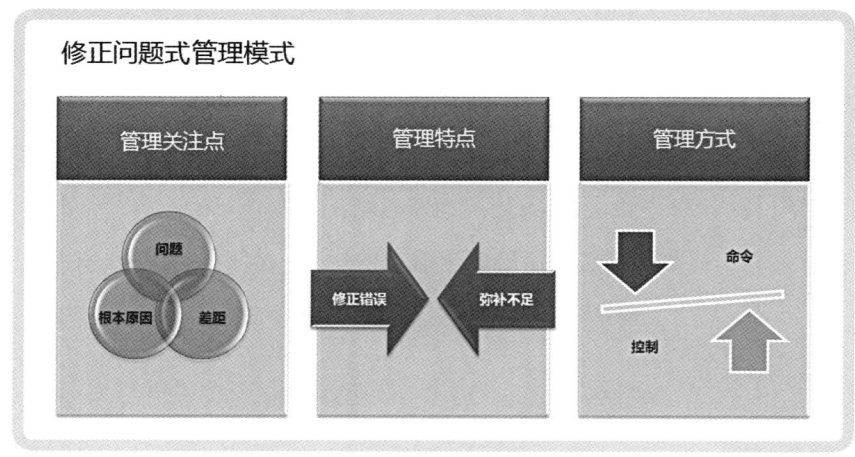

一项最大、最全面的变革管理方法调查结果让人感到震惊。该项调查结果显示，大多数流派、公司、种族和组织都遵守一个默认的规则，

即修正错误,而对优势较少问津,任其自生自灭。虽然这项调查的结果并不符合彼得·德鲁克的主张,即变革都与优势相关,但不幸的是,这是我们很多人都非常熟悉的真实情况。

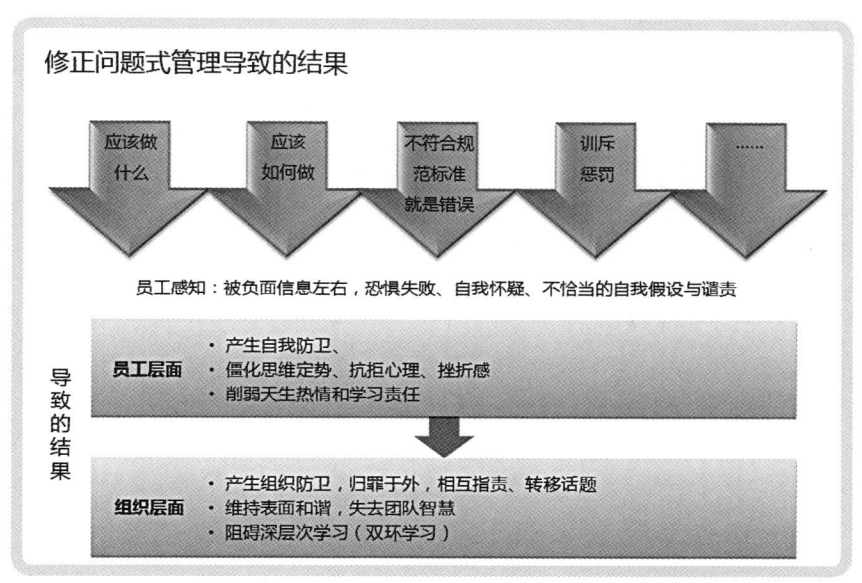

那么,如何打破组织防卫,激发员工潜能,发挥团体智慧?如何把修正问题式管理模式变成积极的管理模式呢?

皮格马利翁是希腊神话中的塞浦路斯国王。相传,他性情非常孤僻,喜欢一人独居,擅长雕刻。他用象牙雕刻了一座他理想中的女性的雕像,并天天与雕像相伴,把全部热情和希望放在自己雕刻的少女雕像身上,少女雕像被他的爱和痴情感动,从架子上走下来,变成了真人。皮格马利翁娶了这名少女为妻。这则神话传说在西方一直被传诵至今,近代引起了心理学家的注意。

美国著名心理学家罗森塔尔在某小学进行"未来发展趋势测验",将一份"最有发展前途者"名单交给了校长和教师,叮嘱其务必保密,以免影响实验的正确性。8个月后,奇迹出现了,名单上的学生成绩及各方面表现优秀,有了很大进步。

其实名单上的学生根本就是随机挑选出来的。

教师因为罗森塔尔的"权威性谎言"产生了暗示,左右了对名单上学生的评价;而教师又将自己的这一心理活动通过情绪、语言和行为传递给了学生,使他们强烈地感受到来自教师的热爱和期望,变得更加自尊、自信和自强,从而使各方面得到了异乎寻常的进步。

罗森塔尔心理学实验

虽然这只是一个试验,但在实际工作、生活、教育与管理中,却有着神奇的功效。在不被重视和激励,甚至充满负面评价的环境中,人们往往会受到负面信息的左右,对自己作出比较低的评价,从而表现得更为消极,结果也变得越来越差;而在充满信任和赞赏的环境中,人们则容易受到启发和鼓励,自我认知良好,行动的积极性也越来越高,最终作出更好的成绩。

赞美、信任和期待具有一种能量,它能改变人的行为,当一个人获得另一个人的信任、赞美时,他便相当于获得了社会支持,获得了一种积极向上的动力,从而增强了自我价值,变得自信、自尊,尽力达到对方的期待,以避免对方失望,从而维持这种社会支持的连续性。

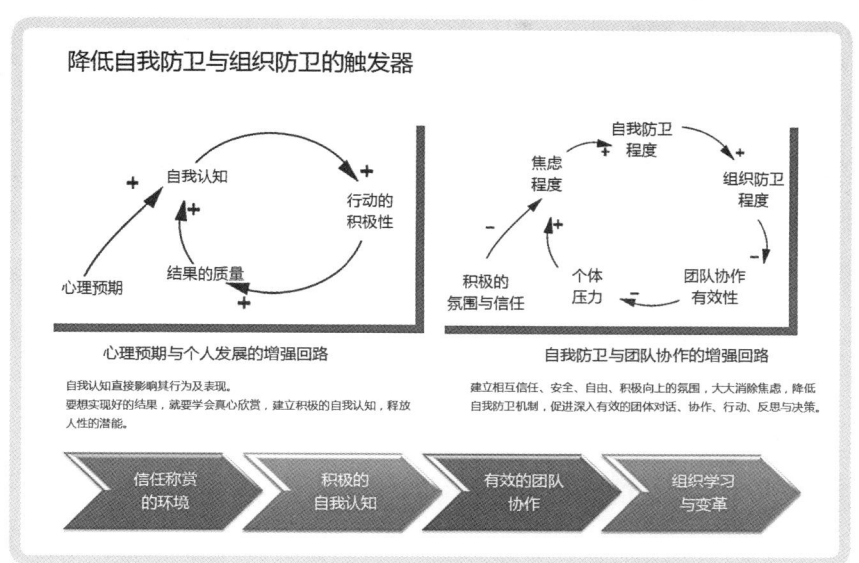

要想取得好的结果，就要学会真心欣赏，建立积极的自我认知，释放人性的潜能。

积极的自我认知是促进个人发展的不二法门。但在组织管理领域，以命令—控制为导向的管理模式，以及以解决问题、纠正错误为焦点的运作原则，非常不利于培养积极的自我认知。在主流的组织与管理模式下，人们被教导应该做什么、不应该做什么，应该如何做、不应该如何做，等等；一旦不符合规范、预期或标准，则被视为错误，或被训斥，或遭惩罚。久而久之，人们很容易产生僵化的思维定式、抗拒心理或挫折感，从而削弱天生的热情和学习的责任。相反，欣赏式探询有助于克服自我防卫与组织防卫，激发团队智慧。欣赏式探询是颠覆传统管理模式、在组织范畴内培养积极的自我认知的有效方法。密歇根大学资深管理学教授罗伯特·奎因也高度赞誉欣赏式探询，将其称为"组织发展领域的一场革命"。

人类有一种很巧妙的机制，当我们遇到一些感到很焦虑的事情时，"自我（ego）"会产生一系列防卫机制，用来保护自我避免受伤。若适当使用，防卫机制可减缓"超我（superego）"与"本我（id）"之间的冲突；但过度或不当使用，则会产生逃避、否认、负罪感等不良情绪，最终将导致如抑郁、沮丧等精神失衡。从这个意义上看，自我防卫机制是人之天性，只要有人的地方就会存在，但其触发器则是紧张与焦虑。实验表明，建立相互信任、安全、自由、积极向上的氛围，有效的团体对话，可大大消除焦虑，从而将自我防卫机制控制在适当的范围，有助于团体成员的精神健康。

组织学习理论的鼻祖、哈佛大学教授克里斯·阿吉瑞斯将防卫机制概念引入组织与管理学范畴，认为阻碍组织学习和创新发展的最重要因素是"组织防卫（organizational defense）"。组织防卫可以表现在组织的政策、实践或行动的任何一个方面，可以出现在组织的任何一个层次上，包括个体、团队、团队之间、部门、部门之间。所谓组织防卫，是面对障碍或威胁时的一种自保性反应，如最常见的"心口不一"（沟通时隐藏自己的真实想法）、为自己的观点辩护、无原则的妥协、归罪于外、相互指责、转移话题等等。而组织防卫一旦出现，就会阻断对相应障碍或威胁的深层探究，使参与者无法发现障碍或威胁产生的真正原因，也就失去了深层次学习（如"双环学习"，double-loop learning）的契机。

因此，虽然组织防卫可以保护个体免受尴尬或威胁，维持表面的和谐、达成共识，却使团体智慧受到极大影响，甚至形成"恶性循环"，导致团队有效性一再弱化。正如阿吉瑞斯所言：团队中每个人的智商都在120以上，但团队整体表现出来的智商还不到60！

因此，从激发团队智慧、促进组织学习与创新的角度讲，营造相互信任、安全、自由、积极向上的氛围,学会深入有效的团体对话、集体决策、协同行动与共同反思的技能,是创建学习型组织的关键因素。从这个意义上讲,欣赏式探询是激发集体智慧、创建学习型组织实用有效的最新方法。

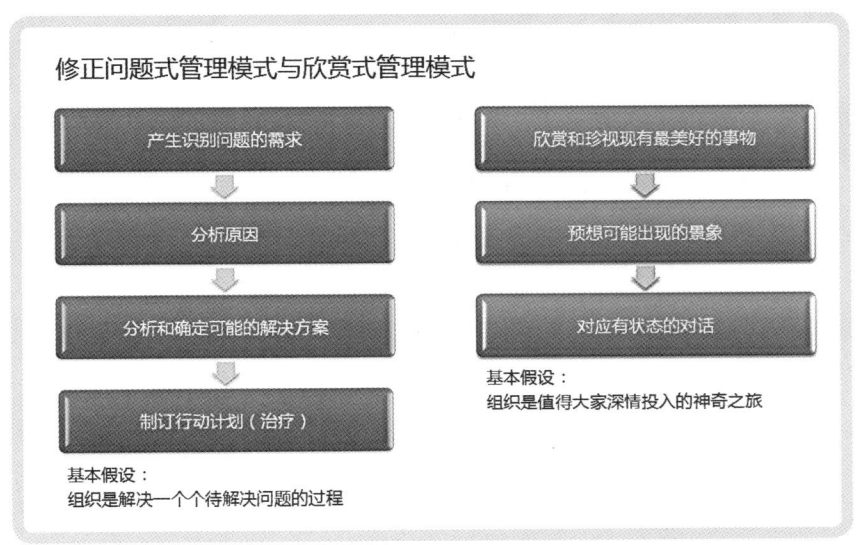

如何看待我们所在的工作场所？是一堆等待被解决的问题,还是被拥抱的奇迹？我们要学会从修正问题式到欣赏式探询的思考模式,不能忽略问题,但也不能只关注问题。

什么是欣赏式探询？欣赏式探询（Appreciative Inquiry）,是一种以问题为基础的汇谈方法。就是搜寻组织内及其他相关群体世界中最具优势、最好、最美的一面,由此实现个人与群体、成员与组织的共同发展。

欣赏式探询在英国航空公司、强生公司等公司被用来推动组织的改善与发展。欣赏式探询被视为一个邀请,一个起点,引领你进入令人振奋的、积极的组织变革的世界。欣赏式探询原本是用于心理学的一种手段，现在用于管理，变成了一种积极的、基于优势管理的方法。它更强调关注人和组织的积极、优势的一面，而非总是关注"短板"。

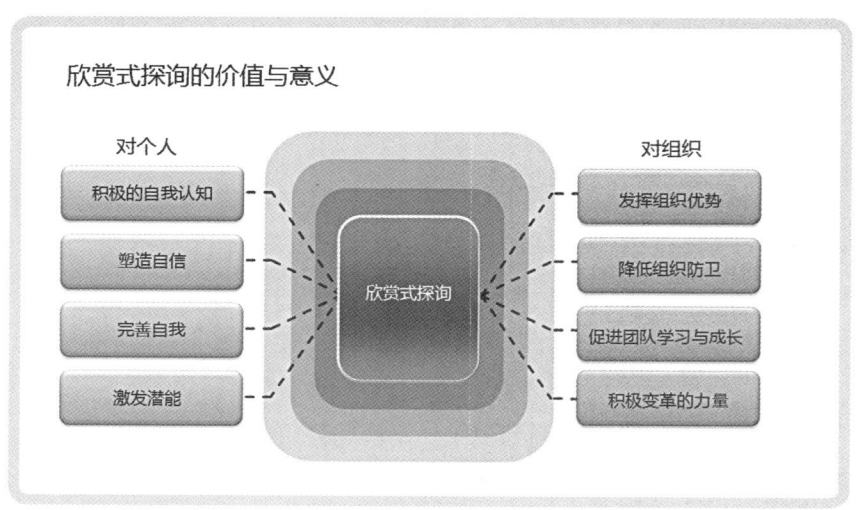

前文我们讲过欣赏式探询的四个步骤，这四个步骤看似简单其实不简单，能遵照这套方法进行实践一定能给组织带来巨大变化。

经过这四个步骤，营造了集体正向思考的氛围，减少了竞争和批判，增进了了解和合作。如此，人人主动、真诚地为愿景服务，日积月累，组织文化得以向正能量转化，开放智慧所带来的凝聚力才能真正发挥出1+1>2的效果。

在欣赏式探询组织内，组织成员互相欣赏对方的优点和长处，采用积极肯定的态度，分享对方的人生梦想和终极关怀，大家同心同德，携手去共同创造一个崭新的、更加美好的世界。而"欣赏式探询"尤为突出的地方在于，能够激发组织中的人们提出"积极的问题"，激发集体智慧。

第三章 技法篇——行动学习的流程技术

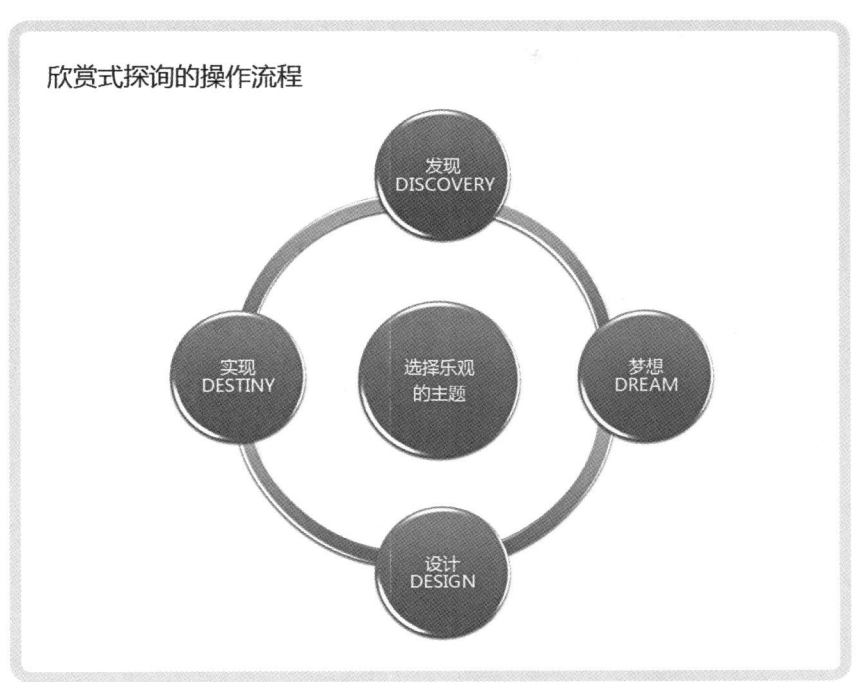

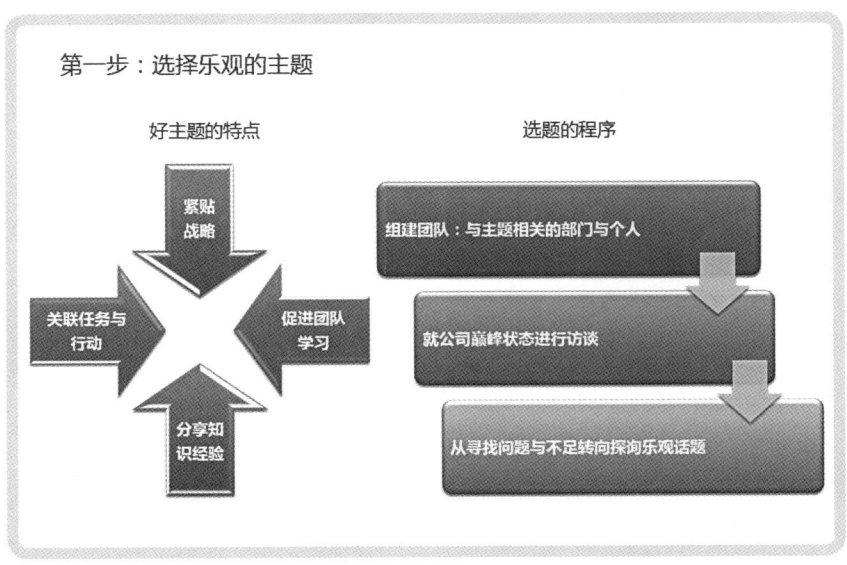

第二步：发现DISCOVERY

1. 发现过去与现在最成功的要素及优势；
2. 揭示个人团队的巅峰体验；
3. 探询人们珍视的事物、希望、梦想、意义。

引导发现的问题

工作中，你感觉最为投入的是什么时候？
为你所在的组织赋予活力及生命，并使其处于最佳状态的核心要素是什么？
你最珍视的组织的特点是什么？

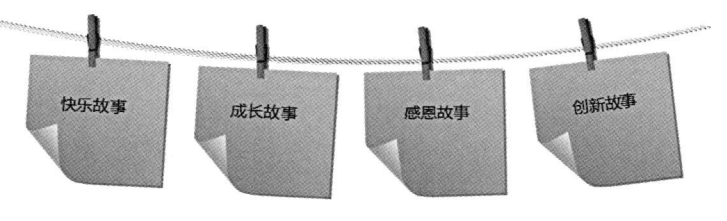

第三步：梦想DREAM

创新创造清晰结果导向的愿景
引导员工从现状转向美好的未来，提升想象力，探讨组织在整合各种优势及能量之后所能展现出的动人景象。

将愿景具体化、叙事化
尽量将未来描绘得更清晰，战略思路就会呈现在大家面前。这实际是一种信念、生活态度、价值取向。

共同聆听并分享美好未来
强化追逐梦想的行动力。

拓宽视野,激发想象力。想象一个更加美好的未来,创造一个清晰的结果导向的愿景,并将可能的愿景(或梦想)具体化、叙事化。

"积极的变革核心"(即可能引发改变的潜在优势和潜能)做出具体的描绘与分析,或者将其"故事化"(尽量发挥想象力描绘可能达到的最佳状态——这实际是一种信念、生活态度、价值取向)。

"梦想阶段"要仔细倾听同伴发自内心描绘的美好愿景,分享大家的希望和共同期盼的未来。随着这种描绘越来越清晰,整个发展的战略思路会呈现在大家面前。

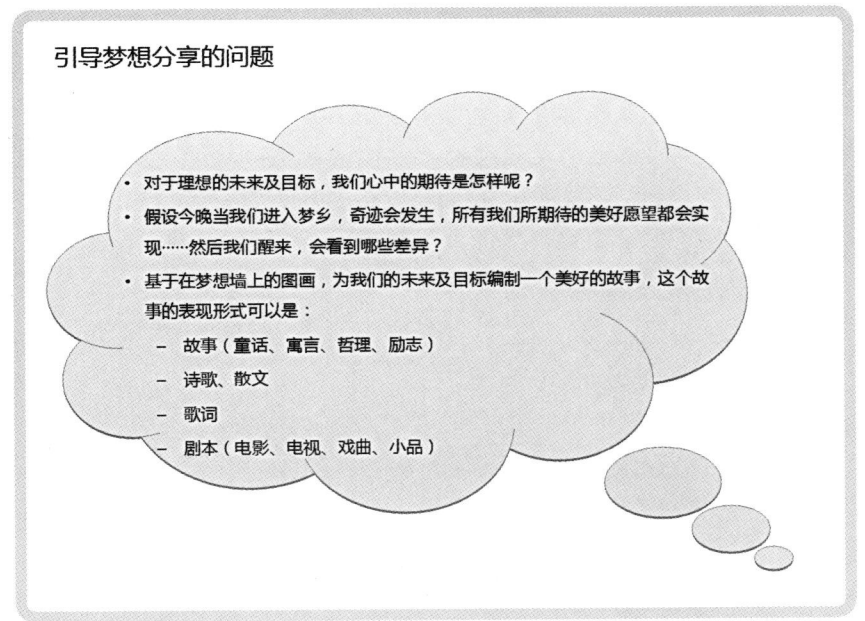

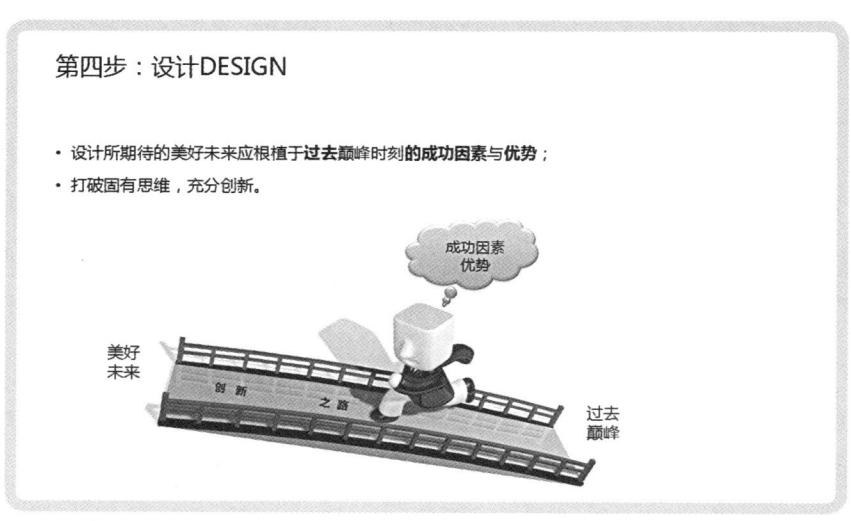

设计是把一种计划、规划、设想通过视觉的形式传达出来的活动过程。人类通过劳动改造世界，创造文明，创造物质财富和精神财富，而最基础、最主要的创造活动是造物。设计是造物活动进行预先的计划，可以把任何造物活动的计划技术和计划过程理解为设计，是对事物的统筹规划过程的总称。

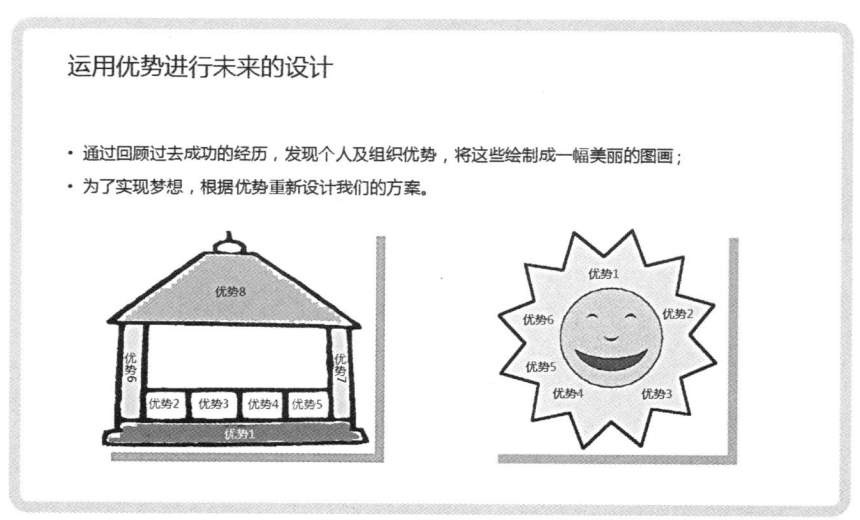

| 第 三 章 技法篇——行动学习的流程技术 |

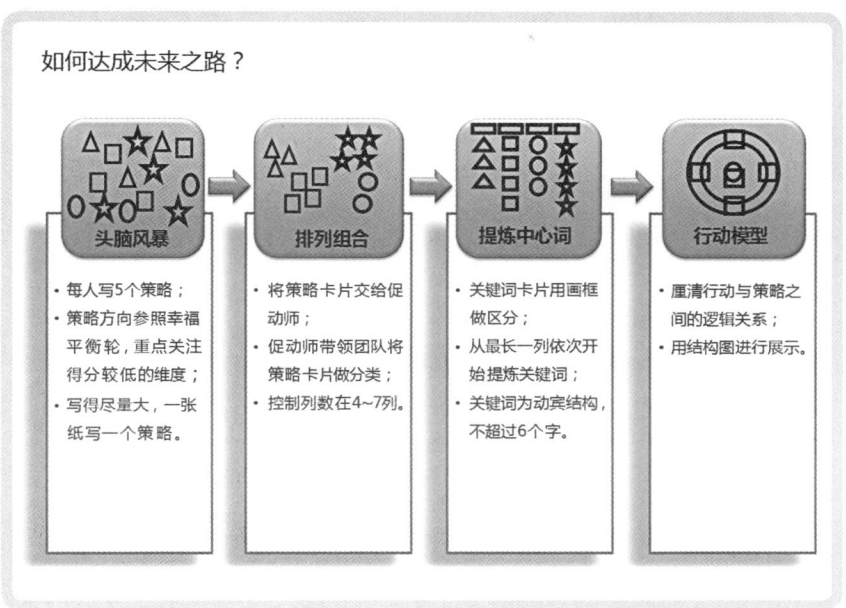

第五步：实现DESTINY（行动计划）

行动步骤	何时开始	何时完成	衡量成功标准 （指标类的衡量数据或者方法）	需要支持 （人、财、物）	第一负责人

（本节编写：众行行动学习研究院资深顾问陈晓燕）

行动学习经典技术3:"未来探索"工作坊(PPT微课)

未来探索的意义

1. 适用于为组织创建共同的愿景,即使组织的结构十分复杂;
2. 对于有共同愿景的组织,未来探索可以增强大家为愿景共同努力的决心,增强内在动力;
3. 流程相对简单,不需要烦琐的会议准备,也不需要外部专家的介入;
4. 化解问题和困难引发的消极情绪,在组织内形成合力,凝聚正能量;
5. 帮助组织快速行动,当组织面临复杂、快速变化的环境时,特别适用。

未来探索是什么?

未来探索是一种特别的会议形式,它往往在复杂、高冲突、充满不确定性的环境中,统合来自各方的利益相关者,通过对过去的回顾、对现在的分析,尤其是对未来的展望,塑造整个团队的愿景,激发团队实现梦想的动力,并推动具体的行动措施。

| 第 三 章 技法篇——行动学习的流程技术 |

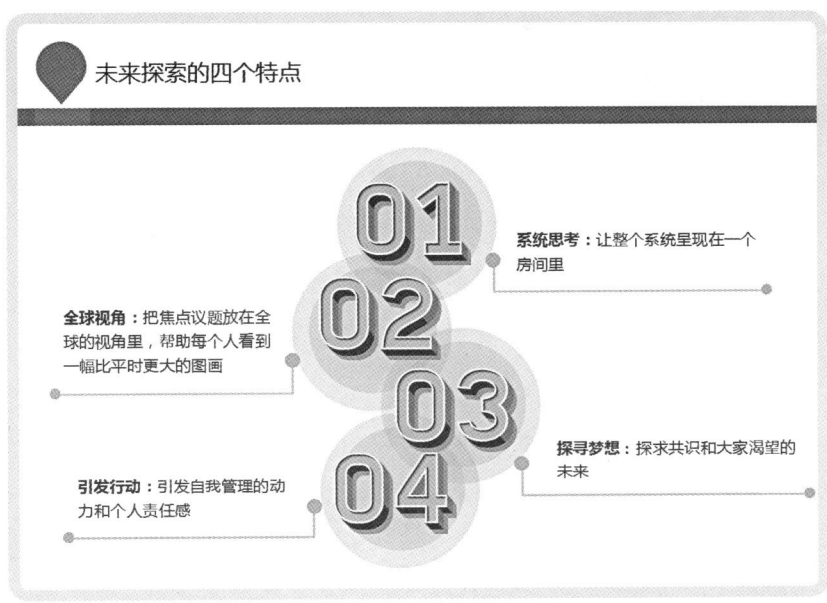

未来探索的四个特点

- **系统思考**：让整个系统呈现在一个房间里
- **全球视角**：把焦点议题放在全球的视角里，帮助每个人看到一幅比平时更大的图画
- **探寻梦想**：探求共识和大家渴望的未来
- **引发行动**：引发自我管理的动力和个人责任感

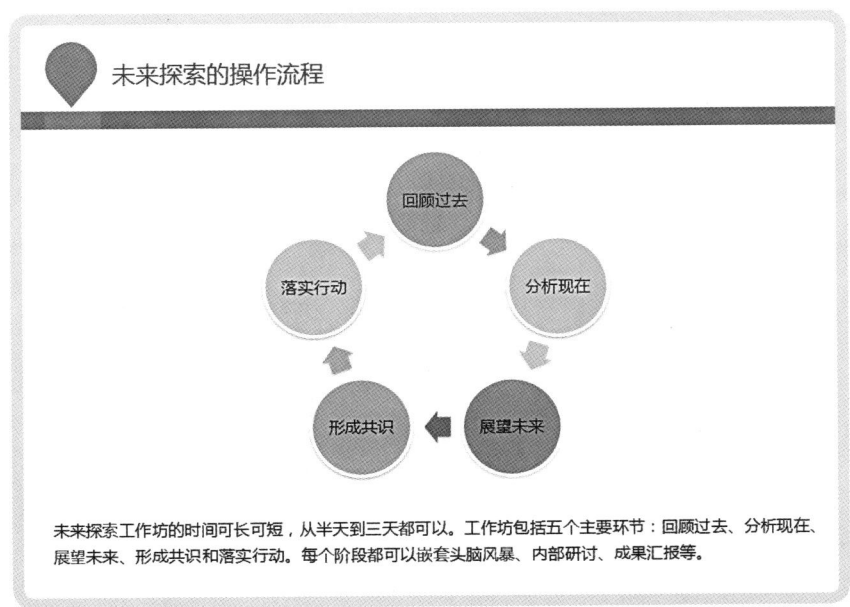

未来探索的操作流程

未来探索工作坊的时间可长可短，从半天到三天都可以。工作坊包括五个主要环节：回顾过去、分析现在、展望未来、形成共识和落实行动。每个阶段都可以嵌套头脑风暴、内部研讨、成果汇报等。

每个关键环节的问题,都需要根据特定的主题来设计。一般来说,当我们进行"回顾过去"环节时,可以从个人的经历、组织的经历、重大的社会和全球性事件、学习与成长等方面进行。

回顾过去:有哪些成功或不成功的案例?关键因素有哪些?

分析现在:有哪些特别成功或不成功的案例?关键因素有哪些?

展望未来:我们期待怎样的未来?哪些要素影响着梦想的达成?

形成共识:形成共同的愿景和达成愿景的系统化对策。

落实行动:把对策变成具体可操作的行动计划。

在促动过程中,每个小组有几个关键角色需要提前确定下来,分别是:团队领导者、计时员、记录员、报告员。

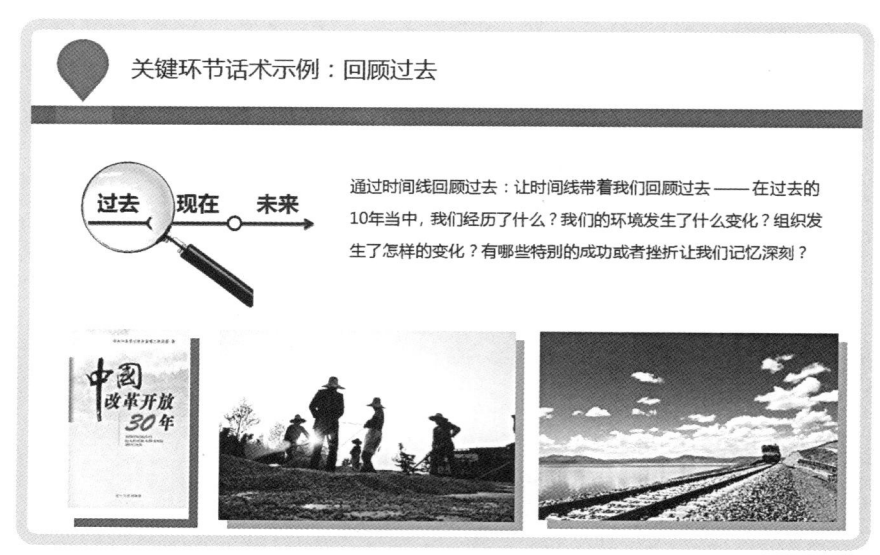

关键环节话术示例:回顾过去

通过时间线回顾过去:让时间线带着我们回顾过去——在过去的10年当中,我们经历了什么?我们的环境发生了什么变化?组织发生了怎样的变化?有哪些特别的成功或者挫折让我们记忆深刻?

第三章 技法篇——行动学习的流程技术

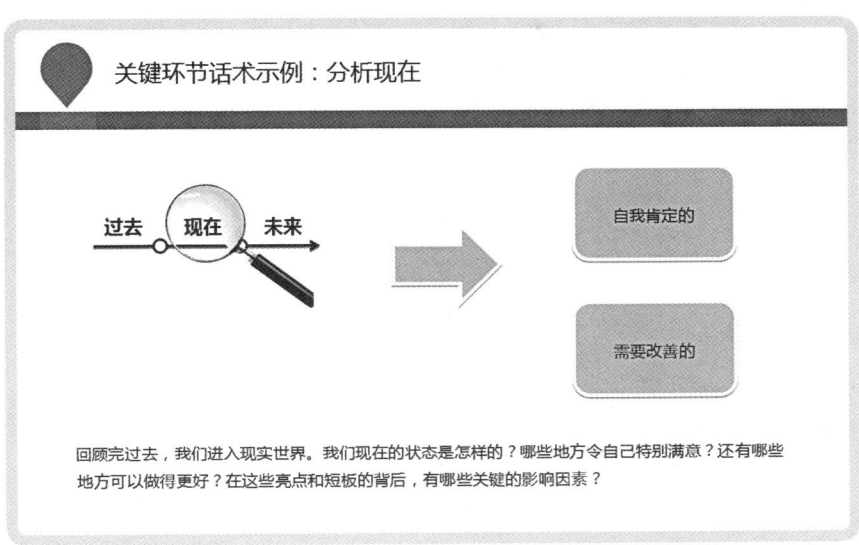

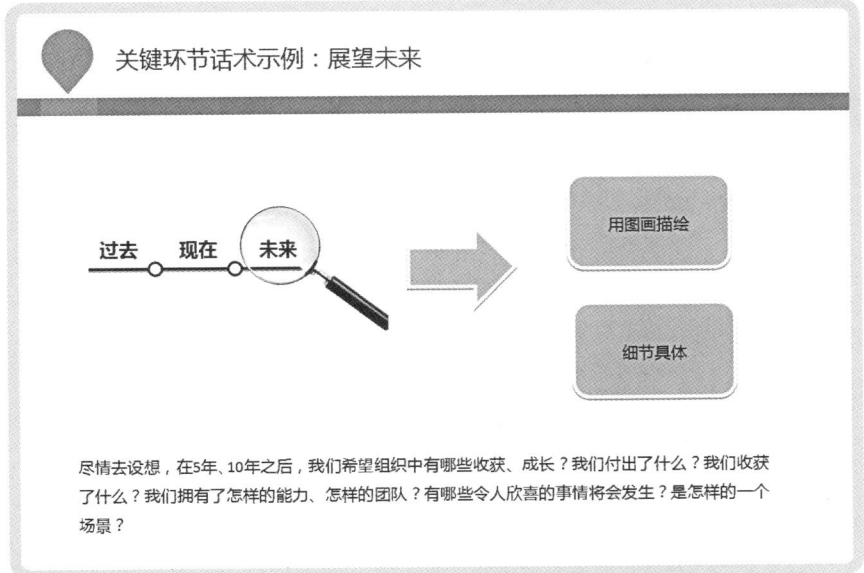

请把所梦想的场景用图画描绘下来，如果有些伙伴对当众画画感到害羞，也可以用简练的文字来描绘。对于未来的设想尽量具体，内容越具体，越能够让每个人感动，实现的可能性就越大。

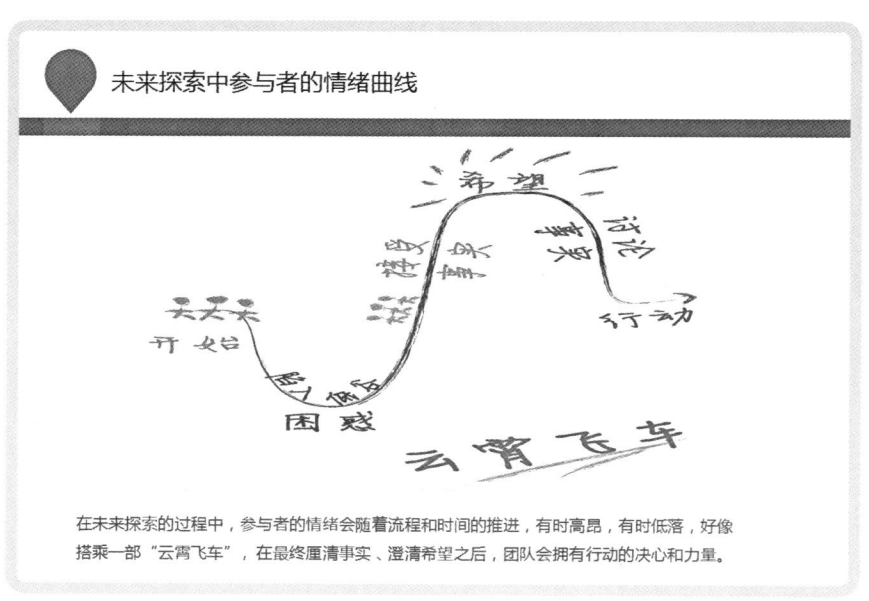

在未来探索的过程中，参与者的情绪会随着流程和时间的推进，有时高昂，有时低落，好像搭乘一部"云宵飞车"，在最终厘清事实、澄清希望之后，团队会拥有行动的决心和力量。

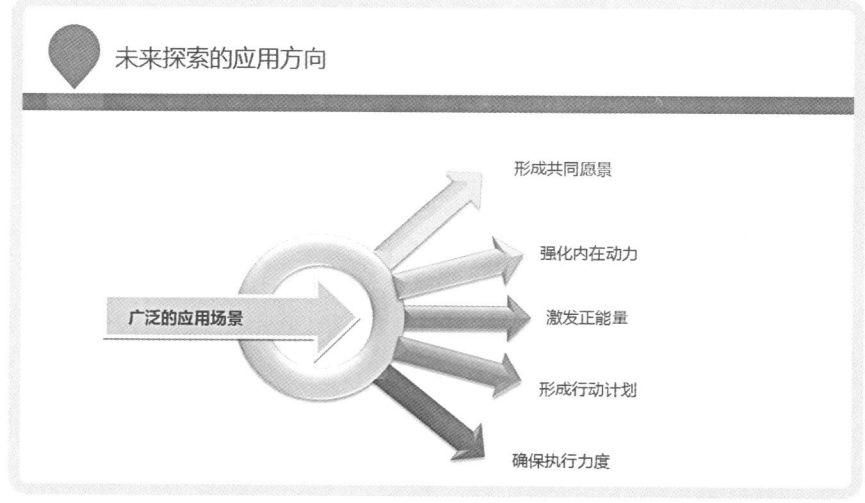

未来探索有广泛的应用场景：形成共同愿景、强化内在动力、激发正能量、形成行动计划、确保执行力度等等。当我们推动组织向前看，着眼于未来、着眼于共同的梦想时，组织中就会催化产生强烈的能量，这是团队的奇迹。

| 第 三 章　技法篇——行动学习的流程技术 |

示例1：这种时刻，可以使用未来探索……

情景一：公司成立了新的领导团队，新领导来自不同背景，关于组织的未来还没有形成共识。

高层管理者的方向很大程度上决定着组织的方向。当一个新的领导团队成立，我们迫切需要建立共同的组织愿景。在会议上，新的领导团队将通过"过去—现在—未来"的研讨流程，对管理思路有深刻的分享和交流，并在轻松愉悦的氛围中达成共识。同样，对于中基层管理者和员工，在"未来探索"中找到求同存异的道路，也是非常重要的。

示例2：这种时刻，可以使用未来探索……

情景二：公司每季度要进行工作总结，这是组织中非常关键的时刻。我们要盘点一个周期以来团队的管理过程，以及业绩与目标之间的差距。这个时刻采用什么样的会议形式，对团队氛围有很大的影响。

市场瞬息万变，我们需要不断地调整。每个季度、每半年，都是组织回顾方向、调整步伐的关键时刻。有时候，我们发现传统的会议形式让我们更多地沉溺于追究得失、反省失误；又或者是走走形式，不痛不痒；这与我们的期望相去甚远。我们期待，通过"未来探索"的方式，让团队灵活应变，根据市场变化随时调整；整个团队都为了美好的中长期目标而兴奋；这种令人欢欣鼓舞的能量，将成为组织获胜的巨大动力。

（本节编写：众行行动学习研究院顾问敖文静）

行动学习经典技术4："世界咖啡"工作坊（PPT微课）

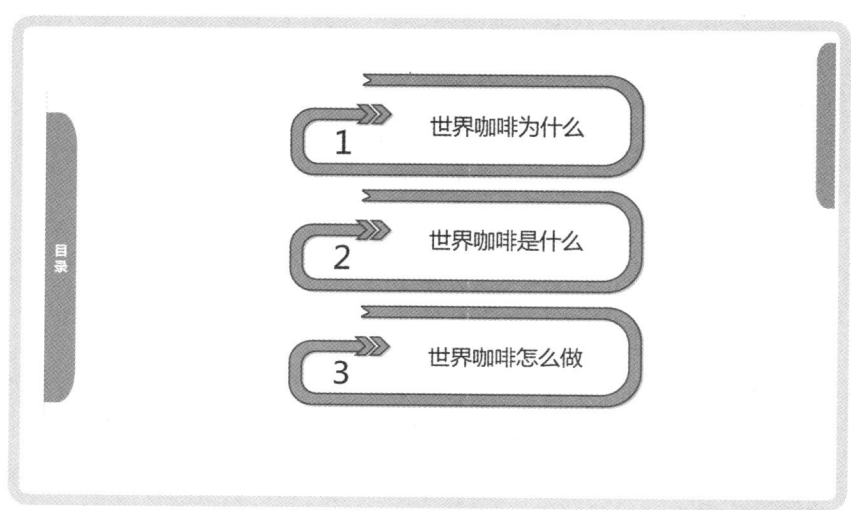

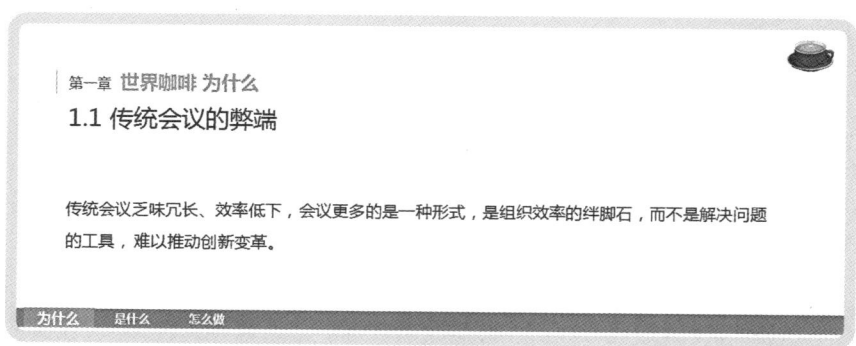

组织要不断创新，才能维系生存。柯达公司因为不能及时创新而最终退出市场。苹果公司因为疯狂创新创造奇迹。从团队管理者、会议促进者的角度来思考,我们应该怎么组织一场创新的会议呢?

20世纪90年代,一种新的会议方式应运而生——世界咖啡,为僵化的会议形式和沉闷的组织氛围注入了全新的活力,成为激发组织创新能力的极佳工具。

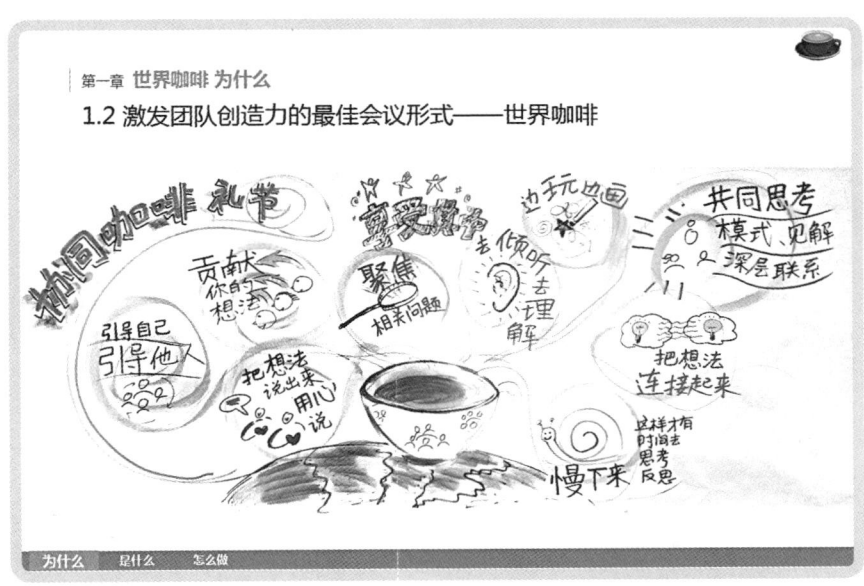

第二章 世界咖啡 是什么
2.1 世界咖啡的起源

在世界咖啡屋的内容包括提出主题、串桌谈话、写写画画、分享经验、共同创新等,过程中鼓励分享经验、聆听他人,话题广泛,富有能量。

20世纪90年代,美国CL管理咨询公司的朱安妮塔·布朗博士和她的合作者戴维·伊萨克斯创造了一种新的会议形式,他们常常组织美国和其他国家的高级行政领导一起举办创新性的论坛。大约20人左右,围坐在铺着纸张的电视桌前,谈话的过程,充满了生机和活力。

第二章 世界咖啡 是什么
2.2 世界咖啡是什么

世界咖啡:
通过营造轻松愉悦的氛围,约定"异花授粉"的跨界交流机制,包容多元化背景,设置多轮次转换,聚焦问题,激荡智慧,改善心智,促发创新的会议形式。

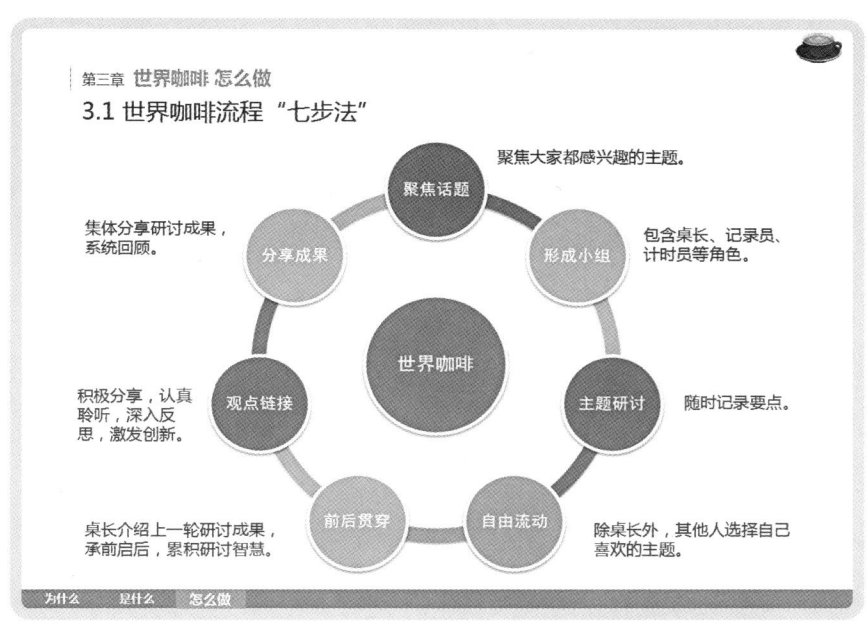

在世界咖啡活动中,有三个关键的角色:主持人、桌长、参与者。他们各自有不同的职责,为了达成良好的活动效果,需要把握一些要点。

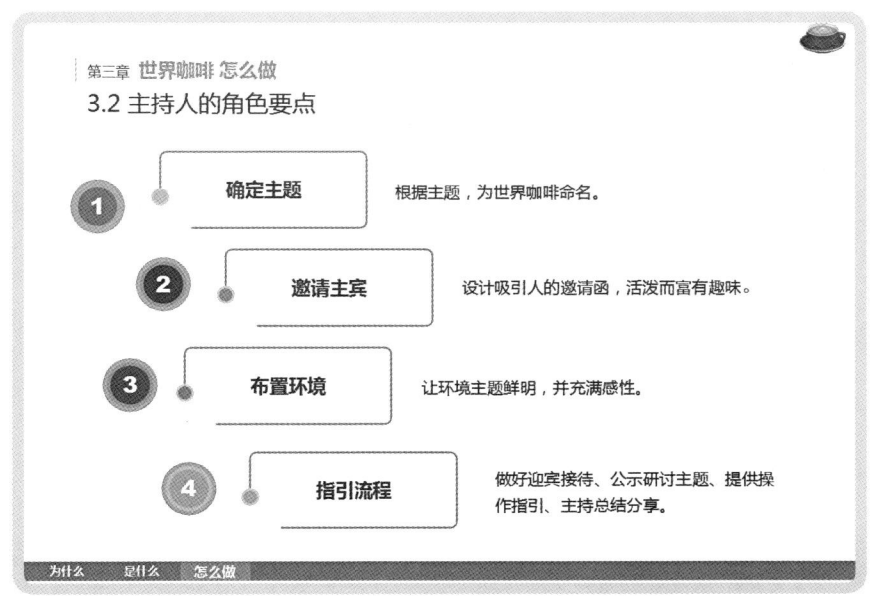

自由流动，就是在一个环节讨论结束之后，除桌长外，组员可以自由换桌，参加下一轮讨论分享。在组员自由流动的环节，有很多创新的做法，比如用舒缓的音乐来告诉大家"时间到"，或者主持人举手示意；在自由流动的间隙，会场可以提供茶点，也可以请大家四处浏览各个团队形成的桌布（讨论成果）。

在这四个职责要点中，第四点当然是主持人最核心的工作。他要做的操作指引，包括预先准备研讨物料，解释说明每个角色的职责、礼节，进行答疑；还有过程中推动全员参与，提醒记录员进行记录等；在每次换桌时，通过音乐、仪式等，让转换的过程更加自然流畅。

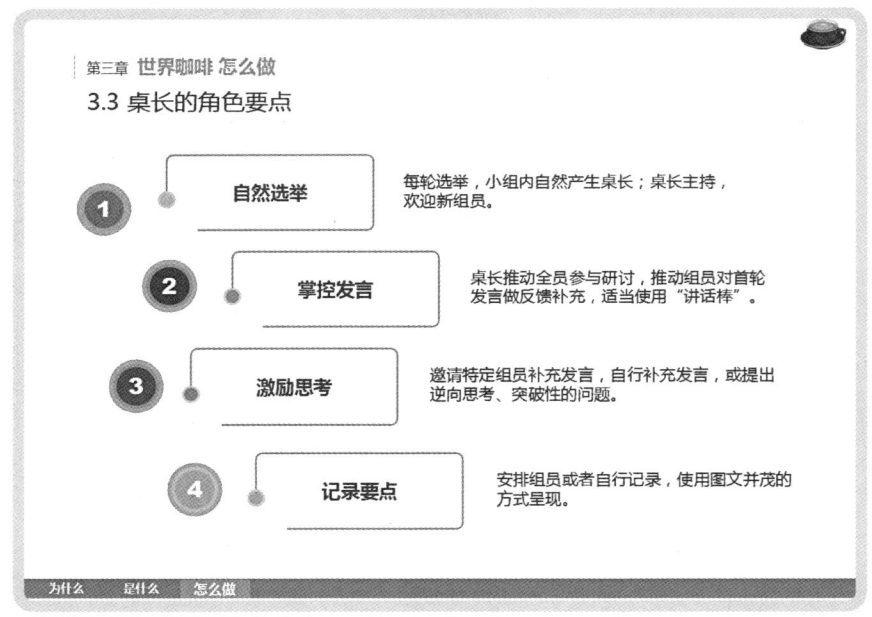

第三章 技法篇——行动学习的流程技术

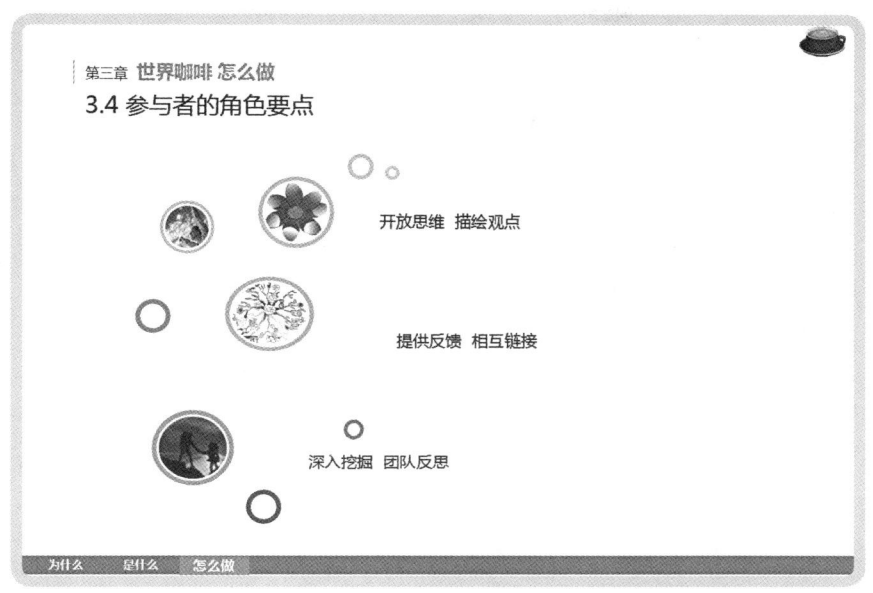

作为一名参与者，用开放的思路参加分享很重要。自己的主要观点，要用图文并茂的形式记录下来。在研讨的过程中，积极对伙伴的观点提供反馈，相互之间形成一张"思维之网"，不断延伸；在延伸过程中，要反省自己和团队的心智模式，不但要解决问题，而且要通过思维的更新升级自己的CPU（大脑）。

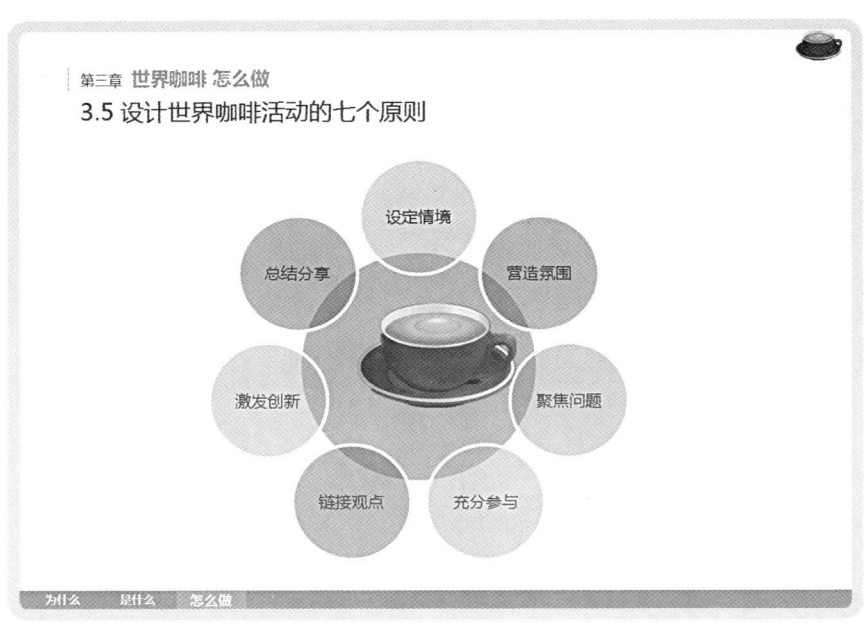

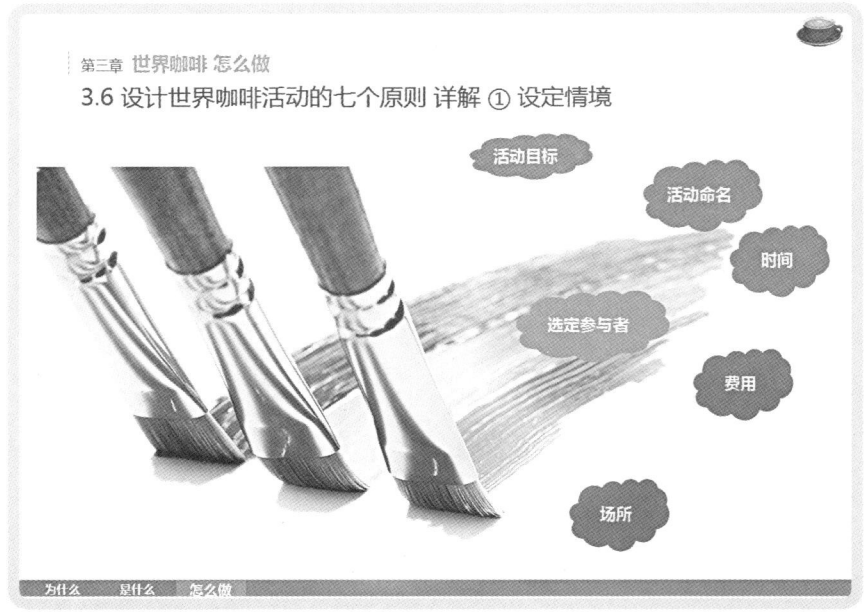

设定情境，就是在活动规划阶段，考虑清楚活动目标、命名；选定合适的参与者；活动的整体时长和每个环节的流程安排；活动的场所、费用等。

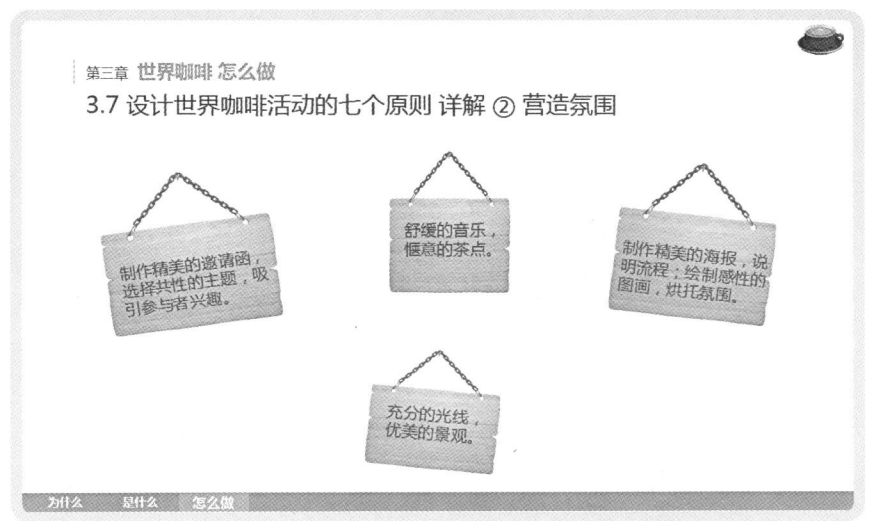

营造氛围除了以上建议外，还有很多创意性措施。如果我们不把世界咖啡当成沉闷的传统会议，而作为一次充满乐趣的探索，相信在氛围营造方面，大家会有更多的奇思妙想。

"讲话棒"的用法比较灵活，当有人保持沉默，尚未积极参与分享时可以使用；当气氛过于激烈、观点针锋相对时也可以使用。"讲话棒"就像一个"温度调节器"，让世界咖啡的温度始终温和怡人，不过冷，也不过热。

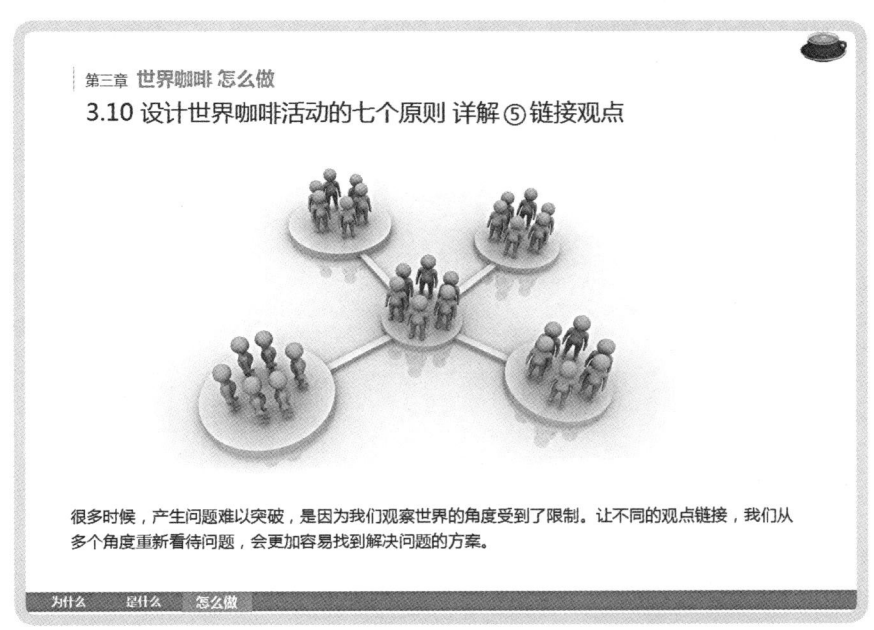

有的人把不同的观点当成对自己的挑战，认为是别人无知；有的人把不同的观点当成机会，认为这是从另一个角度看世界。不同的心态，就会产生不同的结果。

创新从哪里来？首先来自自我的深刻反思。在团队研讨过程中，反思自己的工作思路和思维模式；同时，也借助和不同观点的链接，形成多元化视角，从全新的角度观察问题、思考问题，尝试新的解决方案。集体研讨不是停留在表面，而是分析原因、查找规律，以期待长远成功。

所有团队分享研讨成果，并把成果张贴展示，能够让每个团队伙伴感受到研讨带来的智慧碰撞，获得成就感，提升研讨效果。

| 第三章 技法篇——行动学习的流程技术 |

第三章 世界咖啡 怎么做
3.12 设计世界咖啡活动的七个原则 详解⑦总结分享

众行公司刘世龙老师在促动学员深层思考

成果进行汇集，形成精彩的图文展示

研讨告一段落，集体进行总结分享

张贴世界咖啡成果，共享智慧结晶

第三章 世界咖啡 怎么做
3.13 什么时候适用世界咖啡？

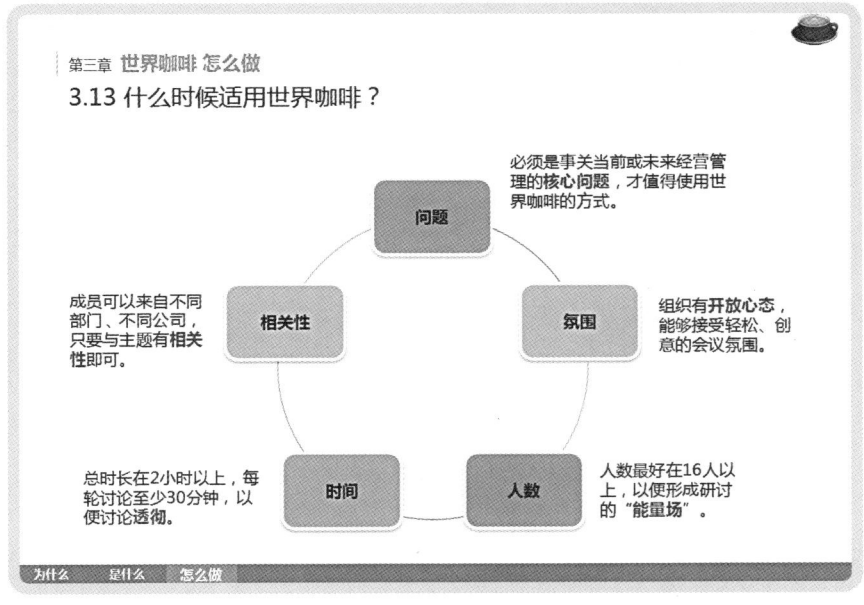

必须是事关当前或未来经营管理的核心问题，才值得使用世界咖啡的方式。

组织有开放心态，能够接受轻松、创意的会议氛围。

成员可以来自不同部门、不同公司，只要与主题有相关性即可。

总时长在2小时以上，每轮讨论至少30分钟，以便讨论透彻。

人数最好在16人以上，以便形成研讨的"能量场"。

世界咖啡也有自己的适用范围。我们在使用这种创新工具之前，必须要判断当前的情境、当前的需求和条件，是否适用世界咖啡？总体而言，可以从待解决的关键问题、组织氛围、参与人数、时间长度、参与

第三章 世界咖啡 怎么做
3.14 世界咖啡技术应用于营销团队

2014年，众行公司刘世龙老师在某银行营销团队开展"快速提升业绩"世界咖啡工作坊，与会者针对本团队面临的主要问题，献计献策，形成了创新性的方案，高质高效，得到行领导的高度认同。

为什么　是什么　怎么做

第三章 世界咖啡 怎么做
3.15 世界咖啡技术应用于技术和管理团队

背景　　　　　**主题**　　　　　**成效**

2013年，某设计院再次邀请众行公司刘永中老师主持行动学习项目，以提升整体经营管理表现。项目中，刘老师使用了"世界咖啡工作坊"推动管理创新。

世界咖啡工作坊的关键主题包括："综合交付能力的提升""专业协作执行力的提升""客户满意度排名的提升""市场拓展突破"等，对企业都具有极大价值。

世界咖啡工作坊对管理创新起到强力推动作用。项目最终收效：广东区客户满意度第一、市场份额第一，广西、贵州客户满意度第一，海南130%完成业绩指标。

为什么　是什么　怎么做

者的相关性等方面进行判断。如果在不适当的情况下使用世界咖啡，就会埋下先天失败的种子。

第三章 世界咖啡 怎么做
3.16 世界咖啡技术应用于社会组织

背景

2010年，上海世博会举行"世界咖啡"活动，主题为"21世纪，华人能为世界贡献什么？"海协会希望通过此次活动，深化两岸竞争力，共同应对全球化挑战。

成效

本次会议包括"城市化""低碳城市""新经济发展模式""华人在云端""未来企业""创新科技"6大议题，分解为8个回合，60多个子主题。此次研讨提出了大量真知灼见，形成了具有开创性的见解，并且与各领域改革实践紧密连接，具有很高的应用价值。

为什么 是什么 怎么做

（本节编写：众行行动学习研究院资深顾问付亚松）

行动学习经典技术5："鱼缸会议"工作坊（PPT微课）

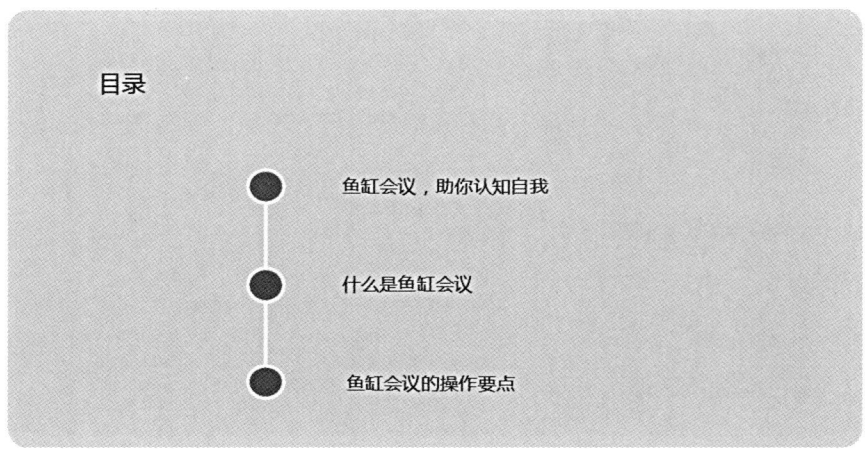

目录
- 鱼缸会议，助你认知自我
- 什么是鱼缸会议
- 鱼缸会议的操作要点

领导者最重要的技能：**自我认知**

2013年美国创新领导力中心（CCL）经过广泛调研，列出了10种对于企业领导者来说最重要的软技能，其中第一项就是：自我认知。

斯坦福大学商学院顾问委员会的75名成员在推荐领导者需要培养的最重要的能力时，超过80%的专家顾问选择了一项共同的能力：自我认知。

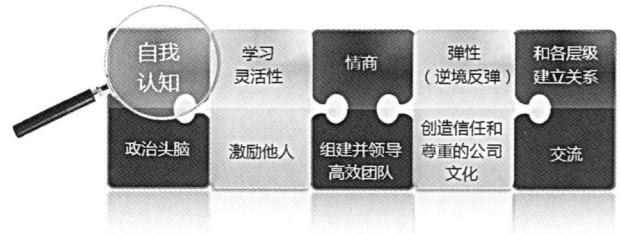

与美国创新领导力中心意见如出一辙的斯坦福大学商学院顾问委员会，也认为领导最需要培养的能力是自我认知。自我认知可以帮助我们找到正确的角色，增强自信心，表里如一，建立跟他人的联系，取长补短。如果没有自我认知，就容易追求外在的成功，而非做自己真正想做的人。

彼得·德鲁克
自我管理首先来自于认识自己。
我的长处是什么？
我的学习方式是什么？
我的做事方式是什么？
我的价值观是什么？

沃伦·本尼斯
成为领导者首先要认识自己。
你是谁？你想成为谁？
周围的世界认为你是谁？
周围的世界想要你成为谁？

彼得·圣吉
学习型组织的第一项修炼是自我超越。
认识自己的个人愿景？
什么是我真正在意的？
什么是真正重要的？

除了研究领导力的权威机构，很多管理大师也认为自我认知与个人发展、组织发展有着密切关系。先哲老子的《道德经》中也有"知人者智，自知者明。胜人者有力，自胜者强"的经典名句。可见，恰当地认识自我，实事求是地评价自己，是自我调节和人格完善的重要前提，是个人发展和组织发展的基石。

如果缺乏自我认知，将会……

缺乏自我认知的个人表现	缺乏自我认知的组织表现
✳ 不能正确地认识自我。 ✳ 看不到自我的优点，觉得处处不如别人，容易自卑，丧失信心，做事畏缩不前…… ✳ 过高地估计自己，骄傲自大、盲目乐观，导致工作的失误……	✳ 喜欢将错误归结于自身之外的因素。 ✳ 仅专注于自己的职务，看不见自己行为对系统的影响。 ✳ 部门间相互责怪、推诿。

鱼缸会议，助你认知自我

管理学家开发出了一系列帮助人们认知自我的工具，包括九型人格、MBTI测评、优势识别器等，其中被广为应用和卓有成效的一项工具就是——鱼缸会议。

鱼缸会议，全面提升认知自我能力

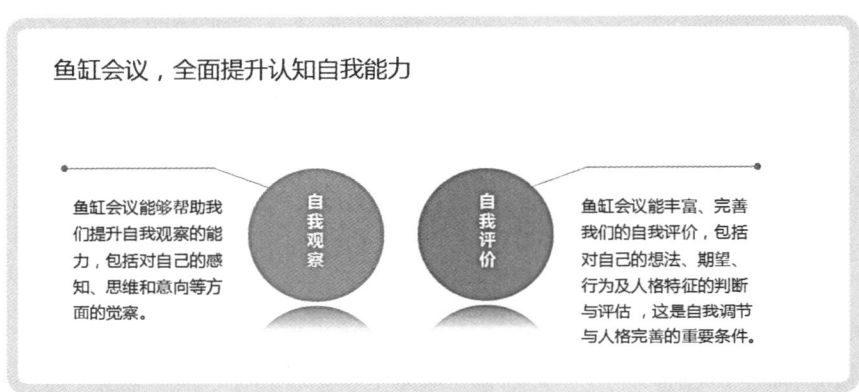

鱼缸会议能够帮助我们提升自我观察的能力，包括对自己的感知、思维和意向等方面的觉察。

鱼缸会议能丰富、完善我们的自我评价，包括对自己的想法、期望、行为及人格特征的判断与评估，这是自我调节与人格完善的重要条件。

什么是鱼缸会议

鱼缸会议是一种以**组织会议的形式**进行的促动技术，**是**运用团队力量，通过分享各自的观点和资讯，**对鱼**（部门及或个体）**进行诊断和反馈**的过程。

鱼缸会议通俗讲就是不同的群体本着合作精神，一起分享各自的观点和资讯。不同的个体或不同部门的人员在会议中碰头，对个人或各部门进行诊断。被诊断的个人或部门自始至终都只要聆听不需辩解，只能记录其他人或部门给予的反馈与质疑。由于这时，被诊断的人或部门像鱼缸中供人观赏的金鱼一样，这种会议被称为鱼缸会议。

第三章 技法篇——行动学习的流程技术

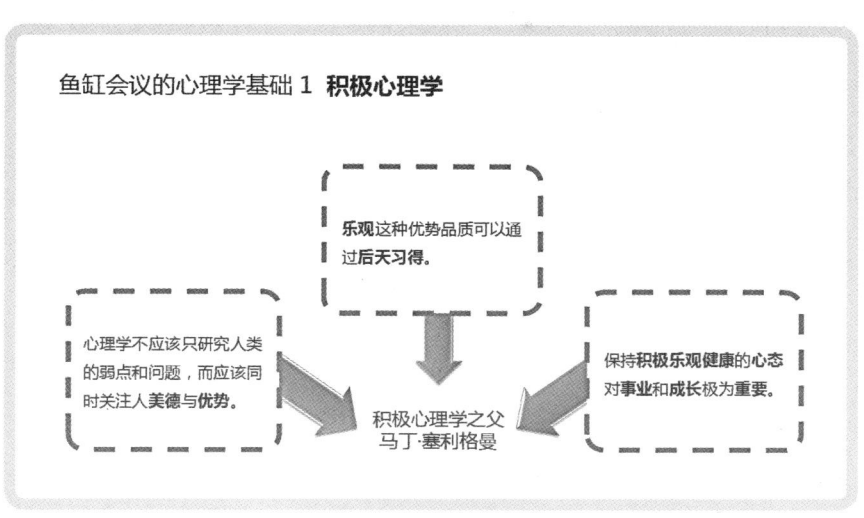

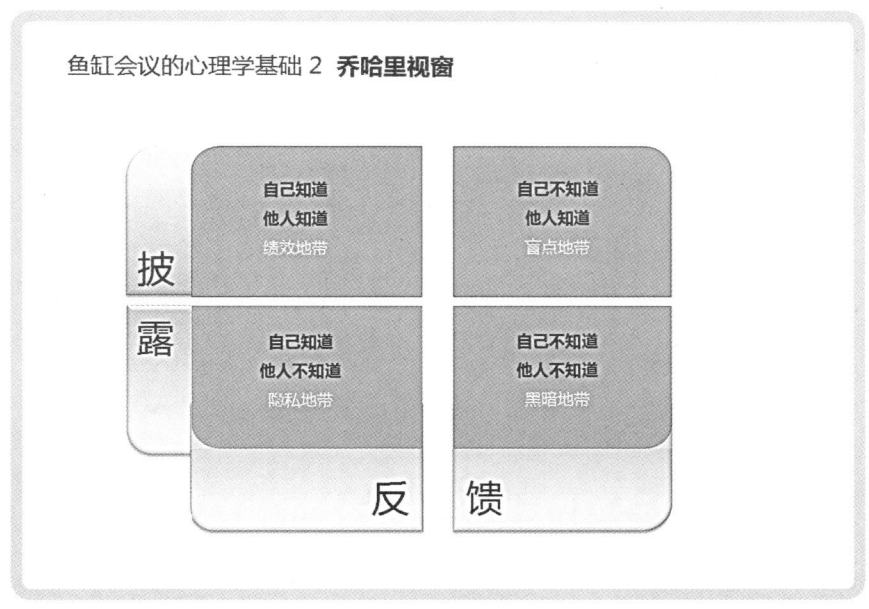

鱼缸会议的作用

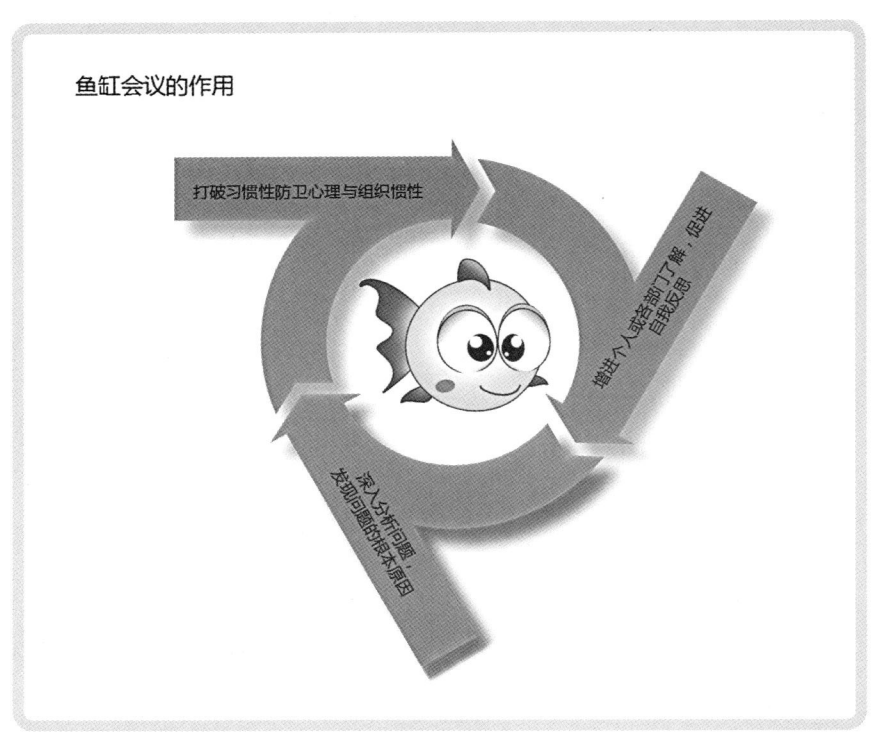

打破习惯性防卫心理与组织惯性

增进个人或各部门了解,促进自我反思

深入分析问题,发现问题的根本原因

鱼缸会议的适用情境

用在部门

帮助部门看清自己的行为对系统、对其他部门的影响;
打通部门间的隔阂,使公司内部信息能自由流动;
使得部门间、同事间沟通更高效。

用在个人

帮助个人增进提升自我认知能力,了解自己长处和短处;
了解别人眼中的自己到底是怎样的,促进自我反思。

用在部门：帮助部门看清自己的行为对系统、对其他部门的影响；打通部门与部门之间的隔阂，使得公司内部的信息能自由地流动，部门之间、同事之间的沟通更加高效。

用在个人：帮助个人增进提升自我认知能力，了解自己的长处和短处；了解别人眼中的自己到底是怎样的，促进自我反思。

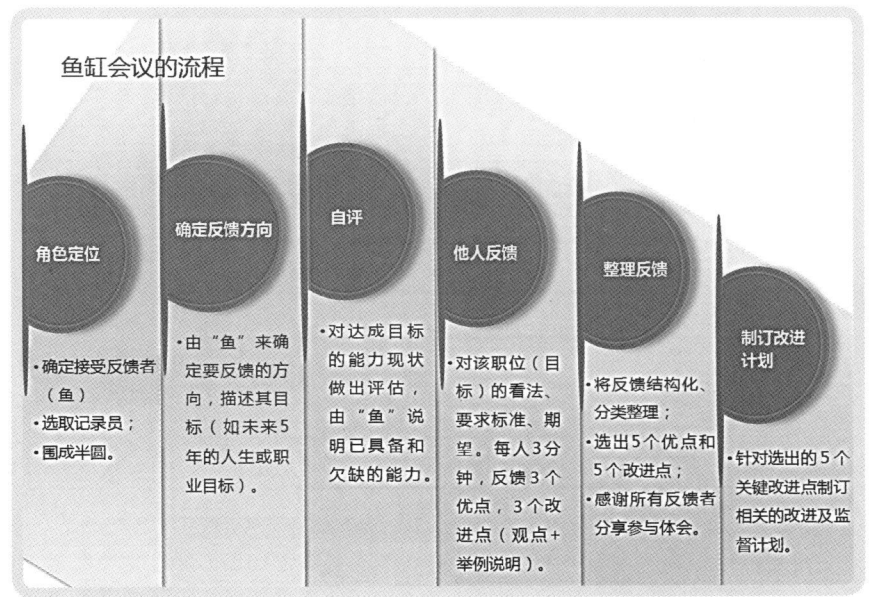

关键点1：会议规则

- **目标集中**，不盲目追求**质疑与建议的数量**。
- 鼓励巧妙地利用和改善他人的设想，这是引起反思的关键所在。每个与会者都要从他人的建议与质疑中**激发自己**。
- 与会人员一律平等，各种建议与质疑将被**全部记录**下来。
- 主张**独立思考**，不允许**私下交谈**，以免**干扰**别人思维，不能针对个人发表含**人身攻击**的内容。
- 不强调**个人绩效**，应以组织的**整体利益**为重，注意和理解别人的贡献，在会场中创造**民主环境**。

鱼缸会议案例

图为众行公司刘世龙老师为某机构举行鱼缸会议,通过此次会议,客户高管认识到自身在经营管理方面存在的局限,汲取反馈,深刻反思,为后续的业务拓展打开了突破口。

关键点2:如何做一条合格的"鱼"?

放下面子

尤瑟纳尔说过"世上最肮脏的,莫过于自尊心",可见自尊心分明就是面皮薄、意志弱、受不起挫折、经不起捶打的代名词。放下面子,才能倾听来自他人真实的声音,对自己的成长有利。

探索未知且真实的自己

每个人由于学识、经验、背景不同,价值观和看待问题的角度都有所不同。我们不但需要坦诚面对自己眼中真实的自己,还要了解别人眼中的自己,更要面对自己认为别人眼中真实的自己。

鱼缸会议的规则需要全体参与者共同遵守，促动师在过程中可以进行相应的提醒及纠正。在聆听过程中可设置记录员一名，或由促动师担任记录员；记录时用黑、蓝、红、绿四色笔记录，黑色笔进行第一次记录，蓝色笔进行归类，红色笔划重点，绿色笔写标准及看法。

"放下面子"和"探索未知且真实的自己"都需要对自己和他人诚实。这对生命的成长和提升很重要！练习对自己诚实，不再那么在乎面子，封闭的心就会逐渐敞开，心灵会变得洁净而有力，对生命会充满信任和希望。当面具一层一层地剥掉，伤痛一层一层地释放，封闭的心一层一层地打开，你会发现自己内在确实是有力量的。

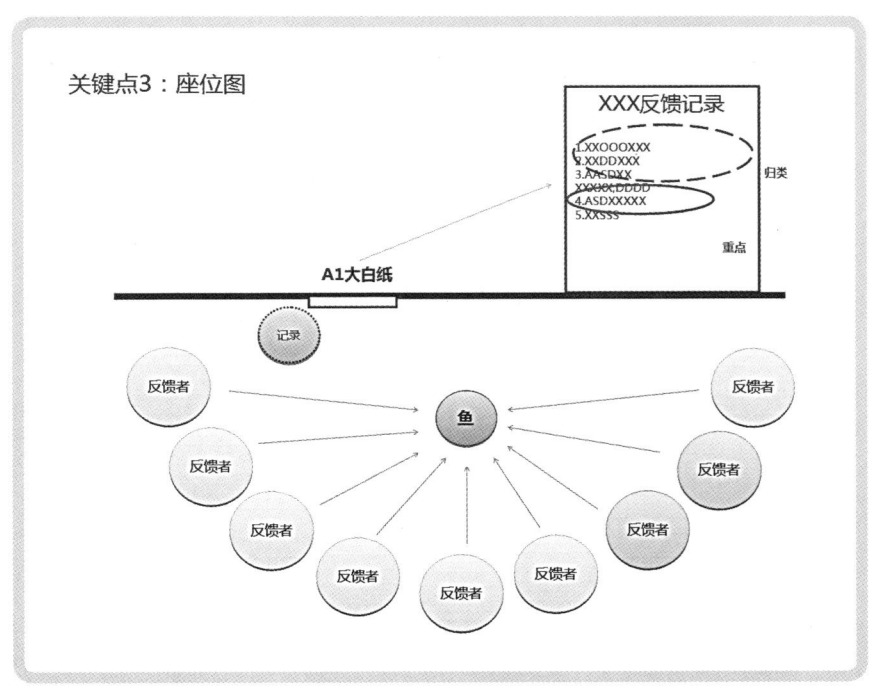

众行动学习研究院老师正在某企业进行"领导力提升鱼缸会议"

关键点4：反馈步骤与框架

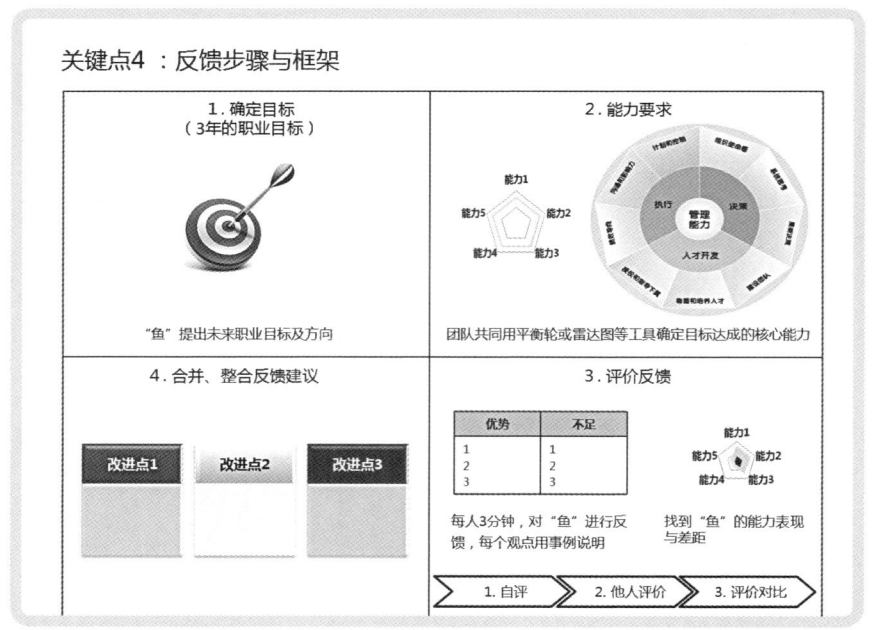

第三章 技法篇——行动学习的流程技术

图为记录员正在做反馈记录与整理

关键点5：反馈的原则

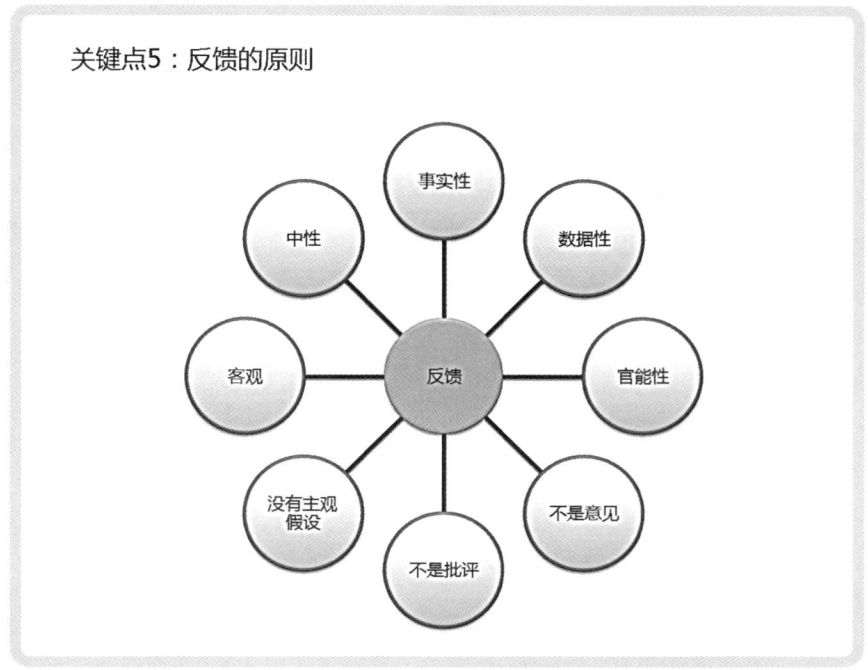

反馈的目的是让要改善、改进的方向更集中和更清晰，反映现状，让对方清晰目前的位置，让对方看到自己做到的地方，让对方认识需要

反馈的技巧

官能性反馈	具体细化的事实	加插因果的事实
• "我看到你……" • "我听到你……" • "我感觉到你……" • 例如：对方说，"我不大懂开车"，你可以说，"我听到你说，至今为止你不大懂开车。"	• 令对方更加了解自己行为上"行得通"和"行不通"的是什么； • 比如："我觉得你的执行力不强"太笼统了，你可以说"你对上级交办的XX工作没有在规定时间内完成"。	• 对：我看到你大骂那些下属后，他们全都不出声了； • 错：我看到你大骂那些下属后，他们全都意志消沉了。

关键点6：制订改进计划

SAMPLE

改进点	行动策略	何时开始	何时完成	衡量标准

学习及改善的地方。所有的反馈都是源于自己的看法或体验。当你将焦点放在对方身上去表达这个看法或体验时，这就是反馈。

（本节编写：众行行动学习研究院院长刘世龙、资深顾问陈晓燕）

行动学习经典技术6："开放空间"工作坊（PPT微课）

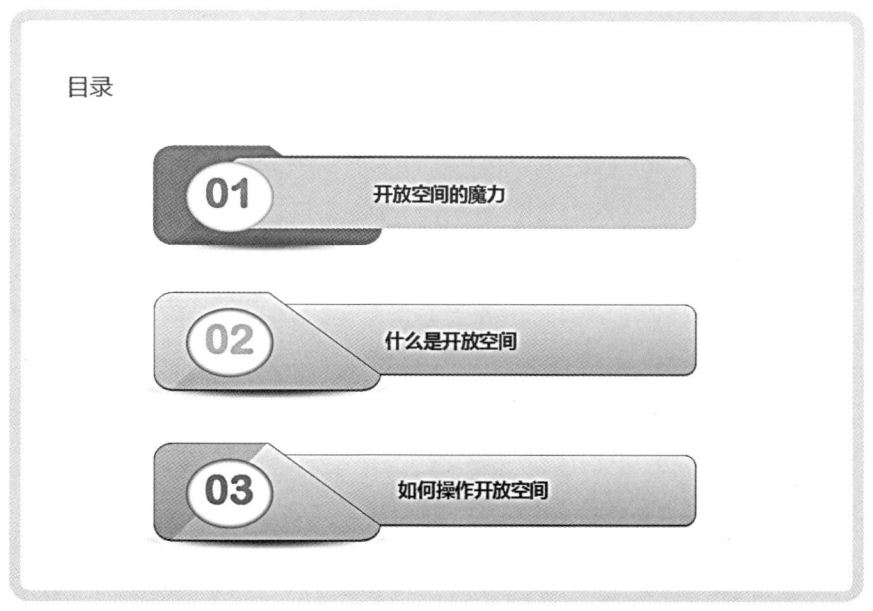

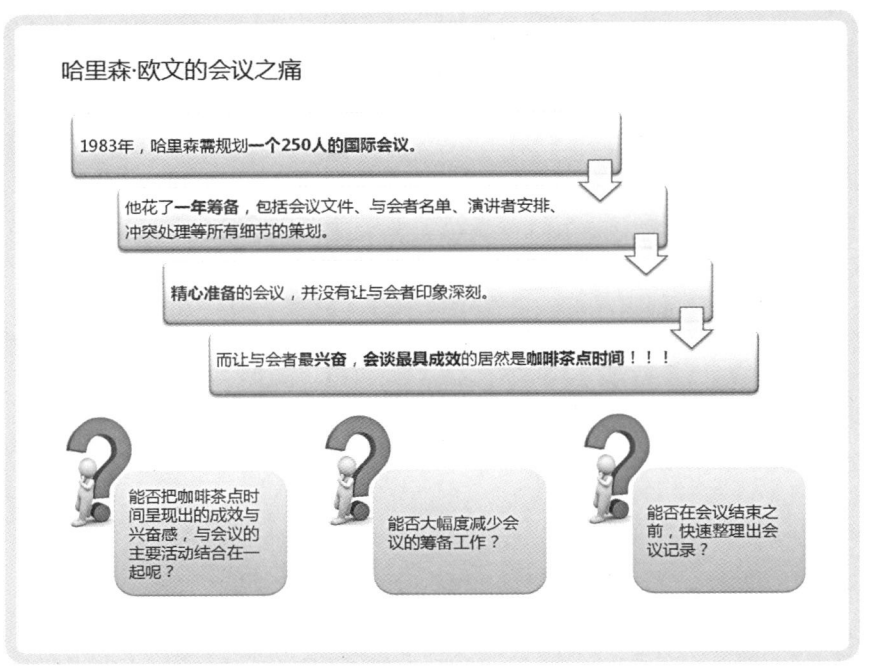

开放空间会议技术，并不是来自详细的计划与费心的设计，它是由挫败，或几乎算是一个笑话而来……哈里森·欧文没有想到，让与会者最兴奋、会谈最具成效的居然是咖啡茶点时间。他因此反思：怎么设计更加具有活力和创造性的会议形式？

抱着对会议组织的困惑，欧文回溯到1960年年末在西非赖比瑞亚内地巴拉马村的小村落担任摄影记者时，参与巴拉马村的男孩成年礼的经历……

第三章 技法篇——行动学习的流程技术

开放空间的灵感来源：巴拉马村成人礼

巴拉马村是个呈圆形的环状排列的村庄，中心是开放的空间，酋长的房子与其他长老的房子环绕在边缘，形成一个奇妙的圆形。村子每年会举行大型的成人礼，超过500人的成人礼庆典**没有预先计划，没有委员会管理**，然而在整整四天当中，每位游客都可以看到精彩的节目表演、大型的嘉年华队伍和听到激动人心的演说，各种仪式与活动**井然有序**。这样**自发的、精彩的**大型活动，居然**不需要组委会**，组织者难道是一位**魔法**师吗？

巴拉马村成人礼的启示——神奇的"圆"

与会者的感受

圆形	排排坐	方形或长方形
·没有头尾； ·没有身份高低； ·没有边际； ·面对面相处； ·创造沟通的氛围。	·象征力量和权威； ·谁可以说话，谁只有听话的份儿，显得很清楚。	·像谈判一样，壁垒分明。

圆是人类开放沟通的基础几何图像！

从巴拉马村的圆形村庄（会议场所）到村民们在圆中不分高低、没有头尾、亲密无间、无拘无束的庆典活动，欧文发现，这神奇的力量来自于"圆"。圆形的活动场地，提供了真诚、开放、自由的沟通机会。不需要计划委员会，不需要引导者，也不需要会议管理小组，却可以造就出不可思议的会议结果。

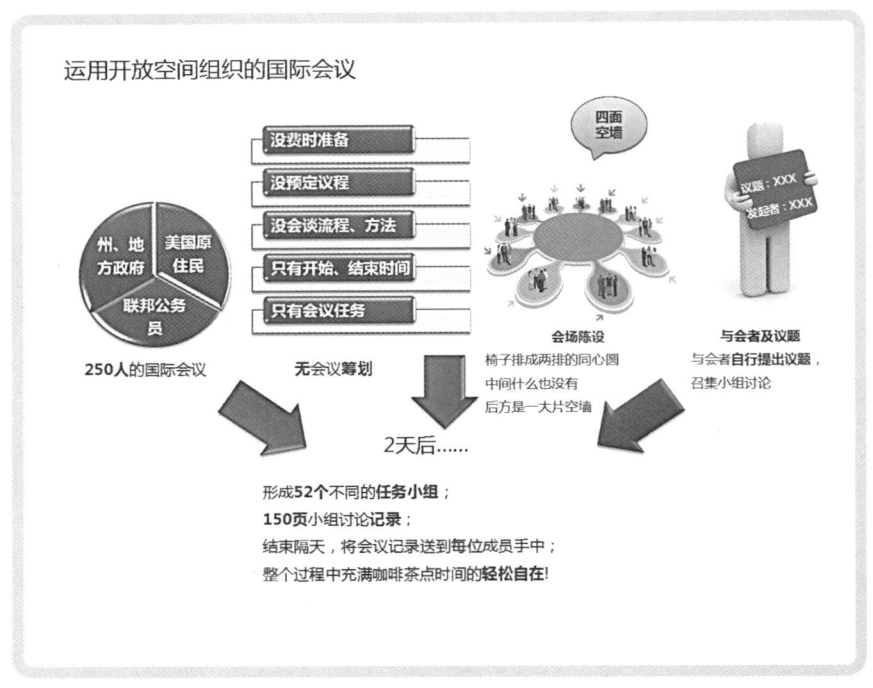

带着巴拉马村"圆"的启示，哈里森·欧文设计了全新的"开放空间"会议技术，并运用在多次大型国际会议中。其中一次是一个多人的国际会议，与会者有尖锐的理念冲突，然而哈里森在2天当中帮助大家取得了令人惊讶的求同存异成果。

什么是开放空间

- 开放空间是一种卓有成效的、动态的、**开放**和**自由**的会议模式。
- 提倡参与者聚焦讨论其**感兴趣的关键话题**。
- **给予**参与者**超乎想象**的研讨**空间**。在**很少的规则**的辅助下,在没有边际、权位高低的"**圆形**"空间及**没有时间约束**的环境下,应用**民主参与**的方式,发挥团队的灵感创意,组建关键话题小组并制订行动计划的过程。

"开放空间"会议的独特价值

办事作风的转变:突破"集人之力"的传统思维,向"集人之智"思维做突破和转变。

民主自发:每个人都能选择和参与感兴趣的主题或话题,或成为话题的相关负责人。

团队自治:最少的既定结构和内容及规则,让团队自我管理和组织进程。

学习型组织:有效讨论解决错综复杂、暗藏冲突或有实际冲突、且亟须立即处理的议题,触动组织变革。

沟通氛围:"圆形"空间创造没有头尾,没有身份高低、没有边际、面对面相处,创造沟通的氛围。

知识管理:专题小组讨论的每一步都有记录和评估,参与者对讨论议题(内容、方法、策略上)负有责任感,严谨认真。

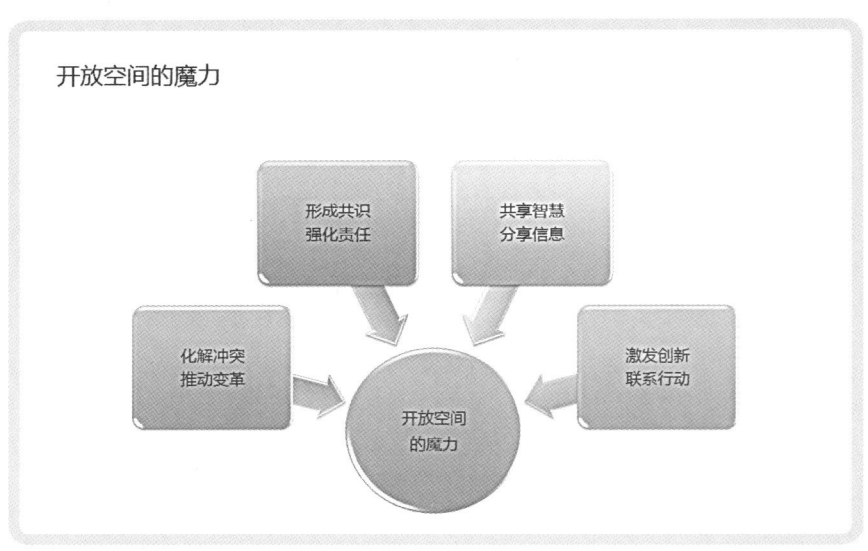

开放空间通过创造性流程,能够达成传统会议难以达到的目标:化解冲突,推动变革;形成共识,强化责任;共享智慧,分享信息;激发创新,联系行动。

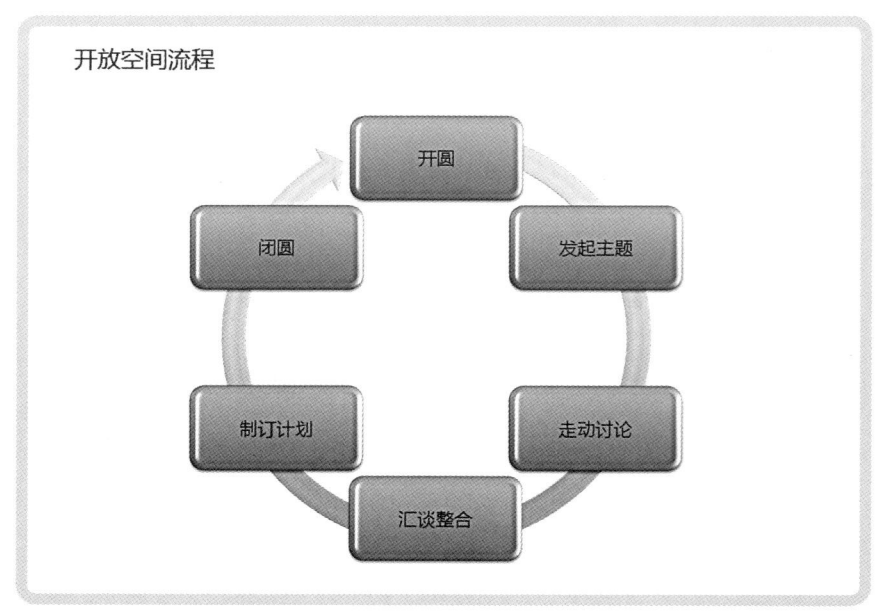

促动师开圆的步骤为：欢迎致辞，介绍促动师角色，陈述开放空间主题，描述流程，讲解开放空间的历史、规则、法则与引导拟题并示范。开圆时，促动师沿着边缘走动，让人们看到谁坐在圈中。完成整个开放空间的会议流程后，所有伙伴回到一个圆当中，分享自己的收获（闭圆）。

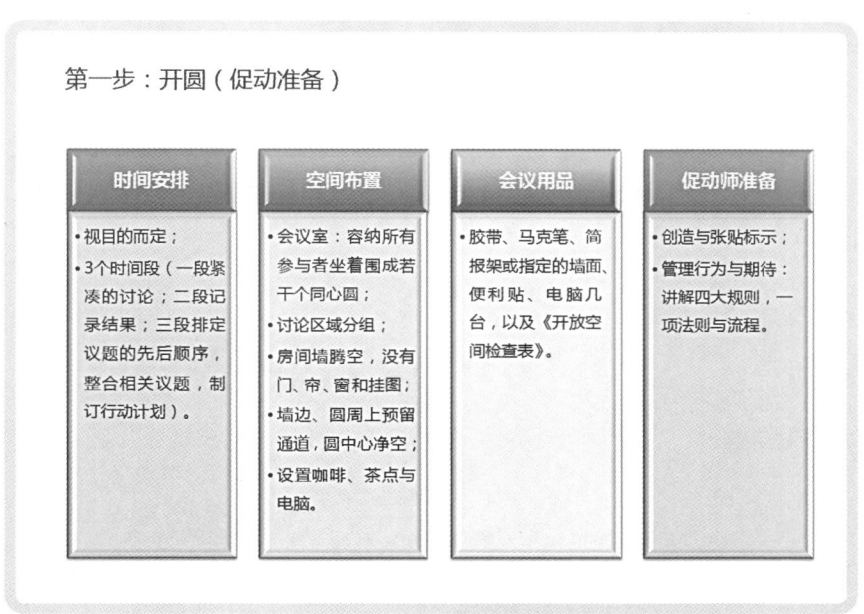

下页第一个图为开放空间座位图，和传统的会议桌椅摆放形式不同，开放空间会议中，大家坐成一个圆形，结束的时候也是坐成圆形。如果人数比较多，可以考虑双层同心圆。

开放空间座位图

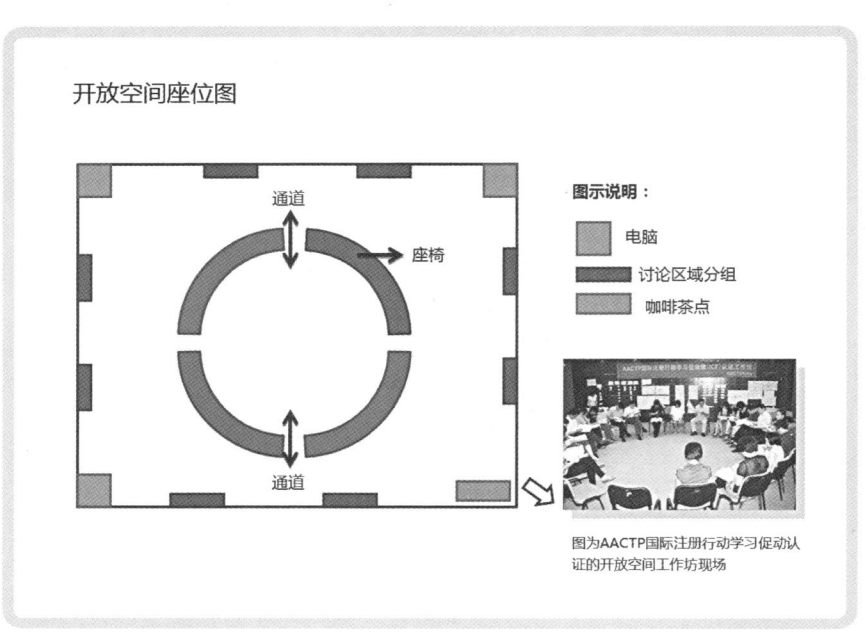

图为AACTP国际注册行动学习促动认证的开放空间工作坊现场

四大规则

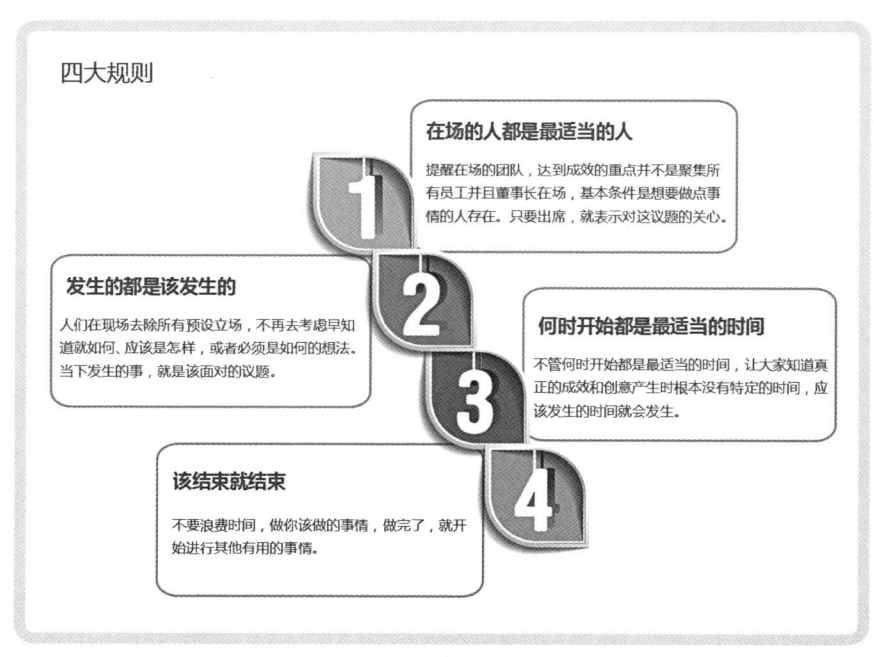

1. 在场的人都是最适当的人
提醒在场的团队，达到成效的重点并不是聚集所有员工并且董事长在场，基本条件是想要做点事情的人存在。只要出席，就表示对这议题的关心。

2. 发生的都是该发生的
人们在现场去除所有预设立场，不再去考虑早知道就如何、应该是怎样，或者必须是如何的想法。当下发生的事，就是该面对的议题。

3. 何时开始都是最适当的时间
不管何时开始都是最适当的时间，让大家知道真正的成效和创意产生时根本没有特定的时间，应该发生的时间就会发生。

4. 该结束就结束
不要浪费时间，做你该做的事情，做完了，就开始进行其他有用的事情。

> **一项法则**
>
> **双脚法则**——任何时间你发现自己没有在学习或者没有作出贡献,那么移动双脚到你喜欢的地方去。可能是加入另一个小组,甚至到外面晒晒太阳。无论如何,就是不要坐在那里无聊难过。

其实双脚法则的含义比字面上的含义要深层,因为可以自由走开,参与者反而会清楚学习的责任在自己而不在主办单位,而且还可以化解冲突,当参与者情绪激动到沸点时,回来可以运用双脚法则离开现场,等冷静下来,再回来继续下去。

这是不是很有趣呢?一般的会议都告诉我们"不要到处走动",而"开放空间"的基本法则就是"四处走动"。走动可以让与会者有放松的心情和活跃的头脑,灵感自然会不期而遇。

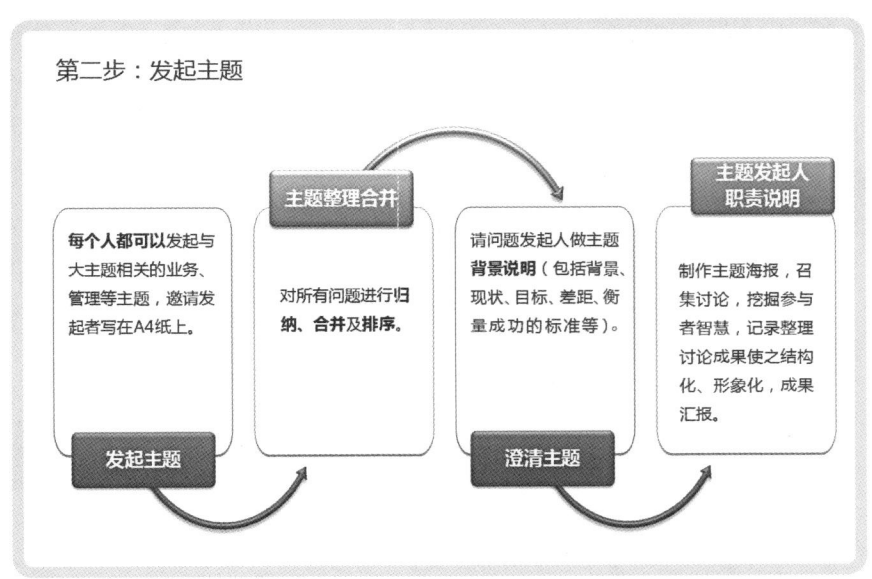

开放空间适用于背景多元的人。对即将讨论的主题没人知道答案，参与者有兴趣、有热情、有真正的工作课题，或为了执行任务，处理真实的工作课题、具体的问题，处理复杂且具潜在冲突的议题。不适于答案已知的情况。高层人士自认为知道答案，或想掌控大局的主题讨论，都不适合使用这种方式。

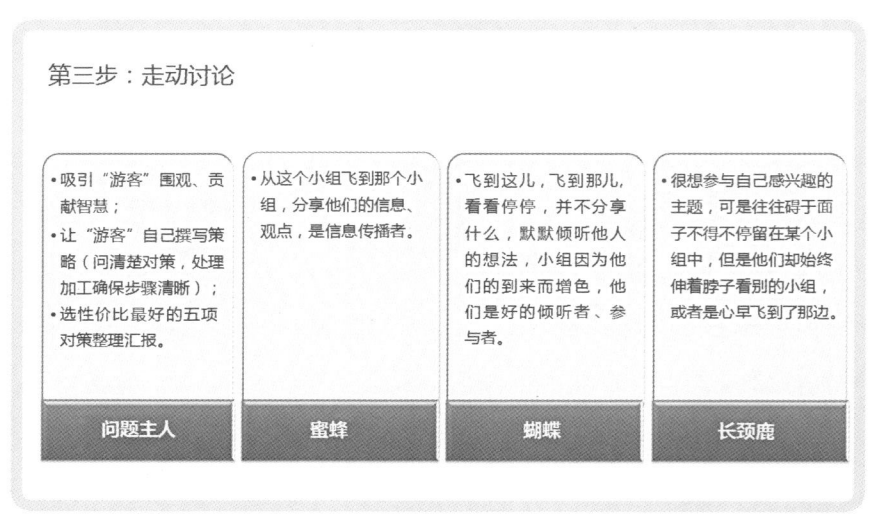

主题发起后，参与者都跃跃欲试，促动师则需要说明参与者的四种角色，并走动鼓励其参与讨论，贡献智慧。

第四步：汇谈整合

开放空间的**汇谈成效**来自对汇谈内容的**整理**并**形成行动计划**。
其关键在于问题主人在汇谈过程中，对智慧的贡献者进行有效的提问、完整记录，确保步骤清晰，最终选**性价比**最好的**五项**对策整理汇报。

梳理汇谈内容结构

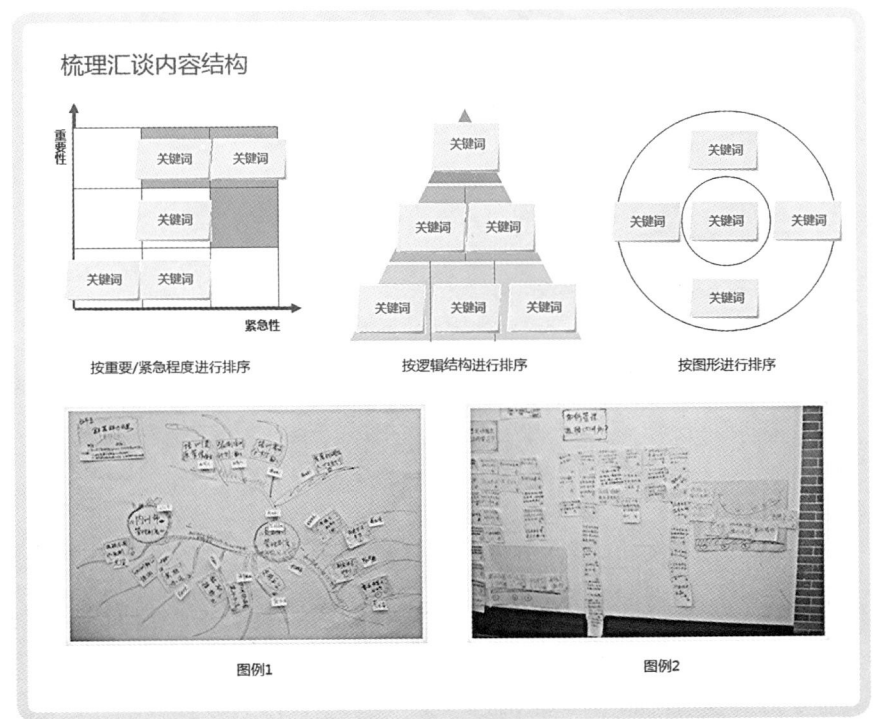

开放空间形成的内容，可以通过简单的方式进行逻辑梳理，这可以让所有观点更加条理清晰，让参与者更有成就感。

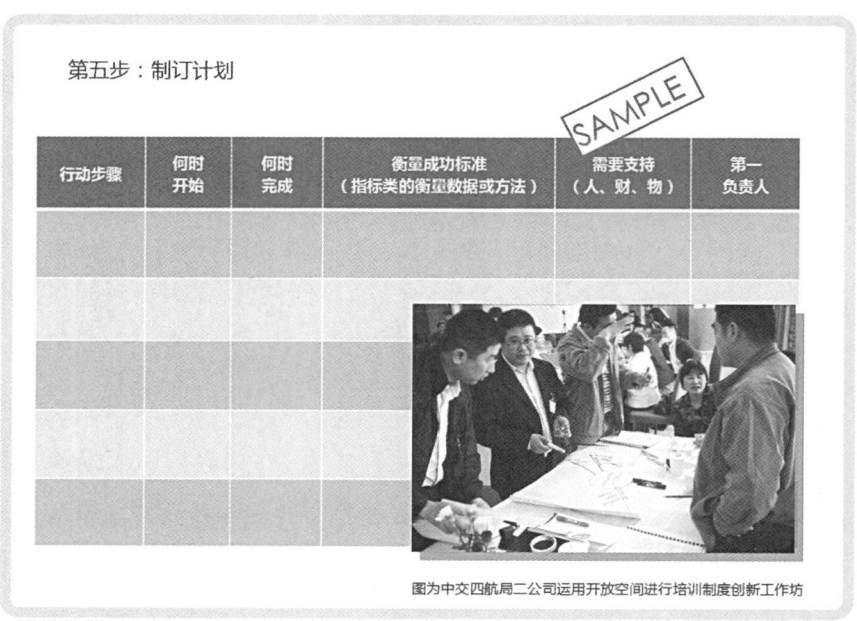

图为中交四航局二公司运用开放空间进行培训制度创新工作坊

开放空间成功案例

2011年4月,众行动学习研究院顾问运用"开放空间"为中交四航局二公司对培训制度、员工成长学习式进行创新,形成"培训管理体系"。该项目成果获得广东省企业管理现代化创新成果一等奖。

2014年7月,众行动学习研究院陈晓燕老师运用"开放空间"为维格娜丝时装股份有限公司梳理店铺销售10大问题,积极推动该集团上市。

2014年12月,众行动学习研究院刘永中老师运用"开放空间"组织来自不同企业的管理者们讨论未来的培训趋势。

开放空间技术已经在很多地方得到成功运用。从5人到1000人的团体,无论目的是为了公司因应强烈竞争所做的重组,或是国家必须面对巨大的转变力量都可使用。开放空间技术不是魔术,也无法解决所有问题,但是在参与者是一群异质性很高的人,且必须处理及解决复杂性冲突议题时,这项技术能够做出显著的贡献。

(本节编写:众行动学习研究院资深顾问陈晓燕)

行动学习经典技术7:"复盘"工作坊(PPT微课)

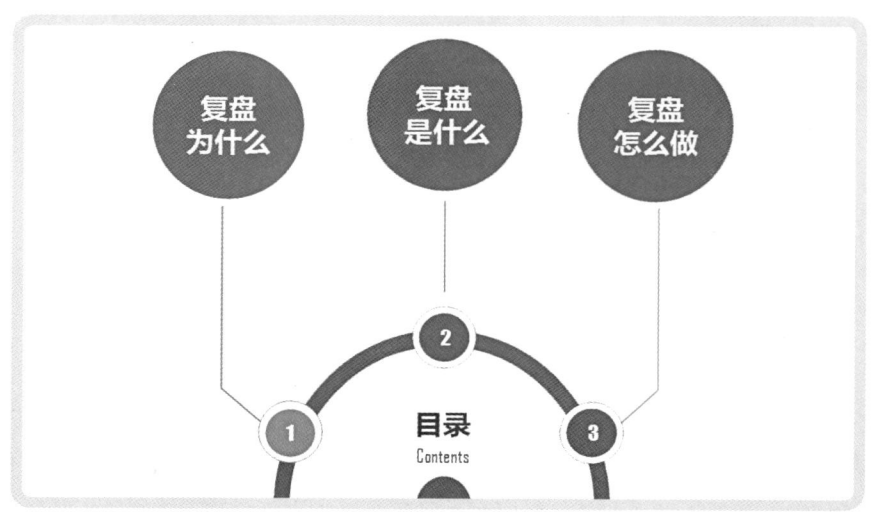

我们是否经常遇到这样的问题:我比你还忙,我这么努力,你看起来比我要轻松,为什么我业绩比你差?这是我们都要思考的问题。

复盘,就是工作的技巧、诀窍。同样努力,是"事半功倍",还是"事倍功半",方法很重要。复盘是提升工作绩效,提升个人成长速度的有效工具。

1.1 下围棋的故事   为什么　是什么　怎么做

在少年宫的围棋训练班里,有两个聪明伶俐的小学员,他们都很喜欢下围棋,水平也相差不大,平时对弈的时候,互有输赢。

训练班毕业的时候,两个人约定,一年之后再赛一场,看谁的进步快。

毕业之后,两个人一个做了专业棋手,一个把围棋作为业余爱好。为了在一年后的比赛中扬眉吐气,两人都很努力。

业余棋手在学习之余,每天找人下棋,有街坊邻居,有老人,有小孩。有时候一天要下几盘,围棋技艺有了一些进步,他对自己一年后赢得比赛很有信心。

专业棋手却显得默默无闻,他的对手不多,往往就是固定的几个人。他每天和人对局的次数也不多,下完后总要做总结,把棋子搬来搬去,这反倒耗费了很多时间。

一年时间很快到了,两个好朋友聚到一起,两个人都充满信心,想要赢得对方。结果业余棋手很快就败下阵来,连输三局,和过去"平起平坐"的小伙伴完全不在一个水平上。业余棋手很不服气:"我这一年也没闲着啊,实战比你多,对手比你多,为什么这么努力,反而和你拉开差距了呢?"

专业棋手说:"你对局太多,思考太少。我的教练要求我下完一盘棋之后,必须要复盘,重新推敲每一步的下法,考虑有没有破绽,有没有更好的招式。每次和教练复盘讨论,我都收获很大,复盘的时间甚至会超过对局。你下棋的次数很多,但是每一局都匆匆而过,从来不复盘。我看你现在的棋力、布局、思路、搏杀技法,和一年前其实变化不大。你所经历的对局经验,大部分都付之东流了呀!这就是我们方法上的区别吧。"

业余棋手恍然大悟。同样的努力,不同的方法,带来了截然不同的结果。

1.2 下围棋为什么要复盘   为什么　是什么　怎么做

复盘是围棋术语,也称"复局"。围棋中的"复盘",指对局完毕后,复演该盘棋的记录,以检查对弈中招法的优劣与得失关键。一般用以自学,或请高手给予指导分析。

围棋高手都有复盘的习惯。每次博弈结束以后,双方棋手把刚才的对局再重复一遍,这样可以有效地加深对这盘棋的印象,也可以找出双方攻守的漏洞,是提高自己水平的好方法。

职业棋手平时在训练的时候大多数时间并不是在和别人博杀,而是把大量的时间用在了复盘上。结合对弈招数,把双方的心理活动比较全面客观地表现出来,即当时是如何想的,为什么"走"这一步,是如何设计、预想接下来的几步的。在复盘中,双方进行双向交流,对自己、对对方走的每一步的成败得失进行分析,同时提出假设,如果不这样走,还可以怎样走?怎样走才是最佳方案?

在复盘中,双方的思维不断碰撞,不断激发新的方案、新的思路、新的思维、新的理论可能在此萌发。

围棋中的复盘,是复盘作为管理工具的起源之一。

复盘对于提升围棋棋力有至关重要的作用。而围棋中的复盘，也是复盘作为管理工具的起源之一。

1.3 曾国藩的复盘　　　　　　　　为什么　是什么　怎么做

曾国藩《日课十二条》中，第二条就是"静思"："每日不拘何时，静坐四刻，体验来复之仁心，正位凝命，如鼎之镇。"曾国藩认为，人的一生都是在劳碌和奔波中度过的，除了工作之外，务必要静下心来进行盘点回顾。每日静坐一小时，思考自己的人生规划，盘点功过是非，领悟做人的道理，抉择自己的行为。

在公务之余，能够静下心来很不容易；形成"每日静思"的规律更不容易。这就是对工作和人生的复盘，也是曾国藩修身齐家，成就丰功伟业的重要原因。

中国历史上，许多建立了丰功伟绩的人都能够熟练使用复盘，并对这个工具有深刻的理解。曾国藩在修身记录《日课十二条》中说，每天静思，回顾利弊得失，做未来之规划，是身心成长的必修课。

军事行动中的复盘的起源是美国陆军。在军事学习、演练和真实战斗中，要投入大量人力物力。生命无价，所以每次战役都必须用十二分的精神来对待，允许有失误，但绝不允许重复错误，否则就是亵渎生命。

1.5 联想公司的复盘　　　　　　　　为什么　是什么　怎么做

● 2001年，柳传志先生第一次在联想提出"复盘"；

● 2011年，联想将复盘方法论向全球推出；

● 联想认为：复盘是一个不断学习、总结、反思、提炼和持续提高的过程；

● 复盘是实践联想之道的重要方法论，是提升组织智慧的重要手段。

怎么实现对生命的高度尊重？就要使用复盘工具。

世界500强企业很快引进了"复盘"工具，并把它作为提升管理水平的秘密武器。中国企业也不甘落后，2001年，联想引入了复盘思想，在后续经营管理中不断体验完善，形成了独具特色的"复盘"思想体系，在企业管理中发挥了重要作用。

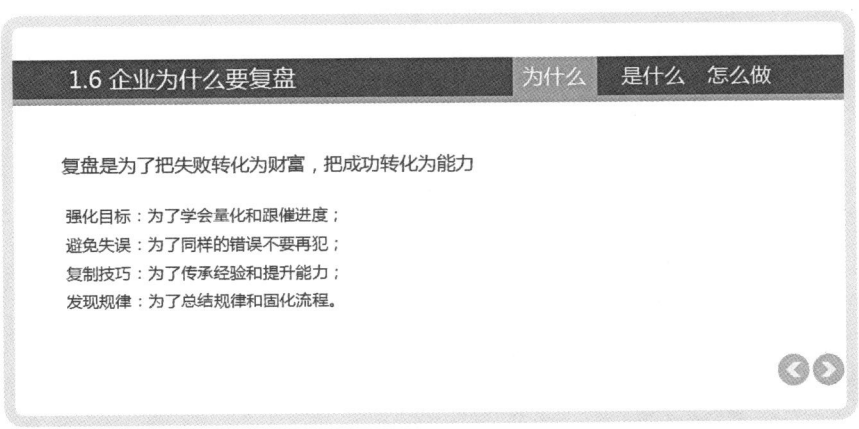

总而言之，复盘就是为了"把失败转化为财富，把成功转化为能力"。细分来讲，可以从四个方面发挥作用：强化目标、避免失误、复制技巧、发现规律。

前文介绍了很多复盘的"价值"。对专业棋手、历代名人、军队、企业，复盘都发挥了极大的价值。接下来主要谈管理中的复盘，这种复盘怎么定义？

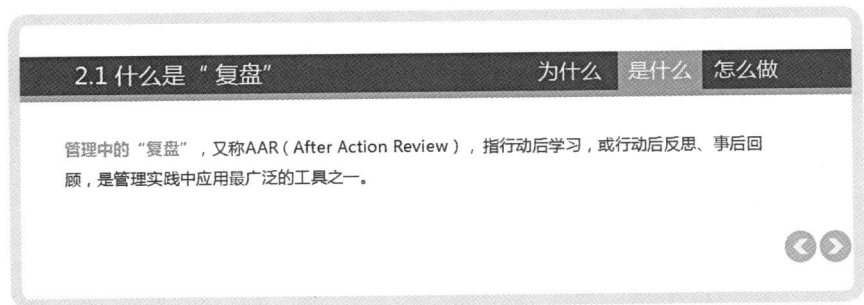

2.2 柳传志论"复盘"   为什么 | 是什么 | 怎么做

我觉得"复盘"本身其实很简单,一件事情完了,你只要有意识,然后把事情当初定的目标和现在做的情况做对比,是不是按照预定情况出现的,哪些地方没有,为什么没有,无非就是这么做。"复盘"的方式有多种多样,关键是要有这个意识,有了这个意识以后情况就会好得多。

学习能力是什么呢?不断总结。打一次仗,经常"复盘",把怎么打的边界条件都弄清楚,一次次总结以后,水平自然越来越高,这实际上算是智慧,已经超出了聪明的范围。

对于复盘,很多专家和企业家都做出了精辟的阐述。联想公司创始人柳传志的见解平淡隽永,很接地气,他说,复盘是一种"意识",把结果和初衷做对比。复盘是一种"智慧"。

2.3 复盘产生成效的学习机理   为什么 | 是什么 | 怎么做

学习中的"721法则":麦肯锡咨询指出,我们的知识结构,70%来自于在岗位学习;20%来自于人际学习;10%来自于课堂学习。如果有一种学习模式能够带领员工边做边学,他们的成长效率将会大幅度提升!

复盘:边工作,边总结,边学习,边应用。这是每个人学习成长的主要渠道,"721法则"也是复盘工具能够产生成效的理论支持。

从经典学习理论"721法则"来看,我们的知识结构中,70%来自于"行动学习",一边学一边干,一边干一边学。为什么复盘能够给企业和个人带来巨大的变化?因为它让我们知识结构中最大的一块呈现加速度积累,当然是事半功倍。

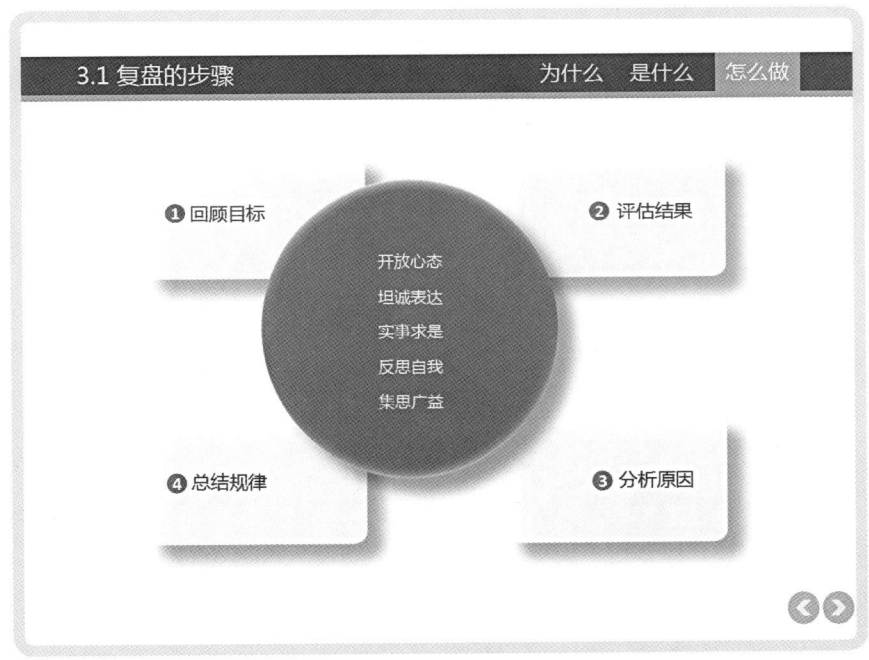

复盘的步骤:回顾目标,评估结果,分析原因,总结规律。

复盘的态度:开放心态,坦诚表达,实事求是,反思自我,集思广益。

复盘不能光有流程,还要端正心态,营造良好的气氛。

复盘过程中,为了规范反省思路,形成有秩序、结构化的沟通氛围,必须在每个环节做细化,回顾目标、评估结果、分析原因、总结规律四个步骤都要形成对应的表格,要有具体化要求。

3.2 复盘的表格　　　　　　　　　　为什么　是什么　**怎么做**

回顾目标
当初的目的（期望的结果）
分解的目标（里程碑）

❶ 回顾目标

❷ 评估结果

评估结果
亮点（与原来目标比）
不足（与原来目标比）

❹ 总结规律

❸ 分析原因

总结规律
经验和规律（不要轻易下结论）
行动计划
开始执行/停止执行/继续执行

分析原因
成功关键因素（主观/客观）
失败关键因素（主观/客观）

3.3 复盘误区与"五求"　　　　　　为什么　是什么　**怎么做**

复盘宗旨

不是：
自己骗自己，证明自己对
流于形式，走过场
追究责任，开批判会
强调客观，推卸责任
简单下结论，刻舟求剑

而是：
重在实事求是（求真）
重在内容和找原因（求实）
重在改进和提高（求学）
重在反思和自我剖析（求内）
重在找到本质和规律（求道）

第三章 技法篇——行动学习的流程技术

复盘会议要见到效果,复盘内容要落地,对高层、中层干部和基层员工都有要求。高层干部要率先垂范,贯彻复盘"五求"的宗旨,把管理思想和复盘中的具体业务相结合,用生动、鲜活的方式表达出来,让企业文化从"墙上"走到员工"心里";中层干部要善于领会,承上启下,做好传递;基层员工要摆脱惯性,切实执行。

复盘要落地,必须融入日常工作中,复盘要"善用",不能"滥用"。合理的复盘方式,是"小事及时复盘,大事阶段性复盘(月度/季度),事后全面复盘(半年/年度)"。这样,复盘体系就成为公司的会议体系,复盘思想就融入公司管理的血脉之中了。

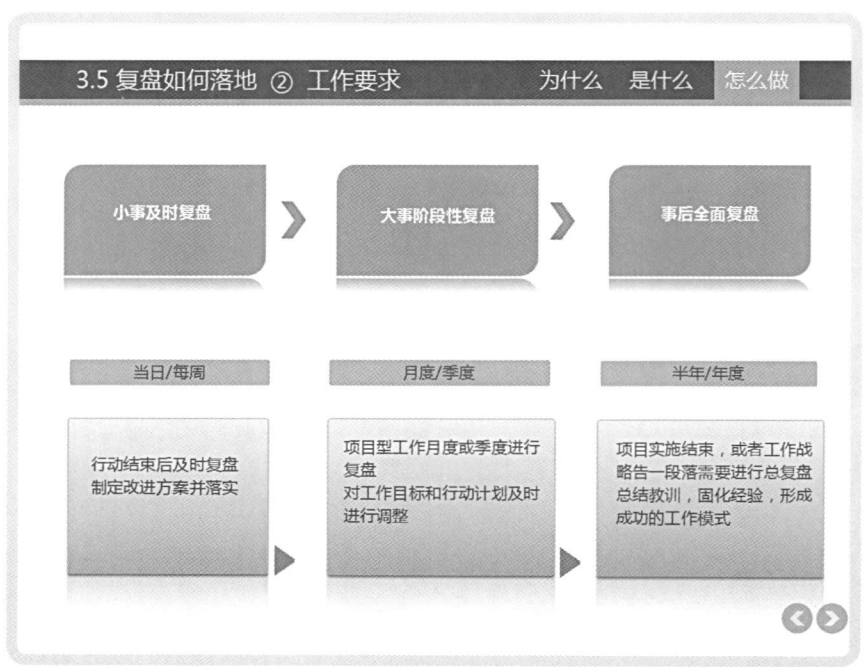

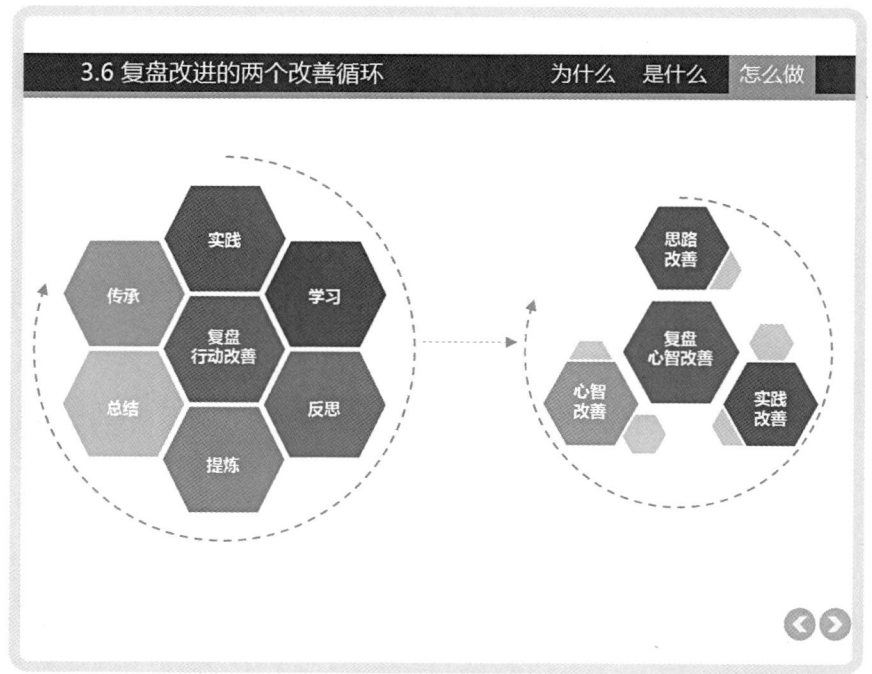

复盘的过程,就是组织和个人不断成长的过程,这里至少包括两个曲线上升的循环。

行动改善循环:工作实践,学习知识,进而通过复盘做反思,提炼出行为背后的内在思想,总结出可以普遍适用的规律,在下一阶段的行动中进行复制和传承。

心智改善循环:从工作思路、思维方式改善到实践检验,再到心智模式的内化更新。

复盘的流程是简单的,复盘的内容是丰富的。在复盘中会出现各种各样的问题,这些问题都需要复盘的组织者用心面对。比如,在复盘中,汇报者和反馈者往往会面临理念、思路的冲突,是针锋相对、激化冲突,还是求同存异,形成合力?关键在于双方是否坚持两个原则:企业利益第一,没有私心。

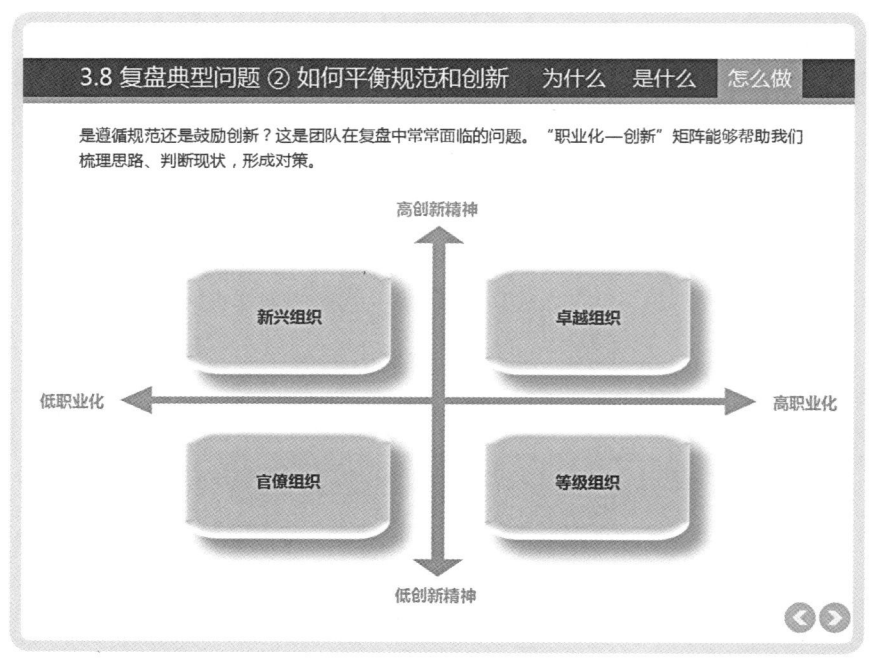

企业既要求规范，也要求创新。规范保证效率，减少失误，创新产生突破，带来机遇。怎么平衡规范和创新，在公司上下建立合适的工作模式？"职业化—创新"矩阵可以帮助我们对自己组织性格、发展阶段、工作要求做判断，辅助我们进行分析和决策。

如何强化执行力？员工常常会把工作表现不佳归咎于制度不完善，这其实是执行力的问题。那么在"有制度、没制度、制度不完善"等不同情况下，应该如何落实执行？

3.9 复盘典型问题 ③ 如何强化执行力　　为什么　是什么　**怎么做**

在复盘当中，常常出现对现有制度的质疑、抱怨。那么，如何贯彻制度，强化执行力？

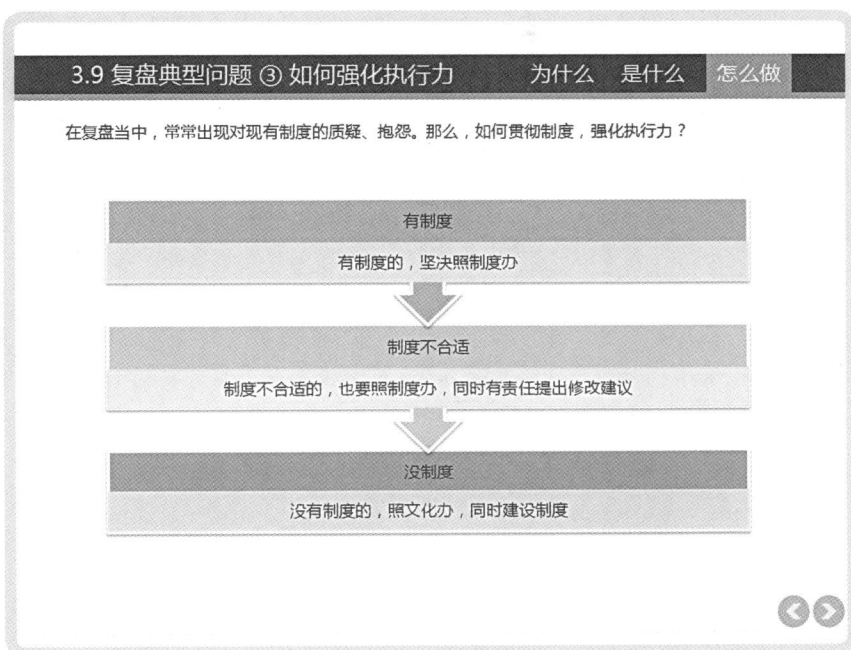

3.10 复盘典型问题 ④ 管理者如何快速学习　　为什么　是什么　**怎么做**

复盘是一个工作过程，也是一个学习过程。管理者要会学善学，才能跟上组织发展的步伐。

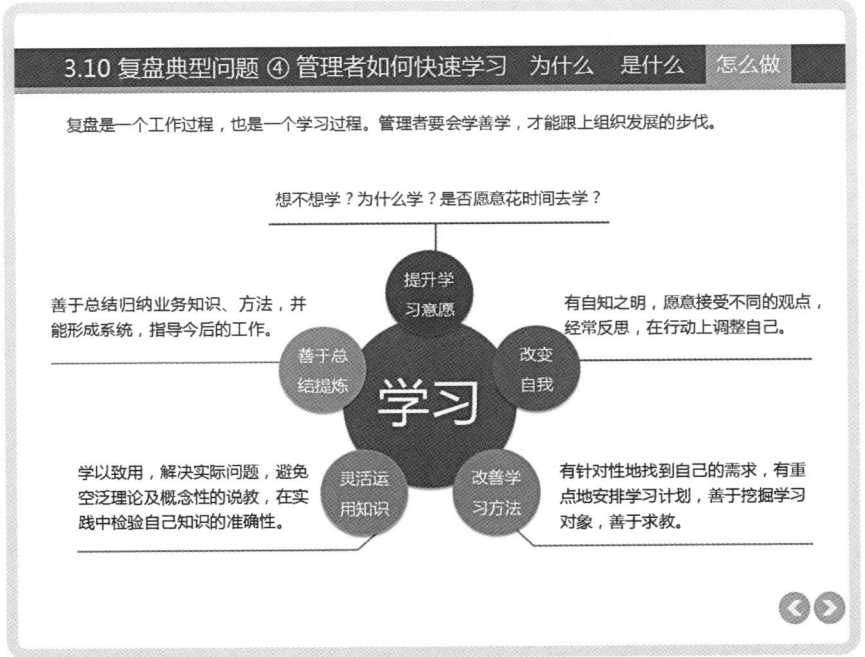

复盘的过程也是反思、学习的过程。尤其对于管理者，要给做汇报的团队合适的反馈、恰当的指引，就必须跑在前面，学得更快。要提升学习能力，可以从这五个方面入手：提升学习意愿、改变自我、改善学习方法、灵活运用知识、善于总结提炼。

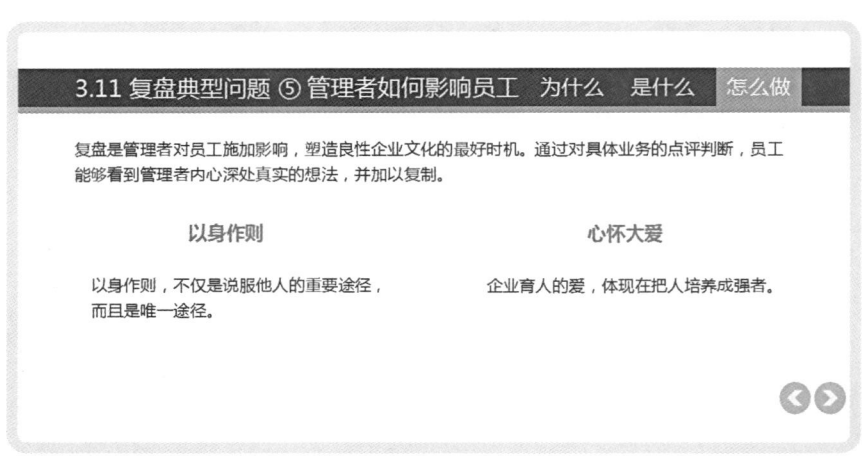

传统的管理者对于员工的影响，容易走两个极端：要么是权威式的压制，要么是父母式的纵容。复盘是对员工施加影响，塑造企业文化的大好时机。我们不应该用权威压制员工，而应该以身作则，用行动领跑；我们也不要心有顾忌，认为压力就是对员工的伤害，客观反映事实，推动员工成长，才是大爱。

3.12 经典复盘案例 ① 美国陆军的复盘   为什么 是什么 **怎么做**

海湾战争中的"东距73战役"复盘

海湾战争结束后,参加过"东距73战役"的军官和士兵被召回战场,近距离回顾这场经典战役的所有细节,包括:当天的激烈战况、作战精确地形、主要战斗人员的掩体、战术移动、弹药消耗、伤亡情况等,这次战役的所有细节被制成3D动画,仿真再现,作战人员对战役的决策和得失进行了深入透彻的研讨。这就是对"东距73战役"的复盘。

复盘结束后,战役图像进入美国军校的课堂,学员们提出假设性的问题:如果当时伊拉克人有夜视仪怎么办?如果他们的导弹射程增加一倍,我们怎么应对?……这些问题对提升学员实战能力有极强的帮助。这是对"东距73战役"的持续复盘。

战斗关乎人命,复盘必不可少。对企业来说又何尝不是如此?对个人来说,复盘反思也代表了对于自己生命、时间的尊重和珍惜。

3.13 经典复盘案例 ② 一次失败的并购   为什么 是什么 **怎么做**

2003年,TCL收购法国汤姆逊公司,成立合资公司TTE,成为世界第一大彩电制造商。此后数年,合资公司陷入巨额亏损。同年,联想公司收购IBM个人电脑业务,取得巨大成功。为什么TCL遭遇挫折?

经过深刻复盘,大家提出以下观点:

1. 对彩电技术发展趋势判断错误;
2. 对法国政策不了解,导致人力成本高昂;
3. 文化难以融合,东西方企业管理模式、行为模式差异巨大。

在以上这些问题背后,还潜藏着更为严重的深层问题:TCL收购汤姆逊公司,初衷是为了"成为世界第一大彩电公司",打败其他竞争对手,而不是制造最好的彩电,为消费者创造最大的价值。初衷错误,终于导致企业经营管理层面的一系列错误。

经过深刻复盘,2006年,TCL董事长撰写反思性文章《鹰的重生》,2007年,合资公司TTE欧洲分公司申请破产,TCL摆脱包袱,重新赢利。

这是对一次战略失误的复盘。将领的失误，可以把企业带入深渊。失败不会自动变成成功之母，懂得复盘，才对得起失败和惨痛的教训。

成功了，更要懂得复盘，不要"输得稀里糊涂，赢得不明不白"。百度公司复制和推广标杆部门的工作，用复盘工具，取得了显著的效果。

（本节编写：众行行动学习研究院资深顾问付亚松）

行动学习如何无招胜有招

行动学习是流程技术

从技术的角度讲，行动学习本质上就是流程技术。所谓流程技术，就是通过一系列的流程（步骤）引导相关人和事一步一步达至预期目标。管理技术中，最经典的流程技术就是PDCA，也就是计划、执行、检查、改善。

为什么要有流程技术？因为要实现任何一个稍微复杂的目标都需要分解动作才能做好过程管理和监督，保证最后的结果。而管理工作涉及复杂的组织、庞杂的人事，更需要流程技术。

简单理解，流程就是步骤，但掌握了管理步骤并不一定能把管理的事情做好。比如PDCA，几乎所有管理者都知道这四个简单的步骤，但没有多少人和多少机构能把它真正做到位。为什么？因为没有搞懂搞通步骤背后的原理，徒有其形，未得其神。很多人认为计划就是交上去的，给上级看的，于是计划做完就完了。

日本人比较较真，做之前会去问设计P（计划）这个流程背后的原理是什么？为什么要有计划？因为组织做任何事情要有预见性，要相互协调，计划就是要让所有人知道该干什么，才能各司其职，否则就没有效率。于是提出了计划的八字方针：写我所做，做我所写。并进一步发明了"看板管理""A3管理法"，保证八字方针的彻底落实到位。

欧美企业则根据这个原理提出广为人知的"SMART原则"。当然，也有些企业认为"计划赶不上变化快""计划就是糊弄上级的"，于是计划就成了一个走过场的流程，其结果可想而知。

很多管理学家认为，日本制造业成功的秘密就在于其把一个简单的PDCA流程做透了，中国很多优秀企业的崛起很大程度也在于学习借鉴了日本企业和欧美企业的这些成功之道。

行动学习流程背后的原理

行动学习的流程在原来管理技术理性的基础上增加了另一条感性的主线，特别强调环境氛围的营造和学员的互动参与。行动学习流程中感性环节的目的是什么？是为了热闹吗？是为了新鲜吗？是为了互动吗？是为了创新吗？是为了集思广益吗？

如果老板说"不要搞这些花里胡哨的东西，我只要解决问题"，甚至员工也对这些复杂的流程失去新鲜感了，你怎么办？

企业是个效率组织，如果平常的会议、培训、工作部署能解决问题，当然不需要用行动学习工作坊的方式。行动学习要解决的问题一定是需要团队集思广益、需要创新的难题，这时候才要用到一些比较复杂的感性和理性结合的流程。

比如，行动学习经典的"欣赏式探询"工作坊包含四个步骤：发现、梦想、设计、实现。很多促动师在引导这个流程时总觉得效果不理想，每个步骤都是让参与者画图、陈述，一开始他们感觉很新鲜，后来就都烦了。为什么？因为没悟道。我们在运用任何一个流程的时候先要思考它背后的原理。

"欣赏式探询"工作坊通常用在组织遇到困境甚至丧失信心的时候，

第一个步骤"发现"的目的是唤起大家的积极情绪,引导大家回忆挖掘组织中的闪光点,并通过画画触发右脑思维,小组分享引发团队共鸣,其效果一定比单纯的领导动员讲话好,这就是这个步骤的设计思想。

第二个步骤"梦想"的目的是趁热打铁,进一步引导大家思考:困境中的组织还有梦想吗?我们的梦想是什么?营造一种团结向上的氛围,并最终描绘出组织的共同愿景。注意:愿景可以是"公司上市",也可以是年底完成目标后的"团队马尔代夫游",这取决于组织者、参与者的考量和引导者的引导。

第三个步骤"设计"的目的是回归现实,大家脚踏实地地设计可以真正引导组织实现愿景的路径,这个路径可以是新的商业模式,也可以是新的组织架构、新的产品设计等等。任何组织在困境中和变革之际都会想到要重新设计,但重新设计就意味着组织内资源和利益的重新分配,会引发大量矛盾,最后往往无疾而终。"欣赏式探询"工作坊流程的巧妙之处就在于其先通过"发现"这个步骤承前启后,再通过"梦想"这个步骤引导出共同愿景,这样在进入第三个步骤"设计"时,很多矛盾已经自然而然化解于无形了。

第四个步骤"实现"的目的是要将设计变为计划和行动,大家群策群力共同制订计划、部署行动,最后实现共同愿景。

这四个步骤中,前两个步骤感性,发散再发散,后两个步骤理性,聚焦再聚焦,大开大合,一气呵成。这就是行动学习工作坊的魅力所在。

行动学习流程的目的不是要让所有参与者跟着你的步骤走,而是要营造团队心智改善的氛围。只有这样,改变才会真正发生,才会自然而然地发生。

CHAPTER

第四章

应用篇——行动学习项目成功案例剖析

大部分行动学习项目在启动会工作坊结束后就慢慢无声无息了,因为有各种"原因",比如:日常工作压力大,经常召集大家不容易,等等。也许留下了火种、启发了大家,但这样的行动学习不能说是成功的,至少不能说是完整的。所以,周期性跟进辅导至关重要,行动学习的这种周期性跟进辅导可称作复盘。

如何让培训直接产生绩效——中国本土行动学习案例剖析

人力资源从业者要成为业务部门和 CEO 的战略合作伙伴,这是全球人力资源管理界的共识,但大多数企业仍停留在概念层面。GE 的前任 CEO 杰克·韦尔奇曾说,"人力资源负责人在任何企业里都应该是第二号人物",但在中国,99% 的企业都做不到。GE 是怎么做到的呢?行动学习是其中最重要的手段,人力资源从业者扮演的就是行动学习促动师的角色,这个角色可以让培训直接产生绩效,让人力资源工作真正成为战略转型的助推器。

行动学习进入中国有近十年时间,热起来也有两三年了,中国本土的行动学习实践已经很多,企业内外的促动师也很多了,本文介绍一些最新的真实案例和感悟,希望能带给人力资源从业者一些启发和思考。

工作就是学习,学习就是工作,会议是工作,会议也是学习

HX 研究院在全国 12 家省级研究院中数一数二,但去年在其最大客户 GD 公司的供应商满意度排名中倒数第一,主管院长召集全部相关人

员急速奔往客户所在地开现场办公会两天,我作为观察员列席了半天会议。会议正常有序地进行:领导发言,项目负责人解释客观原因,一致表示要努力解决问题,最后散会。结束后我先问会议主持人这件事情重不重要,得到非常肯定的回答后我又问了六个问题:

1. 问(愿景):这么重要的会议为什么开得这么沉闷,会议有唤起大家解决问题的意愿和热情吗?答:没有。

2. 问(SWOT分析):大家七嘴八舌地交流了很多信息,交流信息的目的是让大家看清同一幅画面,大家对于现状的分析达成了共识吗?答:没有。

3. 问(承诺):脑力劳动者的工作灵活性很大,命令的事情不一定会去做,答应的事情也不一定做得到,基于承诺的管理是关键。请问参与者做出了自己的承诺了吗?他们将会全力以赴还是尽力而为?你对结果有把握吗?答:现场都表了态,但回到岗位后事务缠身,肯定不会全力以赴,很可能不了了之。

4. 问(团队共创):这么复杂的问题,光靠领导一个人的智慧是不够的,一线的员工一定有一些好的解决方法。开了两天的会议有将大家的智慧汇集起来,形成一套解决问题的系统化策略吗?答:大家七嘴八舌出了些主意,领导也做了指示,会议结束后大家分头做。

5. 问(行动计划):解决问题的最基本流程PDCA,计划是第一步,会议有落实计划负责人和产生计划吗?答:没有。

6. 问(城镇会议):一线的复杂问题,从"要我做"到"我要做"的转换是关键,遣将不如激将,现场最后拍板了什么吗?答:没有现场拍板的东西,领导最后鼓励了大家,大家也表了态,但都是泛泛的。

接着,我再问主持人:你们去年参与过行动学习项目,也学了GE的群策群力六步法,你回想一下,对应我刚问你的六个问题,如果你将行动学习的群策群力六步法应用到这个会议中,会是什么结果?

| 第四章 应用篇——行动学习项目成功案例剖析 |

HX 研究院行动学习项目精彩瞬间

于是，HX 研究院当时的行动学习项目主题就此确定，目标是将客户满意度提升至前六位。

折腾是检验人才的唯一标准

GN 银行下辖 13 家中心支行，每家中心支行下辖几十个二级支行或营业网点。白云中心支行行长原是天河中心支行行长，也是行动学习的粉丝，通过行动学习使得该支行的业绩在总行业绩排名中一直数一数二，但今年被调到了白云中心支行，该支行业绩去年倒数第一。新行长将该行今年的业绩任务定为行动学习主题，准备启动行动学习项目。

在前期调研中我们发现，该行员工年龄普遍偏大，学习能力偏弱，更关键的是：因为去年业绩倒数第一，今年一季度业绩下滑幅度又是全行最大，员工士气低下，学习意愿很低。这时候启动行动学习项目合适吗？

作为促动师,我们也很担心。

3月28日,启动会正式开始,第一个上场的不是行长,也不是促动师,而是天河支行的三位管理者。他们站在台上,讲述了自己参与行动学习项目的心路历程:刚开始很抵触,怕影响工作,后来发现行动学习就是工作,但又觉得这是领导故意借行动学习之名给他们增加压力,就边参与边抗议……不知不觉一年过去了,最后大多数团队出乎意料地超越了原来目标,而且有十多位参与者在过程中得到了升职。最后的总结是:行动学习就是"痛并快乐着"!

GN 银行的项目启动会

来自身边人的分享感染了大家,没有人是甘于倒数第一的,促动师问大家:我们今年行动学习的目标是第几?大家的回答是"第一!",于是"凤凰涅槃,保三争一"的主题就确定下来了。

在场的所有人都明白：这是一个极具挑战性的目标。

我们先思考一下领导力大师沃伦·本尼斯提出的领导力发展三要素：商业驱动力、转变的挑战、支持与评估。领导力发展不就是培训（学习）和评估吗？商业驱动力和转变的挑战是什么意思？

我们再思考一下柳传志的经典语录：折腾是检验人才的唯一标准。

杰克·韦尔奇在总结 GE 行动学习的一段话中给出了答案：当组织目标定得很低时，人们会朝着目标更努力地工作。但是当组织目标定得很高时，人们就不得不后退一步，从根本上重新想一想，如何实现目标。所以，"群策群力"的威力就在于，它能促使组织重新思考它要做什么。

简单解读一下，就是说行动学习需要挑战性目标，挑战性目标是领导力发展的关键要素。这个挑战性目标能实现吗？我们拭目以待！

复盘：在质疑反思中成长

行动学习启动会确定了挑战性目标，并进一步引导大家大规模分享愿景和建立积极情绪、看到同一幅图画（分析现状达成共识）、做出承诺、团队共创形成策略模型、制订可行动计划并分工明确责任到位、领导现场拍板批准方案。行动学习这把火是点着了，但能烧多久？

大部分行动学习项目在启动会工作坊结束后就慢慢无声无息了，因为有各种"原因"，比如：日常工作压力大，经常召集大家不容易，等等。也许留下了火种、启发了大家，但这样的行动学习不能说是成功的，至少不能说是完整的。所以，周期性跟进辅导至关重要，行动学习的周期性跟进辅导可称作复盘。按 GE 的标准，一个行动学习项目的周期一般为 4～12 个月，在这个过程中，每月一次的集中辅导是必需的。

复盘做什么呢？持续的城镇会议（即现场汇报 PK）、现场解决问题工作坊、微课程等是基本内容。这样的跟进辅导跟以往的项目管理、六西格玛有什么不同呢？

行动学习包含两条主线：心智改善线和问题解决线。大部分传统的解决问题模式没有一条清晰的心智改善线，即使有对心智的关注但这条线也不清晰或不是主线。

心智改善线重点提升的是管理者的反思能力，这也是行动学习的关键，没有反思就没有真正的学习，更不会有真正的组织变革和业绩突破。但反思谈何容易！新行长对此有一句经典语录"人一辈子就做一件事情：证明自己对"。

行动学习理论创立者、美国心理学家克里斯·阿吉里斯说"防卫性心理使我们失去了检讨自己想法背后的思维是否正确的机会"。什么是人的心理防卫机制？就是人在遇到困难与挫折的时候，为了避免内心过度的痛苦与不安，在心理上习惯性地、无意识地、主观地修正个体与现实之间的关系，从而解除痛苦，进行自我保护。习惯性防卫有两种表现：一是有些人不敢或不愿说出自己的真实想法，怕受到攻击；二是有些人觉得自己比别人知道得多，一味维护自己的观点，只想让对方让步。这两种表现都阻碍团队学习，不利于团队发展。所以，柳传志要求领导者要经常"脱了裤子剪尾巴"，并形成了一套严格执行的机制：复盘。

在跟进辅导中促动师面对的最大挑战也在于此，促动师既要能带给大家好的反思工具和方法，又要能通过好的流程设计在组织中形成坦诚开放的氛围，引导大家打开心扉，敢于触及深层问题。

HX研究院行动学习项目的参与者是一群高智商超理性的人，"开放空间"和"九型人格"触发了其反思；而GN银行白云中心支行的行动学习项目的参与者是一线的行长和对公客户经理，高管和促动师的现场即时教练，一些感性的分享和尖锐的问题（GN银行内部称之为"捅刀子"）

带来了反思，也带来了眼泪和团队融合。

一分耕耘一分收获，这两个项目开展了3个多月，喜讯陆续传来：HX研究院的项目组在其最大客户的季度满意度排名中第一季度为第五，第二季度为第二，阶段性超出预定目标。GN银行白云中心支行5月份零售业务个人存款指标超出其他12家中心支行的总和，震动了总行的高管，结果总行各兄弟支行也纷纷开展行动学习项目。

HX研究院行动学习成果显著

作为促动师，看到这个成绩当然有些沾沾自喜。当然，这也不全是行动学习的功劳，但为什么未开展行动学习项目之前就做不到呢？

有一句话说：领导说什么不一定能得到什么，盯什么、考什么才有可能得到什么。所以，张瑞敏说：管理是盯出来的。

这两个项目的初步成功也印证了这个道理。促动师的价值就是能将组织的难题变成行动学习课题，通过一套理性（解决问题）与感性（心智改善）兼具的流程帮助参与者行动、学习和成长，并最终实现组织目标。促动师就这样成了业务部门和CEO的战略合作伙伴。

领导力项目为什么"缺钙"

某企业大学张校长最近遇到了两件烦心事：一件是公事，一件是家事。公事是张校长负责的企业大学开设的课程满意度很高，外请的老师名气很大，学员们一开始都赞不绝口，但一年之后，大家的口味好像一下子都变了，再好的老师再好的课程都有大量学员推说工作忙不过来而缺席，占培训预算最大的领导力项目得到的反馈居然是"课程很好，但对我基本没用"，郁闷！家事是父亲天天吃钙片补钙，但前几天一次弯腰过快居然骨折了，医生检查后说是缺钙！天天补钙怎么会缺钙？医生说补钙的关键是吸收，不晒太阳、不运动、不吃粗粮，吃再多的钙片也没用。那领导力项目效果不好的原因又是什么呢？难道也是吸收问题？

系统化的课程能被系统吸收吗

领导力项目的核心内容是系统化课程，而这些系统化课程通常是商学院 MBA 课程的简化版，其优点是知识的系统性，但其弊端也很明显，一个掌握了市场营销、财务、人力资源等全部系统化知识的管理者不一定是优秀领导者。著名管理学家明茨伯格就认为，"MBA 是因为错误的理由用错误的方法教育错误的人，企业不应该雇佣 MBA 毕业生，因为教室和课堂无法培育出企业的领导者。"

明茨伯格给管理提出了一个新的定义。他认为管理是经验或者手艺（craft）、经营洞见（art），以及科学分析（science）三者的结合。

他认为，传统 MBA 教育过于偏重各种理性分析技能，鼓励了一种"精于计算型"的管理模式，忽略了管理的一个重要因素——经验，而经验恰恰只能从实践中学习，在课堂里是学不到的。

对于著名哈佛商学院纯案例教学法，明茨伯格的批评尤为猛烈。他认为这种案例教学方法只能训练人们对自己几乎一无所知的事物妄加评论，企业的管理经验从被印刷成案例的那一天起就已经是过时的经验了。"这种所谓的案例教学法很容易形成对问题肤浅的看法，如此一遍又一遍地重复，使很多 MBA 学生不是根据企业实际情况而是根据一堆'干净、漂亮'的数据来做出决策。这样的教学只能促使管理者与他们所管理的东西之间明显脱节。"

对以 MBA 教育为代表的管理教育持批评态度的人并非明茨伯格一个，目前美国和欧洲很多顶尖管理学院的教授们都开始对 MBA 教育体制进行反思。几乎所有管理学家都认同：管理的本质在于实践，管理是一门实践科学，不联系实际就没有生命力。而现有的管理和领导力课程跟实践是脱节的。这跟补钙是一个道理，不晒太阳的补钙是无效的，实践就是领导力项目中的"晒太阳"。

所以，明茨伯格给管理教育创新的重要建议是：打破管理各专业学科之间的界限，不按市场营销、财务、人力资源等专业来安排课程，而是按照管理者必备的五种心态（管理自我的反思心态、管理关系的合作心态、管理组织的分析心态、管理环境的练达心态、管理变革的行动心态）来设计课程及实践。这就意味着在有效的管理教育中，实践是主线，系统化课程是辅线，而不是反过来。以系统化课程为主线的管理教育不能被学员系统吸收，以实践为主线的管理教育打开了吸收之门，这时候系统化的知识反而更容易被吸收。

行动学习就是走过场?

大家普遍认识到管理教育中实践的重要性之后,行动学习开始进入商学院和企业大学的领地。麻省理工学院的斯隆商学院等欧美大学商学院纷纷引入行动学习,亚洲的香港科大 EMBA 的第一门课也是行动学习。

而企业的领导力项目引入行动学习则更为普遍,领导力大师沃伦·本尼斯在 1998 年对全球 350 多家企业的领导力开发问题进行研究后,列出了这些企业领导力开发计划中共有的一些关键内容,其中行动学习被列在第一位。ASTD(美国培训与发展协会)的调查也表明,2/3 的美国企业领导力项目中包含行动学习。

近年来行动学习在中国企业大热,很多企业的领导力项目中包含了行动学习,虽然有不少成功的案例,如华润、中粮、广州农商行、维格娜丝等,但整体的反馈却不理想,甚至有人说:行动学习就是走过场。

一般来说,行动学习可分为三个流派,分别是心智派、能力派和绩效派。

心智派的直接着眼点是心智,这个难度很大,因为心智最难改变。这有点像武功中的"内功",先练心法,路子很正,起点很高,但曲高和寡,短期不容易出成绩。

能力派的直接着眼点是能力,这种做法最多,其典型的做法是:在行动学习项目前后开展能力测评,项目过程中安排系统化课程并导入行动学习项目,这种项目一般选择的是研究型课题(如"如何开拓海外市场"之类无明确绩效指标的课题),而不是绩效类课题(如"如何实现150%年度业务指标"等有明确业绩指标的挑战性课题),最终,项目成果用"前后测"的数据增长来证明能力的提升。这有点像武功中的"外功",一板一眼练了不少招式,能力一定有所提升,但个人和组织是否有本质上的改变则很难判断。

绩效派的直接着眼点是绩效,这种做法很原始,就是选择一个组织难题作为行动学习课题,设置挑战性绩效目标,组织行动学习小组边干边学,在过程中提升能力和改变心智。这有点像武功中的"内外兼修",通过与高手的实战倒逼外功和内功。绩效派可以短期出成绩,但要求促动师对于企业的经营管理有深刻的理解力和洞察力,操作难度很大。

因为心智派的曲高和寡和绩效派的高操作难度,所以国内目前的行动学习项目大部分是能力派模式,操作者风险小,容易实施也容易交差,但效果不明显。这就导致了"行动学习就是走过场"的说法。

理论上,绩效改变的背后一定是能力的改变,而能力改变的背后一定是由于心智的改变,这三者缺一不可,只是各个流派的着眼点不同。但在中国企业目前的发展阶段,就像GE早期的行动学习基本上都是绩效类课题一样,也许我们更应倡导"绩效派"行动学习模式。因为三者虽然相通,但落实在具体操作层面,不以挑战性绩效目标为牵引的行动学习项目往往容易陷入"缺钙"困境,即越强调心智改变学员越排斥,招法练得越多越流于形式,最后并没有获得真正的领导力提升。补钙的关键在吸收,行动学习的成功关键也在吸收,即学员是否能全情投入行动学习的实践。只有全情投入真正的高挑战性项目中,才会有真正的能力提升和心智改变。

领导力项目成功的奥秘——本尼斯领导力三要素

沃伦·本尼斯是麻省理工学院博士,美国当代杰出的组织理论和领导理论大师。他被《福布斯》杂志称为"领导学大师们的院长",《金融时报》则赞誉他是"使领导学成为一门学科,为领导学建立学术规则的大师"。

本尼斯的领导力三要素理论揭示了领导力项目成功的奥秘。领导力提升的三要素是：支持与评估、商业驱动力、转变的挑战。

什么是支持与评估？对于领导力项目来说，就是系统化培训课程的支持和项目前后的测评，这个要素我们基本能做到。但我们往往只关注培训支持与评估，而忽略了后两者。

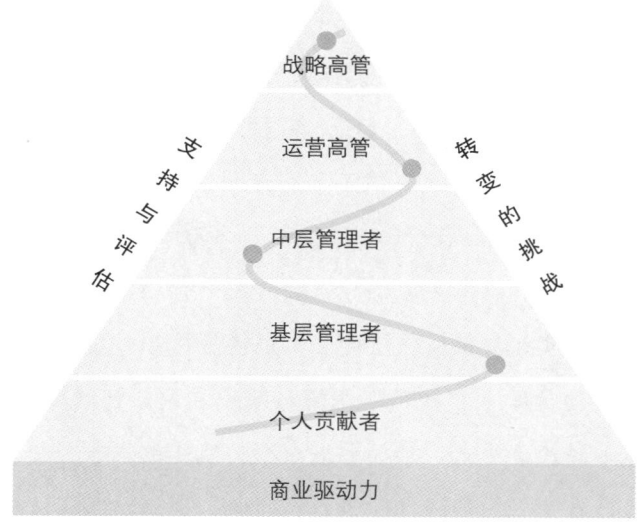

本尼斯领导力三要素

什么是商业驱动力？简单讲，就是领导力项目是否跟学员的商业运营活动紧密相关，学员是否有足够的驱动力去参与和投入这个项目。

试问：管理者都很忙，对于培训课程和所谓名师的新鲜劲过了之后，业绩压力之下，工作和学习哪个更重要？不疼不痒的研究性课题能让学员全情投入吗？不全情投入的行动学习项目如何能带来真正的心智改变和能力提升？

第四章 应用篇——行动学习项目成功案例剖析

什么是转变的挑战？管理者的思维惯性和组织惯性是领导力提升的最大障碍。只有当管理者面对一个按传统方法无法解决的挑战时，他才有可能走出舒适区，突破心智模式。转变开始发生，领导力才能得到真正的提升。

如何让管理者走出舒适区？领导力项目有设置学员很难实现的"挑战性目标"吗？

"商业驱动力"和"转变的挑战"是心智改变和能力提升的关键，而实现这两个要素的关键就是要设置与学员现有工作紧密相关的课题并设定挑战性目标。这就是"绩效派"行动学习项目成功的秘密，其实也是所有行动学习和领导力项目成功的关键。

作为领导力项目的设计者和实施者，我们一定要思考：是什么造就了真正的领导者。

本尼斯认为，这必定与人们面临逆境时的为人处世方式有关。反映和预测领导力最可靠的指标就是从最坎坷的经历中寻找积极意义、

作者在中央党校开展的领导力行动学习工作坊

从最严峻的考验中汲取力量和智慧的能力。他曾经采访过 40 多位企业和公共机构高层领导，发现无论年龄大小，他们都无一例外提到了自己职业生涯中最伤痛、最刻骨铭心的意外经历，正是这样的磨难改变了他们，塑造了他们各自独特的领导能力。

本尼斯因此总结出真正的领导者必须拥有的四项必备技能：让他人共同参与、分享意义的能力，独特的、富有感染力的语言能力，正义感（包括一整套坚定的价值观），以及适应能力。这四项技能正好是从痛苦的磨难中发现积极意义所需要拥有的能力。当别人只看到绝望时，他们却从中发现了契机。这就是真正的领导力。真正的领导力项目一定要有强大的商业驱动力和挑战性目标，这样的行动学习才不是走过场，这样培养出来的领导者才不会"缺钙"，也不会"骨折"。

逆袭——维格娜丝的行动学习实践

2013 年 7—12 月，中国女装高端品牌维格娜丝服装公司开展行动学习，江苏、浙江大区 80 多位店长、督导、区域经理参与，在行动学习中最具有传奇色彩的是江苏大区实现了从 2012 年全国业绩排名倒数第二到 2013 年下半年全国第一的逆袭。

领导力培养的困惑

在零售行业，店长的培养永远是公司的核心工作之一。服装零售业竞争压力大，人员流失率高，对于快速发展的企业来说，合格的店长一直是稀缺资源。因为人才的培养需要一个周期，尤其是店长的综合要求很高，没有两到三年培养不了一个合格的店长。

维格娜丝也面临这个挑战，于是，引入咨询公司开发店长的能力素质模型，运用人才测评选拔人才并根据能力素质模型有针对性地培训。这虽然取得了一定成效，但店长的培养周期依然很长。培训课堂上能看到参训店长知识的增长、技能的进步，可是一回到极其复杂的店铺管理现场，好像每个店长又被打回原形了，基本上还是惯性地沿用自己的老方法在处理事情。

这就像学游泳一样，初学者即使在岸上学了再多的知识、技能，到了水里依然还是回归到本能的动作。

我作为外部的行动学习促动师，在与维格娜丝总裁王总沟通时，分享了个人对这个问题的思考和心得："看了贵司的领导力模型，我的观点是这七个能力就像维生素A，B，C……一个一个对应地吃药丸不见得能吸收，最好的方法是把病人逼出去晒太阳、吃粗粮、多运动。领导力大师沃伦·本尼斯认为领导力提升的三要素是支持和评估（培训）、商业驱动力、转变的挑战。后二者更重要，即行动学习一定要跟实际商业经营活动结合，设置挑战性目标，比如全国排名倒数第一二的浙江、江苏大区可以设定挑战目标为数一数二。只有处于这种压力状态下才有可能快速将学习和实践感悟转化为能力，所以我强烈向您推荐行动学习式的人才培养模式。"

王总马上接话："好，说干就干，那我们就以数一数二为目标开展这两个大区的行动学习。"

对于促动师来说，客户这么信任自己是难得的机会，但更是严峻的挑战，无论如何不能辜负客户的期望，可行动学习真能创造奇迹吗？

行动学习如何创造奇迹——流程是关键

客户长期解决不了的难题，凭什么行动学习可以解决？行动学习不是万能的！作为促动师一定要想清楚这点。

行动学习是一个流程技术，促动师不一定是某个领域的问题解决专家，但一定是流程专家，通过一连串的流程引导项目参与者聚焦问题、激发内生智慧并产生自动自发的行动。

行动学习项目的核心流程一般包括发起项目、项目启动会、跟进复盘、项目总结、知识导入五大基本步骤（参照美国培训认证协会的行动学习 SMART 模型）。

发起项目的主要工作包括前期调研、深度汇谈、成立行动学习委员会。其关键点是与高管（项目发起人）的深度汇谈（1天），通过深度汇谈明确组织的关键目标和实现此目标中的关键难题，并根据此难题确定此次行动学习项目的课题、目标和参与者（人数、具体人员）、地域、团队组成形式、相应的配套奖惩机制。

项目启动会一般安排为2天1晚，其目的是通过一套科学与艺术结合、感性与理性兼具的会议流程，唤起团队的积极情绪和内生智慧，达成高度共识和承诺，形成可执行和符合 SMART 原则的计划并现场 PK、决策。

复盘辅导一般为每个月2天（持续时间 4—12 个月），其中1天复盘会议、1天集中辅导。如有需要，也可安排分散式辅导。

复盘：主要跟进检查进度、PK 比较筛选出标杆团队和标杆案例、反思成长。

辅导：通过解决问题工作坊帮助学员把过程中学习到的技能运用到项目解决实际问题并融会贯通。

项目总结会的时间一般为1天，这是最后的成果验收会，也是最好的知识管理、团队建设和企业文化建设仪式。

知识导入这个环节通常穿插安排在项目过程中间，也可以安排在项目开始，以补充项目过程中学员可能缺失的知识点，其时间长度根据实际需要，可以是几天或十几天。也有的项目将知识导入环节改造为微课程融入辅导环节。

维格娜丝的流程设计也是按照这五大步骤来进行的。这个流程真能达到引导项目参与者聚焦问题、激发内生智慧并产生自动自发行动的目的吗？

让每个成员参与决策

对行动学习，刚开始参与的店长和大区负责人都持将信将疑的态度，有位高管直接挑战说："外部的顾问会比我更熟悉维格娜丝？更懂销售？"

2天1晚的启动会开始了，80多位店长带着问题和疑惑经历了群策群力的"愿景、SWOT分析、承诺、关键行动、行动计划、城镇会议"六个步骤。一开始的"愿景"环节就让大家耳目一新，打开了心扉，每个人、每个团队都开心地给自己和团队"画大饼"——描绘项目成功后的景象。不管极具挑战的数一数二目标是否真能实现，至少大家有了期待，唤起了团队的积极情绪，不像传统会议一上来就谈问题，沉闷而无创意。最后达成共识的愿景是"三亚四日游"，老板现场拍板同意了。对于难得有机会聚在一起放松的店长们来说，这可是一个重要的牵引力。兑现

维格纳斯行动学习进行中

愿景的费用并不一定要很高,但你追我赶的氛围形成了,"赢"的心态很重要。

之后的"SWOT分析"让大家看到了同一幅图画,对于现状达成了一定的共识,也增强了信心。"承诺"环节大家自愿立下了军令状,达不成目标的团队要剃一个跟总经理一样的短发,要知道总经理是男士,80多位店长全是女士。"团队共创"环节一反常态,不是由领导提出策略、方案后大家去执行,而是每个人提出各自的方法,经过激烈的讨论后形成项目实施策略图。"行动计划"环节首先让每个行动学习小组的成员自愿"领养孩子"——即组成一个个策略小组分工合作并分担责任。策略是大家提出来的,未来的行动也不是组长一个人的责任。这一个个自主形成的策略小组让每个人都有参与感和责任感,形成"相马不如赛马"的机制和氛围;接着各个团队按标准行动学习计划模板制订符合SMART原则的可执行计划。对于很多团队来说,第一次知道计划要有效必须做到这么细致,每个节点都要有明确的量化指标或可衡量标准,好几个团队做计划做到了凌晨两三点。最后的"城镇会议"环节就是一个现场PK和拍板的会议,各组上场汇报计划并接受由高管和顾问组成的评委团质询,最后现场确认计划并授权各行动学习小组行动。

团队的成功之旅起航了。

管理是盯出来的，人才是折腾出来的

好的开始是成功的一半，这样的启动会确实鼓舞了士气，也形成了细致的计划，但后面会一帆风顺吗？一定不会！组织的惯性实在是太强大了，回到现实工作中，面对一个个的困难和压力，人们往往会被打回原形。

柳传志曾告诫管理者：

不要以为召开会议或进行培训了，问题就解决了；

不要以为规章制度或文件下发了，流程就理顺了；

不要以为亲自沟通或安排部署了，执行就到位了；

不要以为看到问题提出问题就完事了，知道不等于做到！

这是很多企业的顽疾，行动学习项目也一样面对着这样的挑战。解决之道是复盘，复盘也是联想成功的关键之道。

行动学习要求每个月都要复盘，每个团队按照标准复盘模板汇报工作，自我检讨、反思，总结经验，分享心得。

维格娜丝的江苏大区负责人刘女士这样描述"复盘"："没想到，每个月这 20 多页的复盘 PPT，竟然比我每天每周每月去监督、催促，乃至骂还要有效。不断地重复复盘之后，我的下属，从片区经理、督导、店长到员工，居然都习惯了使用行动学习中

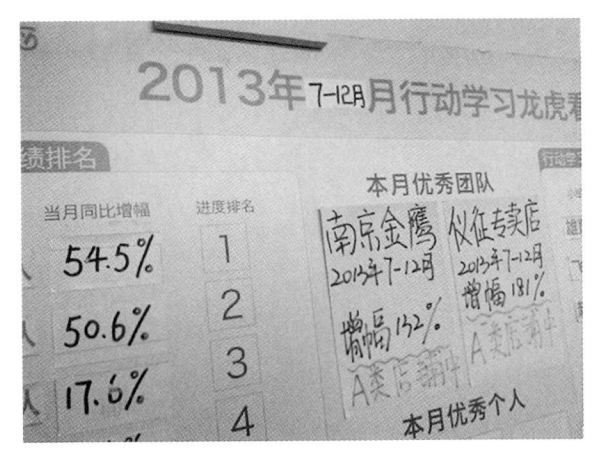

维格娜丝行动学习评比榜

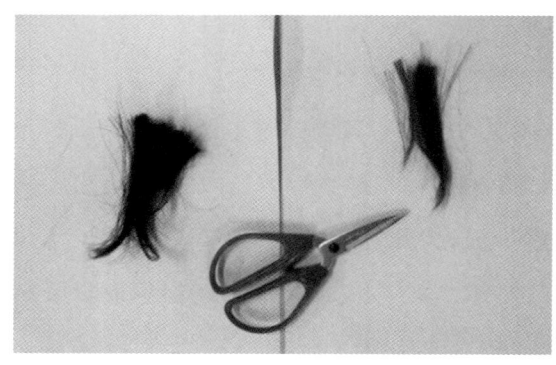

兑现承诺

"各种各样的工具,很多之前貌似无法解决的问题都迎刃而解了!"

"她们都开始主动思考每个月的战略规划,不用我多费心神了,我只需要点拨一下就可以了。""其实大家都很厉害,缺的是方法,除了销售、营销的方法外,更重要的是缺各层级的管理方法!""太好了,大家要多分享多交流,好的点子是应该大家一齐想出来的,一个人的力量很微薄,包括我。"——这是在行动学习开始后第四个月的复盘中,这位曾经事无巨细全要操心的雷厉风行的领导当着所有人的面说的话。

一次一次的复盘和辅导,体现了管理是盯出来的。

半年的行动学习项目结束后,浙江大区虽然没有实现目标,但通过行动学习发现了问题、锻炼了队伍,机构设置和管理层做了调整,取得了长足的进步;最可喜的是,江苏大区奇迹般地实现了下半年全公司业绩增幅排名第一的目标。

项目总结会上,大家都在总结经验、分享心得。完成目标的团队都很开心,终于可以实现启动会上确定的团队愿景了;没能完成目标的团队也不服气,现场剪发兑现承诺时都表示:明年再来,我们一定要实现目标,实现愿景。

作为总结会主持人的促动师当时问两个优胜团队中的亚军——雄鹰队队长:"在行动学习的过程中,你最感谢谁?"快人快语的陈队长马上回答:"我要谢谢我的领导、伙伴和顾问公司的促动师,但我最感谢的是每个月复盘PK赛中我的竞争对手——必胜队,虽然她们最后获得了冠军,但我们也领先过好几个月,对手的存在激发了我们团队的斗志,从她们身上我们也学到了不少东西。"

下一年的行动学习冠军之战的战火已提前点燃了,优秀团队的打造首先就是要形成你追我赶和相互学习的氛围。促动师应该明白:人的学习成长,从身边人中学习、对照竞争对手后的反思学习,其效果远大于从老师授课中学习;人的行为改变,环境触发的改变远比讲师的谆谆教导有效和持久;行动学习成功的关键也就是要通过一连串符合个人心理和企业运营规律的流程去营造这样的氛围。

获胜团队合影

所以,杰克·韦尔奇说:行动学习就是一个赢的游戏。维格娜丝会将这个游戏继续下去。

群策群力六步法——行动学习项目启动会操作精要

围绕行动学习这个培训项目的核心,GE 形成了五阶段领导力开发项目,得到了全面推行,成为管理梯队发展领导力的最佳工具。每年,杰克·韦尔奇都会参加在韦尔奇领导力发展中心的领导力开发项目。

GE 韦尔奇领导力发展中心:BMC 课程概览

周次	星期一	星期二	星期三	星期四	星期五
第一周	领导力与团队建设	业务战略	全球竞争	财务分析	业务项目筹备
第二周		营销战略	领导力与组织变革	公司与个人伦理	
				业务项目导入	
第三周	项目团队在业务现场开展项目				
第四周	准备建议方案陈述稿	向业务负责人陈述建议方案及获得反馈	团队反馈会议及回收领导力有效性调查问卷	制定项目前景及准备个人行动日程表	小组内分享个人行动日程表
	团队关于业务问题建议方案实施情况反馈	个人行动计划执行情况后续研讨			

从对这个项目的进一步分析中我们可以看到,行动学习项目分为三个阶段:

第一阶段:学习,或称传统培训,以提升学员的知识技能态度为主要目的。时间在第一周及第二周。

第二阶段:项目团队建立及分析实际业务问题,形成问题解决的实

第四章 应用篇——行动学习项目成功案例剖析

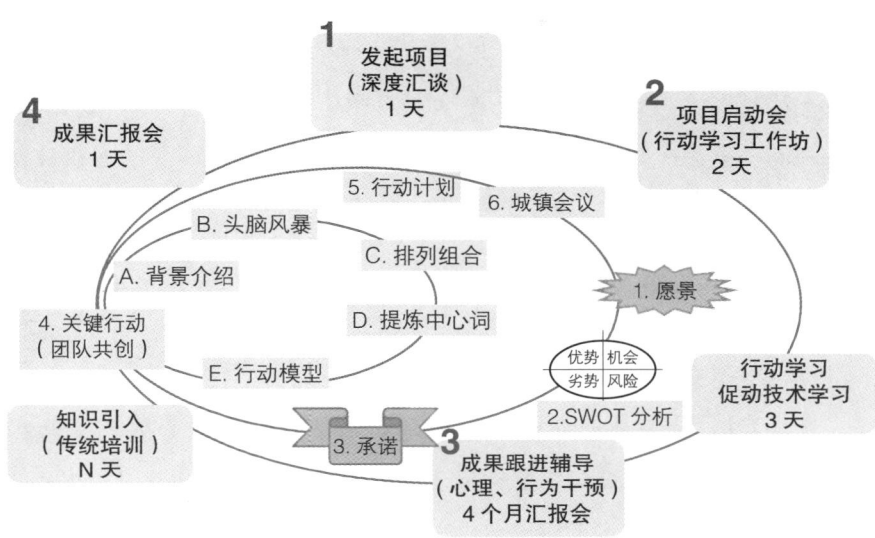

行动学习项目流程

施方案。时间在第三周及第四周。

第三阶段：实践，项目团队深入业务现场，实际解决问题，并将问题的最终解决成果进行总结。时间在第6～8个月。

这就是GE领导力培养项目的框架，也是行动学习项目的主要构成。结构并不复杂，重点是通过一系列的培训学习后，项目团队如何形成有效的实施方案，并最终转化为实际业务问题解决的成效是项目成败的关键。群策群力项目启动会，帮助GE在培养项目中实现从学习到实际业务解决的转化。群策群力是通用组织发展和变革最强有力的工具之一。然而通用基于企业文化与发展阶段形成的群策群力的方法，较复杂细致，放到其他组织中，并不一定能全盘适用。

我就多年行动学习项目操作的经验，与大家分享：群策群力六步法操作精要。

第一步，愿景

聚焦行动学习课题，如果实现了会看到什么景象。

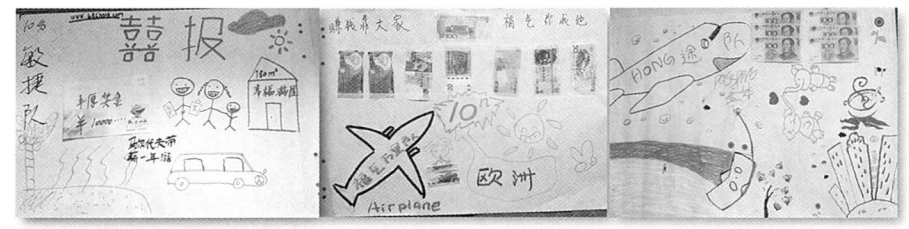

操作方法：要求团队通过绘画的方式描绘项目成功后的景象。

成年人习惯了通过文字进行描述，当引导团队进行绘画时，很多人不知道应该怎么画，甚至会出现坐着不动的现象。这是正常的，作为促动师这个时候不需要着急，只要鼓励每个成员拿起彩笔尝试即可，绘画是具有感染力的，团队需要时间慢慢打开。

心法解读：一个组织、企业，是有愿景的，是有梦想的，但愿景是高管的还是所有人的，往往决定了实现的可能性。所以当一个团队要解决问题时，首先要让所有人都能看到，项目成功对每个人意味着什么，有什么价值。通过绘画的方式，更容易激发参与者积极的情绪。

第二步，SWOT 分析

操作方法：围绕项目目标，团队成员使用 SWOT 作为分析工具，讨论项目现状。优势、劣势都是组织机构的内部因素，可以从管理、组织机构、客户基础、财务状况、研究与开发、运作、市场及营销、发货及商务等维度对项目进行分析。机会和威胁是从组织机构的外部因素来进行分析，来自超出可控制范围内的力量、问题、趋势、事件。

为实现愿景目标你可利用的公司能力、资源、技能等方面的东西。	技术的变化/新客户/新产品/市场规划变化/人才的流动/政策或法律法规的改变……
S O W T	
阻碍实现愿景目标的你所缺乏的公司能力、资源和技能。	市场疲软/趋势改变/政策变化/竞争对手/全球经济/产品被替代/费用上涨……

心法解读：首先是共识。每个人都是独一无二的个体，有各自的经验和背景，看待和分析问题的角度各有不同。就像半杯水，有些人会说还有一半是空的，有些人会说已经有一半满了。以小组为单位对项目现状进行分析，能促进团队的系统思考能力，让所有成员看清同一景象。其次是关键因素。在进行 SWOT 分析时，是泛泛地写，还是找到影响项目目标达成的关键因素，直接影响团队对项目现状的真实理解。我经常看到有团队在"威胁"里面写"国家政策管控，经济下行"。这写得非常宽泛，对项目的现状没有任何实际意义：是什么政策？如何影响到了我们的项目？影响有多大？对比同行业类似项目，对我们的影响更大还是都一样？第二步的作用是分析项目现状，让团队看到同一景象，使不同的项目课题，有很多可供选择的分析方法或者模型都可以使用。万法归宗。

第三步，承诺

操作方法：每个小组写出集体对于项目的承诺，要求易操作、易监督、惩罚性和娱乐性兼具。

心法解读：一个需要团队共同努力实现的挑战项目，在实施过程中，肯定会遇到各种困难。管理者与领导者的最大区别，不是在管理的方法和工具上，而是在能否带领团队上，不是基于命令的管理，而是基于承诺进行管理，充分调动团队每一个成员对完成目标的信心并能够作出承诺。项目是领导的项目，还是大家的项目，从团队承诺的内容，即可看出团队凝聚力及对完成目标的信心，是尽力而为还是全力以赴。真正的领导力是基于承诺的管理。

第四步，关键行动（团队共创）

操作方法：团队共创法也称为卡片法，包含以下操作步骤。

头脑风暴。团队成员每人写下可帮助达成目标的具体关键行动。促动师要给予充分的时间让每个人思考并书写，鼓励成员尽可能多写，关注每个人写的内容是否具体，并给予适当的指导。

排列组合。促动师将所有人写的关键行动收集在一起打乱后，带领团队进行排列组合，意思相近的贴成一列，意思不同的横着贴。最终形成的总列数在4～7列之间。

提炼中心词。以动宾结构给每列命名，字数不超过6个字。通过命名，让各列卡片进一步清晰区分；字数越少越便于记忆；通过动宾结构命名后，形成3～7个行动策略。

行动模型。行动策略的结构化表现，用模型呈现中心词之间的联系，常用的模型有靶心图、流程图、紧急重要矩阵等。

心法解读：有参与才有意愿，有贡献才有成就感。雷军说，小米卖的就是参与感。团体动力论代表人物库尔特·勒温说，个体态度的改变依赖于参与群体活动的方式。现代管理学之父彼得·德鲁克说，提问引发思考，告知引发争辩。在团队共创的过程中，有些人，通常是领导，可能对项目的理解更全面，对问题解决有清晰的思路，但大部分人看到的只是自己看到的部分，是片面的、跳跃的、单个的事件或工作。领导直接告诉员工该怎么做，下一步员工可能就和领导辩：我看到的不是这样的，或者雁过无痕。把团队每个成员都调动起来充分参与了，即使最终形成的方案和领导设想的一样，员工对方案的理解和认同程度也已大有不同。人是愿意改变的，只是不愿意被改变。

第五步，行动计划

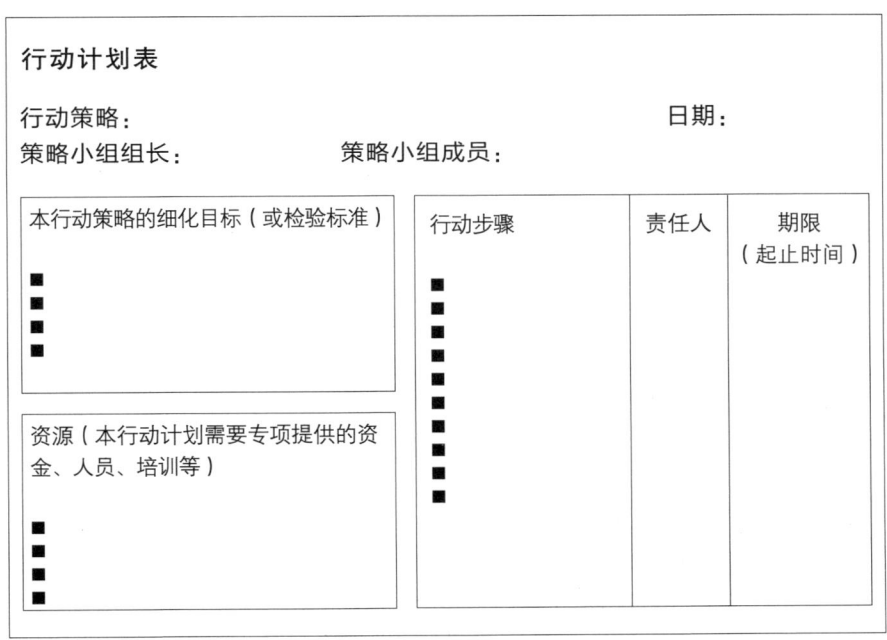

操作方法：先"领养孩子"（孩子就是团队共创过程中产生的各个行动策略），将项目成员分成小组负责各行动策略，形成行动策略小组，

学员可主动要求成为某个行动策略小组的组长;再"制订计划",每个小组根据计划模板制定行动方案;最后汇总成完整的行动计划。

一般而言,所有企业都会做计划,但所做的计划都是可行的吗?计划的实施步骤和细节包括需要的资源等,考虑清楚了吗?如何检验计划是否实行了,有没有客观的衡量标准?

心法解读:自动自发。通常是领导制订计划,下属执行计划,现在由大家来共同制订计划,实现从"要我做"到"我要做"的转变,制订的计划不是领导的、他人的,而是自己的,这样的计划更能实现,这就是自动自发执行力的关键。21世纪的管理,不再是依靠"一颗聪明的脑袋"带领着一群"勤奋的手脚"所能实现的,要充分发挥团队每个成员的聪明智慧,方能应对快速变化的环境。

第六步,城镇会议

操作方法:项目组全体成员参与汇报全过程,各小组汇报行动计划,由专家和高管质疑、提问,确认小组计划的可行性,现场确认项目计划是否获得批准,如批准,则根据小组计划提供相应的支持和资源,并做总结陈词。

心法解读:快速决策与授权。有人说城镇会议是美国民主的基石,是一种民主的体现。城镇会议的目的是面向项目的决策者、执行者和关联部门的负责人的项目信息共享,并将每个项目的行动计划、资源调配交给项目执行者,要决策者在现场做出决定。通过民主开放的沟通方式,将所有项目因素摆在台面,达到快速决策与授权的效果。

群策群力六步法,在实际操作中仅需要1~2天时间,通过愿景—现状—承诺—共创—计划—决策六个步骤,就能针对企业中复杂的、跨部门的、综合的业务问题，如业绩提升、成本挖潜、生产效率、服务满意度等，调动团队积极性，形成行之有效的行动计划。这是非常高效的项目启动会流程与方法。

（此部分作者：王育梅）

行动学习项目能否成功的关键——复盘

质疑和反思是行动学习的命门。一个人要不断地挑战自我很难，一个组织要不断地挑战自我更难！但没有持续的质疑和反思，再强大的个体和组织都将"生于忧患，死于安乐"，这也是行动学习项目能否成功的关键所在。

是否有一种方法和机制能让质疑与反思在组织中生根发芽呢？有，这个方法就叫复盘。

复盘在企业中的应用

柳传志说："复盘是联想认为最重要的一件事情。联想经常说，对人，用谁不用谁，就看他学习能力怎么样。其实这个学习我自己回顾，无非是跟书本学、跟自己学，自己做的这件事情，把经验教训进行总结；还有一个就是跟别人做的事情学。最多的、最深刻的还是跟自己学,自己学无非就是复盘。一件事情做完了以后,做成功了或者没做成功,尤其是没做成功的,坐下来把当时预先怎么定的、中间出了什么问题、为什么做不到理一遍。下次做的时候,他自然就吸取这次的经验教训了。"

"复盘"又称行动后反思或事后回顾,是目前知识管理实践中应用得最为广泛的工具之一,是一个简单而有效的过程,供团队从过去的成功和失败中得到经验教训,以便改进未来的表现。它为团队提供了反思一个项目、活动、事件或任务的机会,以便下次可以做得更好,它是一个结合了技术和人的因素的快速报告方法或工具。

在华为,也有一个类似"复盘"的方法,叫"民主生活会"。民主生活会是华为一直以来始终坚持的一个老掉牙的自我批判方式。以前是全部管理层都要参加,现在主要是中高管理层参加,每三个月或半年一次,包括任正非也必须参加。

在日本丰田汽车公司,也流行一种管理方法,叫作"追问到底"。就是说,对公司新近发生的每一件事都采用追问到底的态度,以便找出最终的原因。一旦找到了最终原因,那么对于一连串的问题也就有了深刻的认识。

比如,公司的某台机器突然停了,那就沿着这条线索进行一系列追问:

问:"机器为什么不转了?"

答:"因为保险丝断了。"

问:"为什么保险丝会断?"

答:"因为超负荷而造成电流太大。"

问:"为什么会超负荷?"

答:"因为轴承枯涩不够润滑。"

问:"为什么轴承枯涩不够润滑?"

答:"因为油泵吸不上来润滑油。"

问:"为什么油泵吸不上来润滑油?"

答:"因为油泵产生了严重磨损。"

问:"为什么油泵会产生严重磨损?"

答:"因为油泵未装过滤器而使铁屑混入。"

追问到此,原因就算找到了。给油泵装上过滤器,再换上保险丝,机器就能正常运行了。如果不进行这一番追问,只是简单换上一根保险丝,机器照样立即转动,但用不了多久,机器又会停下来。

丰田的这个方法系统化之后,演化为一个经典的精益工作方法,叫"A3报告"。所谓A3报告,就是把问题的源头、分析、纠正和执行计划放在一张A3纸上表达出来,并及时更新或报告结果。在丰田公司,A3报告已经成为一个标准方法,用来总结解决问题的方案,进行状态报告,以及绘制价值流图。

叫法不同,内涵和外延也不尽相同,各个机构在实际运用时也有变味的时候,但其精髓和初衷都要形成一种"质疑+反思"的机制,这是行动学习的关键,也是企业健康运营持续发展的关键。

曾子说"吾日三省吾身",因为不断的总结反思是人成长的必经之路,反思有多少,成长就有多少。

复盘是为了让企业自我更新

老鹰是世界上寿命最长的鸟类,年龄可达70岁。但要活那么长的寿命,它在40岁时,必须做出困难却重要的决定。老鹰40岁时,爪子开始老化,无法有效地抓住猎物。喙变得又长又弯,几乎碰到胸膛。

翅膀变得十分沉重，羽毛长得又密又厚，使得飞翔十分吃力。这时，它只有两种选择：等死或者历经一个十分痛苦的蜕变过程：150天漫长的磨炼。

它必须很努力地飞到山顶，在悬崖上筑巢。首先用喙击打岩石，直到喙完全脱落，然后静静地等候新的喙长出来。再用新长出的喙把指甲一根一根拔出来。新的指甲长出来后，再把羽毛一根一根地拔掉。5个月以后，新的羽毛长出来了。老鹰重新开始飞翔,再过崭新的30年岁月！

在我们的生命中，有时候也必须做出困难的决定，开始一个更新的过程。我们必须把旧的习惯、旧的束缚抛弃，从而得以重新飞翔。我们愿意放下旧的包袱，愿意学习新的事物，才有机会发挥潜能，开创另一个崭新的未来。

这是华为任正非经常讲到的故事，也是TCL陷入低谷后李东生痛定思痛下决心进行组织变革时挂在嘴边的故事。

动物在"物竞天择"的大环境中形成了自我更新的机制，那么企业有自我更新的机制吗？

行动学习认为：企业是一个比个人更大的生命体。这个生命体没有经历自然界几亿几十亿年的演变，自我更新机制还远未形成。复盘的目的就是要通过机制化的反思构建组织的自我更新机制。

复盘是一种机制化和系统化的总结反思

复盘也可以叫反思或总结，但复盘比一般意义的总结和反思要系统，是一种机制化和系统化的总结与反思，这也是其有效的关键之处。

复盘的目的性更强，复盘式总结是从梳理最初的目标开始，一路刨根问底，探究导致结果与目标之间差异的根本原因是什么，有什么反思、经验和体会，可以说是一次目标驱动型的学习总结。

复盘的过程有四个步骤：第一，回顾目标，时刻别忘了当初出发的目的，需要一遍一遍地回顾和澄清；第二，对照当初的目标回顾过程评估结果；第三，刨根问底分析原因；第四，总结规律和反思，并制订下一步行动计划，包括需要实施哪些新举措，需要继续哪些举措，叫停哪些举措。

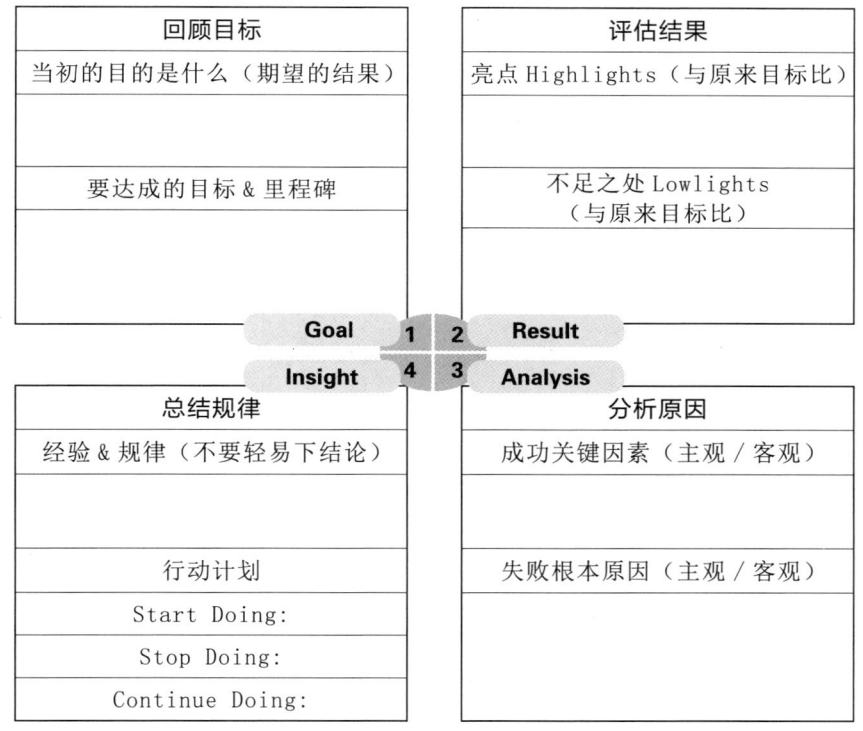

分享《中国企业家》杂志刊载的《柳传志口中的"复盘"：联想重要方法论》一文中的一个案例：

联拓天际的董事长陈鹏在联想之星的学习过程中知道了复盘工

具,当时很兴奋,回去后就在网上找资料进行学习,并在班子内部进行分享,要求他们尽快向下推广。

实施一段时间后他对整个导入复盘的过程进行了一次复盘,呈现出了下面的清单:

回顾目的:推广复盘的初衷是希望使联想的复盘方法论在公司内部快速得以实施,使内部知识能够沉淀,帮助团队能力更快提升,提高生产力。要达成的里程碑是:第一步,经营班子真正理解复盘方法论,并在内部得以实施;第二步,中坚骨干理解复盘方法论,在内部得以实施;第三步,形成整个组织的复盘文化。

评估结果:

亮点有:1.行动力强,每次上完课或学到新内容后就快速组织内部全面共同学习复盘工具;2.公司的CEO亲自在公司年会上对公司战略做了复盘,并向全员推广了复盘的概念。

不足之处有:1.没有理解复盘的真正含义,包括我自己在内,没有抓住主要矛盾,有复盘的形,没有复盘的神;2.一开始用错了工具;3.最终没有达到预期的目标,复盘只在经营班子里实施了,而且部分成员还在一知半解地使用复盘工具。

分析原因:

成功的关键因素有:1.CEO要带头亲自示范并推动;2.CEO要磨破嘴皮子,要有执行力和行动力;3.使用工具要循序渐进。

失败的关键因素包括:1.自己对复盘的理论一知半解,没有摸透复盘的关键要素;2.工具用错了;3.前期自己没有亲自复盘,只是要求下属做,后期做战略复盘时并没有严格按照复盘的要求去做。

总结规律:不要轻易下结论,看到一个好工具,不要急着在内部推广,要自己先理解透,要理解其所以然,最好找对这套工具理论有经验的老师了解清楚后,再加以推广;不要着急全面推广,可以先在小范围试点,试点成功后再全面推广。

  最后得出的行动计划是:在新举措方面,首先我们重新组织经营班子成员学习复盘工具,正确理解和使用复盘工具;另外我自己也要正式开始做复盘,给经营班子做示范,要求经营班子掌握复盘工具并开始应用,小范围试点成功后,再全面进行推广。

这是活学活用"复盘"的最鲜活教材。

在复盘中成长——东莞银行"模式突破,绩效倍增"行动学习项目

  "我们以前的工作方法是指标下达,每个人按自己的想法去完成任务,做到哪算哪,很少有计划性,没有系统思考。我们现在的做法是定好目标后,先出计划,每个月复盘,不断修正,基本上能完成每个月的指标了!""在复盘过程中反思自我,看看哪些地方做对了,哪些地方做得不够,哪些地方没有做,同时也看看别的团队有什么地方可以给我们启示的,对提升我们的业务水平帮助很大!""有些工作我们一直都是这样做的,就是因为一直都这样做,所以业绩没法做上去,要完成非常规

的目标，就得有非常规的方法和手段，就是要打破已有的惯性！""我们今年最大的收获是团队成长！"

在参与东莞银行"模式突破，绩效倍增"行动学习项目的8个支行当中，类似这样的评价还有很多。总结起来，复盘会议在行动学习项目中起到了如下作用：帮助员工系统思考、促进员工反思自我、打破惯性、成长突破。

东莞银行现在有100多个网点，多分布在东莞市经济发达的镇区，网点与各镇区的政府、村委和企业都保持着良好的长期合作关系，总行的产品设计得很好，但是面临的问题是：网点综合贡献度偏低；网点不能消化总行设计的产品，各网点没有产品规划和营销流程。

为了帮助东莞银行解决以上难题，众行管理顾问有限公司为东莞银行行动学习项目设计了"1234N1"行动学习流程。其中的"4"起着至关重要的作用，"4"指的是4个月里每月一次的复盘会议。具体来说，我们是怎样做的呢？

第一阶段，我们强调参与。只有每天都面对问题的人才是最有解决问题意愿的人，也只有这些人提出的解决方法才最具有可行性。所有的行动计划必须由团队成员一起制订，实现"要我做"向"我要做"转变。对此，感受最深的是石碣支行的黄行长："经过半年的行动学习，小组成员拥有了学习的控制权并产生责任感，这些责任感最终会使个人综合能力提高，形成小组发展的力量。小组成员集合在一起，寻找某些难题的解决方案，在探索解决问题的过程中，个人不断成长，所在的团队也不断发展。员工对工作的热情增加，对银行的归属感增强，对考核的指标更重视。"

第二阶段，我们主要是调整团队的心智，强调共同的梦想。要让员工看到银行的愿景，并且把这个愿景跟员工的梦想、理想、目标联系起来,在团队中提倡"分配、分担、分享"三分天下。分配就是利益分配,蛋糕做大了,员工的收入也会相应提高,有困难时就应该大家一起分担,而成功的经验要拿出来分享,大家好才是真的好。清溪支行的陈行长这样反馈:"我们的营销人员走路快了,经常'熊猫眼'(晚上经常加班到10点多),但天天精神抖擞,脸上反而经常挂着会心的笑容,为什么?是因为他们有梦!"

第三阶段,我们强调挑战性任务,强调胜利。我们接受的任务是具有挑战性的,我们的做法跟以往也不一样。相同的模式只会导致相同的结果,如果去年是这样做的,今年也这样做,凭什么解决问题?"今天不努力,明天就要被淘汰!今年的任务很重,我们的员工压力很大,通过行动学习,我们学会了从压力中获得动力,支行每个员工都参与了支行的行动学习(当家做主),出谋出力,达到团队共创,为了完成挑战性的任务,创新出很多有效的方法,高手在民间呀。"这是大朗支行叶行长的感慨。

第四阶段,主题是成长与顿悟。行动学习从启动会开始至每个月的复盘会议,所采用的PPT模板均是经过严谨设计的,其内容包括:已实施的步骤、延后实施的步骤、过程中学习到的方法或感悟、过程中遇到的困惑、改善方向等。东城支行的尹行长是这样说的:"每个月的复盘会议,看到业绩表数据一步一步地与我们的任务越来越靠近,全行上下信心越来越足。但我们也没忽视自身的不足,充分分析了自身的优势与缺点,吸纳了兄弟行的先进管理方法、例会、晨会流程等。这些因素一起促使了我们目标的达成。"

当年东莞银行8大支行在行动学习的复盘中成长,零售业绩首次超越了四大银行,实现了蜕变与突破。

行动学习实践中的三大误区剖析

德鲁克说：管理学既不是一门艺术也不是一门科学，而是一种实践，其成就是以管理结果来衡量的，而不是以学术奖励。如果用这个标准去衡量行动学习，你会发现，行动学习是成功的，因为行动学习在国内外的管理实践中创造了很多奇迹，如杰克·韦尔奇主导的 GE 变革转型，"群策群力"起了决定性作用。国内这样的成功案例也很多，比如宁高宁主导的华润和中粮，他亲自担任行动学习促动师，带领企业成功转型。但如果我们换一个角度思考，成功总是小概率事件，说明还有更多的行动学习是不成功的，对于从业者来说，研究失败也许更有借鉴意义。

下面我们一起来探讨行动学习实践中的三大误区。

误区一：新瓶装旧酒，行动学习 = 传统培训 + 促动技术

学习研究的第一步应该是澄清概念，生活中的概念不清楚有时候问题不大，而企业管理中的概念不清晰问题就大了。很多企业之所以沟通不畅执行不力，其关键原因就在于内部没有统一的管理语言，对于任何一个管理概念，每个人的理解都是不一样的，比如对于"企业文化"这个概念，员工以为就是搞搞文娱活动，HR 认为是口号和墙报，老板可能觉得是员工统一的行为规范，很多高管在想"什么企业文化，不就是老板的文化吗"……

所以，IBM 企业大学最原始和最重要的理念是"one IBM, one

language",用中文可以这么表述:一个公司,一种统一的语言。这突出了管理概念要清晰。

行动学习与传统培训在组织形态上的本质区别有三点:一是行动学习的前提是要有一个或多个工作中的实际问题,或者更明确地讲要设立一个或多个项目(或称为课题),而传统培训可能也强调学以致用,但其次序是从学习到实践,而行动学习的次序是从实践到学习,二者有本质的不同。可以打比喻说,一个是课堂学习,一个是游学。二是行动学习必须组建固定的团队共同完成指定项目,而传统培训也可能在课堂中组建团队,但一般都是临时性的。三是行动学习一般周期是 4～12 个月(参照 GE 标准),而传统培训周期一般是 1～2 天,最多 1 周或 1 个月。

现实操作中的误区是新瓶装旧酒。传统的培训加入了一些行动学习的元素,或者引入了一些促动技术就以为是行动学习。如果要准确地界定概念,这些加入了行动学习元素的培训应该称作工作坊,是一个多人共同参与的场域与过程,让参与者在参与的过程中能够相互对话沟通、共同思考、进行调查与分析、提出方案或规划,并一起讨论如何推动甚至直接实施这个方案,这样的"会议"与"一连串的互动过程",也叫作参与式工作坊或互动式工作坊。

行动学习项目由一系列工作坊构成,单一的工作坊并不是行动学习。工作坊是一个小概念,行动学习是一个大概念。行动学习必须要有明确的待解决问题(项目),必须要有相对固定的团队和长时期的工作周期,否则不容易产生"化学反应",也就不可能解决组织长时间难以解决的难题,更不可能创造奇迹。

这也是很多企业引入了工作坊之后,一开始很新奇,也有一定成效,但新鲜感一过,会觉得"行动学习不过如此"的根本原因。

误区二：走过场的行动学习，没有质疑和反思

企业为什么要开展行动学习？因为要解决难以解决的问题。如果传统培训可以解决问题，如果外部顾问可以解决问题，就不用费时费力地去组织行动学习了。

行动学习又是怎么解决传统培训解决不了的难题的呢？行动学习采用了与传统培训反向的思路。传统培训思路是从学习到行动，通过学习新的知识引发新的行动，但传统培训最大的挑战是培训转化率低，因为组织和个人有强大的惯性和惰性，学习之后将知识自觉转换为行动的学员不多，能持续改变的更少，能带动团队一起改变的则少之又少，于是，"培训转化难"成了世界级难题。

而行动学习的思路就是以终为始，将组织中要解决的问题定为行动学习课题，以项目的形式组成相对固定的团队，在促动师的引导下，团队成员通过一系列行动学习工作坊相互对话沟通、共同思考、进行调查与分析、提出方案或规划，一起讨论如何推动这个方案，付诸实际行动，最后解决全部或部分问题。

举个例子，牛顿在苹果树下被苹果砸了一下，砸出了万有引力定律。如果苹果砸在你的头上，会砸出什么？一个包！因为牛顿在被砸中之前脑海里有"质疑和反思"。

《论语》里说：不愤不启，不悱不发，举一隅不以三隅反，则不复也。是说："不到学生努力想弄明白但仍然想不透的程度时先不要去开导他；不到学生心里明白却又不能完善表达出来的程度时也不要去启发他。如果他不能举一反三，就先不要往下进行了。"

大道相通，这段话也点出了行动学习的本质：质疑和反思。灌输式的培训无法带来质疑和反思，只有学员带着问题百思不得其解的时候，行动学习促动师组织的各种互动式工作坊才会引发"质疑和反思",带来"顿悟",引发创新性行动,才有可能解决组织难题,创造奇迹。

遗憾的是,国内目前的行动学习课题(项目)往往是不痛不痒的研究型课题,达不到"不愤"和"不悱"的状态,究其原因,是组织者和促动师出于安全考虑,不敢去挑战组织中真正的难题,所以,国内大部分的行动学习也就变成走过场了。

GE早期的"群策群力"行动学习项目全是真刀真枪的挑战性课题。美国领导力大师沃伦·本尼斯提出领导力发展三要素是:支持与评估、商业驱动力、转变的挑战。其中最容易被忽略的就是"转变的挑战"。但是,没有"转变的挑战",就不会有真正的"质疑和反思",就不是真正的行动学习。

误区三:迷恋所谓的促动技术,忽略了行动学习的根本

行动学习为什么能解决企业长期难以解决的难题?不是因为促动师有多么厉害,很多时候促动师就是一个外来者,甚至根本就不懂这个行业、这个课题,而且过程中还特别强调"中立"。实际上最后解决问题的还是组织中参与行动学习的团队成员,促动师扮演的只是一个"团队教练"的角色。

世界咖啡工作坊（墙上图片为开放空间引导图）

行动学习技术本质上就是一种流程技术。一个人、一个团队、一个组织之所以达不到其可以达到的高度，很多时候就是因为其心智模式（可以简单解释为思维惯性和行为惯性）障碍，或者也可以称为"盲点"。每个人都有自己的盲点，组织的盲点更多。促动师的任务就是通过一系列互动式工作坊，引发大家的"质疑和反思"，从"直觉"到"醒觉"，边干边学，边学边干，最后解决问题，达到个人和组织成长。

| 第四章 应用篇——行动学习项目成功案例剖析 |

团队共创工作坊

行动学习的技术有很多,经典的工作坊有"群策群力""世界咖啡""欣赏式探询""未来探索""开放空间""团队共创""ORID深度汇谈"等,据不完全统计,大大小小的工作坊技术有100多种,而且还在不断发展中。

对于初学者来说,这些技术很有趣,刚开始应用到团队活动(培训、会议等)时,参与者觉得很新奇,参与感很强,也能取得不错的成效。于是,促动师就想学更多的技术,也急于在团队活动的过程中使用新技术。

遗憾的是,参与者新鲜劲儿一过,对于这种互动式工作坊可能就不那么感冒了,觉得它耗时、低效,也没耐性持续地展开互动式探讨和持续性行动了。

怎么办?其实,如果你去研究GE和IBM等著名企业的行动学习项目,就会发现,他们使用的技术并不复杂,群策群力、团队共创、城镇会议都是最常用的技术,几乎占了项目中90%以上比重,甚至早期的行动学习项目只用了这几种技术。

很多初学者喜欢"世界咖啡"这个工具,但实际效果并不好,因为他们只关注了"世界咖啡"热闹的形式,没有悟到形式背后的精髓:发散与聚焦的辩证统一。"世界咖啡"通过不断地让参与者换位子和桌布的形象化表达实现了团队思维的发散,但只有发散的技术不可能成为经典技术,经典的技术一定是辩证统一的,就像好的散文一定是"形散而神不散"一样。"世界咖啡"的聚焦技术就体现在一定要结合另一种结构化技术同时使用,比如"欣赏式探询",应用其严密的4D流程保证发散后的聚焦,可惜很多促动师只注重发散不注重聚焦,未能将技术悟透和用透。

太极拳是一门高深的武功,但如果只学其技法,跟广场舞没多大区别,只有掌握了技法背后的心法,甚至是对其背后的哲学——阴阳辩证统一之道有深刻的体悟,太极拳才是真正的武功。行动学习也一样,技术是为目的服务的,与其多而不透,不如少而精深,真正的高手是可以"无招胜有招"的。

没有走出上述三大误区的行动学习,不是真正的行动学习。

CHAPTER

第五章

修炼篇——行动学习促动师的自我修炼

促动师在促动的过程中,要理解和执行三个准则:不提供个人的想法,而是向大家提供系统的结构化的会谈过程和工具;不赞同或否定某个观点,而是确保每位参与者的心声能够被其他人听到;不对结果作出决策,而是支持参与者厘清自己的努力目标并制订出行动计划。

行动学习的理念、心法与技法

行动学习的理念

行动学习之父瑞文斯是爱因斯坦的学生,他发明了行动学习的原始公式:L(学习)=P(结构化知识)+Q(质疑,代表有洞察力的问题)。后来有人在此基础上加了"R(反思)"和"I(执行)",得到了行业内的普遍认可。

P(结构化知识)和I(执行)是行动学习中的显性元素,Q(质疑)和R(反思)是隐性元素。隐性的东西容易被忽视,却往往是事物的核心要素。

瑞文斯认为,Q代表了"质疑和反思",在他的文章中,"质疑和反思"这两个词汇出现的频率最高。可以说,"质疑和反思"是瑞文斯的核心信念。

美国领导力大师沃伦·本尼斯的领导力三要素理论认为领导力提升的三要素是:支持与评估、商业驱动力、转变的挑战,其中转变的挑战最关键。

什么是转变的挑战？管理者的思维惯性和组织惯性是领导力提升的最大障碍，只有当管理者面对一个按其习惯方法无法解决的挑战时，他才会"质疑和反思"，才有可能突破自己的心智模式，转变才能发生，领导力才能得到真正的提升。所以我们才要折腾，只有折腾，才会带来"质疑和反思"。

我个人认为，联想的"复盘"是真正的行动学习，虽然在联想内部并没有用行动学习这个概念，而一些没有"质疑和反思"的所谓研究型课题的行动学习其实并不是真正的行动学习。

为了更好地理解和应用，美国培训认证协会提出了行动学习促动师的四大理念：

1. 每个人都有因固有心智模式而导致的盲点。
2. 每个人每个组织都是自己领域的问题专家。
3. 团队的氛围对个体的心智改善有巨大的影响力。
4. 促动师可以通过流程技术营造团队氛围促进质疑与反思，引发心智改善。

其核心还是"质疑和反思"。

行动学习的心法

行动学习的心法就是心智模式改变的机理。心智模式是深植在人们心中关于自我、他人、组织及周围世界每个层面的假设、形象或故事——往往深受习惯思维、定式思维、已有知识限制。简单地理解，心智模式就是思维习惯及行为习惯。而研究心智模式的前沿基础学科就是脑科学，群体动力学是研究心智模式改变的应用科学，可以归为心理学的范畴。

有一篇权威的科学论文曾经问大众一个问题：每一秒感官给大脑11M字节数据，大脑只能处理15～50字节，照理大脑早死机了，为什么没死机？因为大脑一般只处理当前最重要的事或新遇到的事。

培训转化率低为什么是世界级难题？因为课堂中学员是在盲目接收信息，回到工作中时，他要不断面对新情况，快速地处理很多问题，一切回归惯性。所以，改变不太容易发生，知道和做到是两回事。除非是培训师传播的知识和解决问题之道在学员的脑袋里扎根了，变成了学员新的习惯，也就是说，学员的心智模式改变了。

怎么改变学员的心智模式？

行动学习促动师的角色价值就是：不是去传播知识或提供咨询，而是通过一连串的团队互动流程来营造一种团队学习、注重改变的氛围，以重塑个体和团队的心智模式。团队互动流程就是工作坊，而项目式的运作就是行动学习。促动师此时的角色是流程专家。流程就是技法，但技法本身并不能解决问题，不一定能让人心智改变，一定是技法背后的心法触动了参与者，发生了化学反应，才会带来个人和团队的心智改变。

行动学习的技法

行动学习的技法很多，据不完全统计，有100多种。促动师学习及应用这些技法时需要时刻问自己3个问题。

第一个问题：行动学习工作坊的流程和以往的管理技术（比如麦肯锡解决问题七步法）有什么本质的不同？

人的大脑分左右脑，左脑理性，右脑感性，人通常是理性思考，感性决策，如果想要营造改变的氛围，触动心智，一定要理性与感性结合。而以往的管理技术其流程基本上都只有一条理性线索，行动学习技术是两条线索：一条理性，一条感性。这是二者本质的不同。

感性是营造改变氛围的关键，是通往心智改变的捷径。尤其是习惯于理性思考的咨询顾问们，学习技法的时候要多多琢磨感性模块是否达到了预期效果。

感性的背后还是信念，行动学习每一个工作坊都有自己的信念，如"欣赏式探询"，其基本假设认为"组织是值得大家深情投入的神奇之旅"，而传统组织的基本假设是"组织是解决一个个待解决问题的过程"，所以传统组织解决问题的流程一定是识别问题、分析原因、分析和确定可能的解决方案、制订行动计划，这是一个纯理性的过程。但组织面临复杂的困境和组织变革之际，就问题解决问题会有无数剪不断、理还乱的问题，而欣赏式探询是欣赏和珍视现有最美好的事物、预想可能出现的景象、对应此状态的对话，以此引导组织走出困境，通往更美好的未来。

"世界咖啡"的信念是相信创新来源于思想的交汇，就像大自然里植物的新品种来自于交叉授粉一样，所以"世界咖啡"的流程核心就是"混搭"。参与会议的全部成员在每一轮讨论中不断换桌、交换思想，并通过绘画等手段促进左右脑交汇，以及成员的组成中有意安排非本行业的跨界人员来实现全方位思想交汇。理解了其理念，才能理解其复杂流程，否则很多人会觉得"世界咖啡"很新鲜，但很乱。"乱"本来就是其流程的设计思想，"乱中有序"是促动师操作中要把握的关键。

"开放空间"的信念就是相信无序就是有序，最原始的会议形态和组织反而能让参与者达到最大程度的参与，所以才有其"开圆、自由走动讨论、闭圆"的至简流程。

第二个问题：促动师的角色定位是什么？

美国培训认证协会认为，促动师的作用是从扮演中立的角色开始的，帮助团队明确目标，关注团队讨论的流程（而非讨论的内容），将着力点放在探询上面，营造心智改变的场域，引导团队质疑、反思并达成共识、共同行动。

初学者学习技法时往往会过于关注带着学员走流程，有时会用力过猛，忘了流程是为了营造改变氛围的初衷，有时又会过于小心，不敢引发质疑和反思。所以，学技法的时候请记住每一步流程的目的，并思考流程中每一步促动师应起到的作用。

第三个问题：质疑和反思在哪里？

又回到理念层面了，促动师们学习技法时要站在全局考虑，在工作坊的整个流程中，质疑和反思在哪里？行动学习项目的整个流程中，质疑和反思在哪里？

比如，群策群力工作坊中，每个环节都可能带来质疑和反思，但城镇会议是质疑和反思的重头戏。很多行动学习项目中都有复盘环节，那一定是质疑反思的关键节点。

还有，每种工作坊背后的信念都是对以往传统信念的一种反证，这本身就是"质疑和反思"，促动师真正领会和传导到位了吗？还是徒有其形未得其法呢？

行动学习理念、心法与技法三者是相通的，就像练武之人的"任督二脉"，只有通了才能练好功夫。

行动学习促动师的三大角色定位

在行动学习促动师的培训班中,我问学员的第一个问题是:为什么很多会议都需要一个主持人,领导自己讲话自己主持不也行吗?

答案虽然五花八门,但共识基本上是:领导更多关注内容,主持人关注流程,而且主持人作为第三方角色存在,可以提升会议的沟通效果和效率。

对,这就是主持人的价值和定位,促动师的英文Facilitator最早就翻译为主持人。所以,"中立的主持人"就是促动师的原始角色定位,"派对的主人"和"团队教练"是更细化、分层次的解读。

促动师是中立的主持人(流程专家)

在任何一个组织中,团队之间的对话都是必不可少和极其重要的,除了一对一的对话外,大部分对话是以一对多和多对多的形态出现的,会议、培训是其中最主要的形态。遗憾的是,培训转化率低是世界级难题,会议无效和低效更可以说是宇宙级的顽疾。

再怎么低效,培训和会议还得开展,只能通过技术对其进行改善,促动技术和促动师就是为此而生的。

对话要高效,有三个基本条件:

- 悬挂思维假定;
- 视彼此为学习伙伴;

- "促动师"的参与。

"悬挂思维假定"最难，但也是最重要的。

很多人都看过《高效能人士的七个习惯》一书中的一张配图（右图），有人说是老太太，有人说是少妇，有人说既是老太太，又是少妇，甚至有人说能看到三个人。

事实是什么？到最后大部分人能看到两个人，这成了大家公认的事实。但在此之前，某个人只看到老太太或少妇时，你觉得他会认为自己看到的不是事实吗？

现实生活和工作的场景一定比这张图片复杂一百倍，每个人都认为"眼见为实"，相信自己所看到、所听到甚至所推理的就是事实，而这很可能就是个人和组织的盲点。这就是"悬挂思维假定"的意义所在，每个人都能将自己所认定的"事实"视为"假定"，大家才有可能彻底开放地探讨，找寻出真正的事实，否则将很难进行高效沟通，达成真正的共识。

所谓"悬挂思维假定"不是要你放弃事实，而是要让所有人将自己认为的"事实"当作"假定"悬挂在大家面前，先不做预设判断。这样可以让其他人更清楚和开放地看见该假设，把自己的假设跟别人的假设对照，从中看出不同人的思维方式和看问题的角度，更加真实地向事物本质靠近，这是一种视彼此为学习伙伴的心态。

但在团队对话场景中，常常是每个人都急于说服别人，认为自己说的才是事实或真理，这是一种视对方为辩论对手的心态。"视彼此为学习伙伴"是"悬挂思维假定"的心理基础。

美国量子物理学家戴维·伯姆在他的《论对话》里写道：学习伙伴关系并不是说要赞成和持有相同的看法，视彼此为伙伴真正能发挥力量反而是在看法有差异的时候。视彼此为学习伙伴，要消除因地位高可能占优势的情况，同时也要避免因地位低而害怕陈述自己看法的情况。

"视彼此为学习伙伴"要真正形成需要一种氛围，而这种氛围的营造者就是促动师。如果有一个中立的第三方主持对话，通过会谈流程的设置和语言明示、暗示大家要"视彼此为学习伙伴"和"悬挂思维假定"，对话一定会更顺畅有效。可以说，"促动师的参与"是"视彼此为学习伙伴"的物理基础。

简单归纳一下，这里提到的团队对话（可引申为沟通）的流程技术，就是促动技术，而团队互动及深度沟通、协作的会议形态就称为工作坊，项目化运作的一连串工作坊就是行动学习，对话过程的主持人就是促动师。

学习型组织的开创者彼得·圣吉在《领导力反思》中说："对话"这个看上去很平凡的词很值得深思。佛陀已经花了生命的很多时间沉思并阐述有关对话的问题，而这是人类生存唯一有价值的领域……对话能力是一个人成长过程中最重要的方面之一。一个社会一旦失去对话能力，就只会剩下各种不协调的声音彼此较劲，互辩输赢。不仅彼此的交流无法深入，也找不出超越本位看法与私利的深层意义。这时候似乎可以提出合理质疑：是否因为我们丧失了与彼此对话的能力，而无法从更大的生命共同体角度一起思考，导致了我们现今面对的种种深层问题、陷入僵局，丧失了对彼此的尊重和关心。

促动师是派对的主人

中立的主持人很多时候也像一个裁判，设置和掌控团队对话中的规则。这时候促动师会过于关注规则，而忽略了参与者。就像足球裁判一样，给红牌需要掌握一定的度，促动师的中立同样也需要掌握一定的度，这个度不是要破坏规则，而是要为良好比赛奠定基调和氛围。

促动师除了是中立的主持人，还必须是派对的主人，让与会者真正参与进来是重要的前提，"参与的力量"是一个比"对话的力量"更原始的力量。

有本书叫《欲望之源》，里面提到了一个很有意思的实验：彩票实验。一共两组实验者参加，第一组是实验者自己选择彩票号码，而第二组的号码是随机分配的。过一段时间后，工作人员分别跟两组实验者商量购买他们手中的彩票，发现第二组实验者会以平均2元的价格出售他们随机得到的彩票，而自己选择号码的第一组人的平均出售价格是7.6元。

心理学家的结论是：人对自己参与选择过的东西有某种偏爱。

要让团队沟通高效，首先要让所有人参与进来，而参与最大的障碍是"习惯性防卫"和"习得性无助"。

"习惯性防卫"是人的本能，是为使自己或他人免于因说真话而受窘或感到威胁而形成的一种根深蒂固的习性，通常表现为"说实话的恐惧"或者"自设的保护壳"。习惯性防卫，使团体成员之间形成一道屏障，阻碍了成员的交流和沟通，难以共同学习。

"习惯性防卫"有两种表现：一是有些人不敢或不愿说出自己的真实想法，怕受到攻击；二是有些人觉得自己比别人知道得多，一味维护自己的观点，只想让对方让步。这两种表现都阻碍团队学习，不利于团队发展。

"习得性无助"是美国心理学家塞利格曼 1967 年在研究动物时提出的，他用狗做了一项经典实验，起初把狗关在笼子里，只要蜂音器一响，就给以电击，狗关在笼子里逃避不了电击，多次实验后，蜂音器一响，在给电击前，先把笼门打开，狗不但不逃反而不等电击出现就先倒在地开始呻吟和颤抖，本来可以主动逃避却绝望地等待痛苦的来临。这就是习得性无助，是指通过后台学习形成的一种对现实的无望和无可奈何的行为、心理状态。

促动师主要是通过流程来营造开放讨论的氛围，从而解决这两个团队沟通的心理障碍，但作为关键的主持人角色，不仅是要保持中立，还要像派对主人一样关注、关心每个参与者，这也是至关重要的角色。

促动师是团队教练

"中立的主持人"和"派对的主人"这两个角色既互补又有冲突，促动师要扮演好这两个角色不容易，要细细揣摩和在实践中体悟。麻烦的是，促动师还要扮演第三个角色：团队教练。

实际上，任何一个组织都不是为了开会而开会，促动师也不是为了流程而流程，组织和促动师都是有目的的，促动师的流程是为目的服务的。

但促动师所面对的问题又是没有现成答案的，所以，促动师要通过中立的流程激发参与者的高度参与意识和内生智慧，引导大家开放探讨达成共识并实现组织目标。

百度公司一期行动学习促动师培训班现场，作者在授课

促动师的教练角色体现在：根据组织目标设计相应的流程、在流程中自然而然地揭示个人和组织的盲点、可以提醒参与者关注目标不要偏题、营造改变的氛围和场域。

明晰了自己的角色定位，促动师就能更好地理解和执行促动师的三个准则：

不提供个人的想法，而是向大家提供系统的、结构化的会谈过程和工具；

不赞同或否定某个观点，而是确保每位参与者的心声能够被其他人听到；

不对结果作出决策，而是支持参与者厘清自己的努力目标并制订出行动计划。

培训师与促动师的知识结构

众行公司自2004年开始引入美国培训认证协会的国际注册培训师（含促动师，以下同）项目，见证了中国企业培训师这个职业从无到有发展的关键时期，在众行这个平台上也培训了6000多名培训师，其中有100多人成了职业培训师。我们也越来越深刻地体会到"台上一分钟，台下十年功"的含义，培训师台上的演绎固然重要，但台下自我修炼得来的知识结构却是能否长久走下去的根本。

结构比知识更重要

美国培训认证协会曾经小范围地在美国的培训师中做过一个调查，问培训师未来的竞争对手是谁？结果很出人意料：Google（谷歌）！因为培训师知识传播的功能很大部分已被搜索引擎取代，培训师已不能仅仅靠贩卖知识站在讲台上了。

我曾经问过著名咨询公司美世的招聘负责人：你们招聘看重什么？答：知识结构！因为来应聘的往往都是名校的高才生，知识不是问题，关键是结构。

什么是"知识结构"？就是"知识是否能连起来"。现在有很多"知道分子"，好像什么都知道，知识很丰富，但细细一品却发现欠缺逻辑，碰到实际问题时不能解决。这种人知识很多，没有结构。遗憾的是，社会上这种人越来越多，而且中国的大学正在大批量地生产这类"人才"。

"师者,传道、授业、解惑也",这是中国人对于"师"的经典解读。我们也可以从中读到"结构"的意义。

传道。何为道?道就是规律,就是要找出事物发展的内在联系,如果培训师自己的知识都不成体系,如何能传道?只是单纯地贩卖前人总结的知识罢了。这些知识也许包含了前人总结的道,但培训师如自己未能悟透、理清其结构,这个道是很难传下去的。

授业。何为业?就是行动学习中的"程序性知识",也就是知识中"how(如何做)"的部分。作为培训师,仅仅知道"what(是什么)"是不够的,更需要知道"how",这也是一种知识结构。

解惑。何为惑?惑就是"why(为什么)"。我们从小经历的考试都有标准答案,于是思维习惯就是去记标准答案。现实是极其复杂的,培训师面对企业学员的大部分问题是没有标准答案的。如果培训师在学习一个知识时没有凡事多问几个为什么的思维习惯,如何能临场举一反三,解答学员众多的惑呢?没有"为什么",就没有知识结构,知识结构是用无数个"为什么"将知识串起来的珍珠项链。

(推荐书目:《金字塔原理》《思维导图丛书》)

书宜杂读,业宜精钻

梁启超曾告诫已到美国留学三年的儿子梁思成:挤出一部分时间学些常识性东西,特别是文学,或人文科学,稍稍多用点工夫,就能有大的收获。我深怕你因所学太专一的缘故,把多彩的生活弄得平平淡淡,生活过于单调,则容易生厌倦心理,厌倦一生即成苦恼之事,这是厌学之根源所在。

这就是"书宜杂读、业宜精钻"的解读。培训师的知识积累和职业发展就两个方向：精和杂。

"精"是每个培训师都想得到的，但有多少人能真的做到？去网上搜一搜培训师的简介，有几个培训师只讲一门课的？有的培训师能讲上百门课并且引以为豪！

当然，在一个领域"精"不代表只讲一门课，可以讲这个领域的多门课。知识可以是相通的，培训师也可以是多才的，但跨越多个领域讲几十门课的培训师一定不专业。

刚开始入行时，培训师可以多讲一些课，积累经验也慢慢了解自己，从事这行一定时间后一定要专，最好只讲一门课，或一个领域的几门课。其实，能做到只讲一门课的培训师课酬是最高的！

"精"既然这么重要，又为什么要"杂"呢？因为"杂"是"精"的肥料，没有杂就没有营养，很难生成精。但杂不是成果，不能直接呈现，要消化杂呈现精。

"杂"要学什么东西呢？既然是杂，就没有一定之规，想学什么就学什么。保持学习的兴趣很重要，否则学习就是一个苦差事；学有所获很重要，多结合实际尝试解答生活工作中的诸多为什么，就会持续获得学习的内在动力。边学边交流也很重要，美国成人教育之父马尔科姆·诺尔斯说过"当讲师是最好的学习"，因为教学相长，与学生的交流碰撞过程是最好的知识消化过程，很多老师都有这样的体会。

散文讲究"形散而神不散"，培训师杂学的背后也一定有内在的脉络，杂而有序应是培训师追求的学习状态。

从这个角度讲，杂也有结构。这个结构一是完整的知识体系，比如管理类课程的认证讲师，美国培训认证协会给其推荐的书籍清单中一定包含的学科有：管理学、经济学、心理学。管理是一门实践的学科，其背后的科学体系是经济学和心理学。

管理学的问题是"管理的诸多领域、技术、工具,哪个更重要?"每个人都说自己部门或自己领域的技能最重要,营销的说"渠道为王",研发的说"产品为王",人力资源的说"人才为王",融资的说"资本为王",到底哪个为王?

国美、苏宁说渠道为王,从行业现状看有道理,但如果回到买家电要凭票的年代,恐怕是产品为王,生产线为王,甚至是引进生产线的批文为王。其实管理的诸多领域、技术、工具中,对于企业来说,"缺的"最重要,企业在不同的发展阶段、不同的行业背景决定了什么管理方法最重要。培训师对此一定要有清醒的认识,不能有什么药就推什么,也不能什么药好就推什么,对症下药最重要。

这个管理学问题跟经济学是相通的,而经济学当中与管理学相通的关键问题是"企业为什么存在?"美国人科斯在20多岁的时候提出这个问题:既然市场是人们在生产活动中进行合作的最有效形式,为什么还会有企业存在?在企业中进行分工合作的人,为什么不能通过市场交易来实现合作?想通这个问题后科斯于1937年发表了一篇论文《企业的性质》,并于1991年获得了诺贝尔经济学奖。

科斯的结论是:市场中的交易其实是要耗费大量成本的,从搜寻交易对象、讨价还价、订立契约、监督契约执行、维护交易秩序到解决交易纠纷及违约惩罚等等。而企业内的交易要简单得多:工人之间的固定分工节约了寻找交易对象的费用,经理对工人的指挥代替了讨价还价,工人和其他生产要素所有者与企业之间的长期合同减少了在市场中多次反复地订立契约的麻烦,简单讲,就是企业的存在节约了交易费用。当然,随着企业规模的增大,企业的管理难度会增加,企业内的交易费用会非线性地增长。当企业内交易费用边际增长到和市场交易费用边际相等时,企业规模就不再增大,这也就决定了企业的边界。

科斯的这个原理可以让培训师了解企业的边界,也可以让他们了解到企业就是一个效率组织,公平是第二位的。稻盛和夫甚至说:真正的领导者应该是以大爱为根基的反映民意的独裁者。培训师要有宏观视角,不是裁判,不是"正确"先生,也不是"完美"先生,一定不要机械地看待企业中的问题,否则就会给企业添乱。

(推荐书目:《管理百年》《公司的概念》《经济学原理(曼昆版)》《心理学与生活》)

科学与哲学的区分与思考

在 AACTP 的课堂上,我经常问学员:心态重不重要?几乎 100% 答:重要!再问:心态培训重不重要? 50% 答:重要。再问:作为培训负责人安排公司培训时心态类培训占多大比重?大部分答:10% 左右。追问:既然心态很重要,为什么心态培训占比例这么少?

现场安静、沉思,之后七嘴八舌,最后的结论基本是:因为心态培训很难有效果。继续问:拓展训练不是可以让平时闹矛盾的员工抱在一起哭在一起,态度一下子就改变了吗?答:效果很短暂,回到公司就又基本恢复原样了。

AACTP 的研究结果是:员工的心态确实很重要,从人力资源体系的角度分析,改变员工态度的三个方法分别是招聘、企业文化、培训,其权重分别是 7:2:1。西方有一句谚语说得好,"你可以培养一只火鸡上树,但你最好选择一只松鼠!"成年人的价值观基本形成,要改变很难,最好在招聘环节把关,即使无法换人也最好通过组织氛围即企业文化改变人,用培训改变心态时间太长、成本太高、效果太差。

培训的基本概念很简单,就是 ASK 模型:态度、技能、知识。不仅可以做心态培训，还可以做技能培训和知识培训，这是培训的主体内容。大部分培训师做的是技能培训或知识培训，这也很有价值。

关于心态培训的讨论本可以到此为止了，但新问题是：知识型员工的增多，导致员工的心态问题越来越多，而企业的很多问题最终都与员工心态有关，或者换一个更加科学和时髦的词：心智模式。心智模式的改善已经成为培训研究和实践探索的主流方向。

作为培训师，心理学无疑是必修课之一，但更多与心态有关的知识和技能却是 NLP、教练，甚至是与宗教有关的探索性课程。而且对于心智改善最有效的往往不是心理学，而是这些有争议的心态类应用技能和课程。

"子不语怪力乱神"是一种态度，但当你认为的"怪力乱神"成为前沿科学甚至主流科学时，培训师在构建自己的知识体系时就不得不对此高度关注和独立思考了。

有些人排斥这些技能或知识，是因为"不科学"。要搞清楚这个问题，我们首先要问：什么是科学？科学家试图给出一个充分全面的定义但很不成功，笼统地说，科学即反映自然、社会、思维等的客观规律的分科知识体系。科学不仅提供对世界的系统理性的解释，而且通过对事件的预言及技术应用证明其科学性。科学给世界带来了翻天覆地的变化。

但遗憾的是，科学并不是真理的全部。这个世界太复杂了，科学揭示的已知规律太少了，未知的规律还太多。更遗憾的是，科学所揭示的是一个没有目的没有意义的世界。科学只能解决有客观物质基础的问题。诸如道德、价值判断、社会取向、个人态度问题是无法用科学方法加以解决的。人太复杂了，科学面对人的情感问题时，往往无能为力。而培训中的心态或者说心智模式恰恰就属于这个范畴。

已知的规律归科学，未知的规律归哲学（包含宗教）。人类早期的所有科学都源于哲学，哲学研究所积累的知识慢慢成体系后就独立变成了很多学科。

培训师面对复杂的培训对象——人的诸多问题时，也许只能从哲学中去找答案了，所以培训师要有一定哲学思维：认识到科学的局限性和世界的复杂性，以彻底开放的心态看待新事物，保持理性思考。

远古人类把世上的事物理解为互相感应的东西，这就是"感应思维"。这些感应思维有的被证实有一定的科学性。感应表达了事物之间的某种联系，但并不意味着必然的联系，也不意味着高概率的联系。人类为什么会有感应思维呢？因为他想理解这个世界。亚里士多德的《形而上学》开篇就讲"人天生求理解"。从诞生的那天起，人就是一个求理解的生物，哪怕理解是错的，也要理解；哪怕是一种粗浅的理解，总比没有理解要好；即使这个理解没有实用价值，也要理解。

感应思维为科学提供了各种认知原型，同时因为世界太复杂而科学所能揭示的规律太少了，人类需要感应思维，不可能只有理性思维。

回到培训，NLP是否科学可以探讨，重要的是要保持开放和理性的态度，同时作为培训师如果只是停留在去传播一些"绿豆治百病"的所谓知识也是对不起听众的。具备哲学思维的培训师会有自己的独立思考，对于纷繁复杂的世界有自己的鉴别能力，这是事业有成的坚实基础。

（推荐书目：《发现者》《杜兰讲述哲学的故事》）

条条大路通罗马，培训师的成长路径可以有很多种，但培训师需要有一定的知识积累是确定的，如果把这些知识比作碳元素，不知最后呈现的成品是木炭还是钻石？

谈培训师与促动师的战略素养修炼

企业所有管理岗位的定位最高目标几乎都是"成为CEO的战略合作伙伴",那战略是什么?战略的定义有上百个,战略书有几千本,专家各有各的定义;你问CEO,其实很多CEO也说不清楚。

培训师(含促动师,以下同)常常说培训员工"做正确的事"比"正确地做事"更重要,而企业中最大的"正确的事"就是战略,所以,战略素养可谓是培训师的关键素养之一,但TTT课程通常都是不涉及战略这个知识点的。美国培训认证协会的培训管理师课程中有两小时的管理素养课,战略是其核心内容,在此分享给各位培训师、促动师和培训管理者。

战略到底是什么

明茨伯格在所著的《战略历程》一书中把战略分为了十个学派,很细也很复杂。培训师可以只知道但必须知道一个,就是定位学派。它是战略的主流学派,核心代表人物是"战略之父"迈克尔·波特。定位学派阵营强大,波士顿咨询集团、战争之父冯·克劳塞维茨和《孙子兵法》的作者孙武都被归入这个学派。

波特认为一个企业可能的竞争战略有两种:低成本战略(overall cost leadership)和差异化战略(differentiation),这两者与某一种特定目标市场范围相结合,可以得出第三个战略:聚焦战略,又称为专一化战略（focus），这就构成了大家普遍知晓的三大通用战略。

1996年，为了回应对于三大战略论述的一些争议，波特在《哈佛商业评论》发表了文章《战略是什么》，给出了他对于战略的正式定义：所谓战略，就是创造一种独特、有利的定位，在竞争中进行取舍，建立运营活动之间独特的配称。

波特的这个定义抓住了战略的本质，有三个关键词"定位、取舍、独特配称"。我们逐一来剖析。

定位是战略的核心

哈佛大学教授米勒于1956年发表了一篇研究报告《神奇的数字7加减2：我们信息加工能力的局限》，基本观点非常简单，就是"在短时记忆内，一般人平均只能记下7个项目（如7位数字、7个地名）"。这篇文章被认为是认知心理学的奠基之作，米勒后来也成为美国心理学会的主席。这个简单的观点深深地影响了心理学界。

有意思的是，这个观点也深深地影响了培训和咨询界，麦肯锡的写作和演示标准——金字塔原理即源于此，战略界和广告营销界影响深远的定位理论也源于此。

1972年，里斯先生和特劳特先生在美国最大的营销杂志《广告时代》上发表了文章《定位时代的到来》，正式提出了"定位"理论。定位理论认为，我们生活在信息爆炸的社会，而消费者只能接受有限的信息。比如，《纽约时报》每个工作日刊登的信息量比17世纪每个英国人一生接触的信息量还要大，一个中等规模的超市拥有的产品种数为4万种左右。而满足一个家庭85%的生活需求，只要150种产品就足够了，这意味着有三万九千多种产品会被顾客忽略。

所以，消费者的心智资源是最宝贵的。什么是心智资源？"心智资源"是顾客对产品的心理认知，一般来说，消费者对于某一类产品的心智资源是极其有限的，通常不会超过 7，即消费者能记住的不会超过 7 个品牌。在成熟的行业，心智资源甚至只有 2，比如可乐就是可口可乐和百事可乐，飞机制造业是波音和空中客车。

能进入消费者心智的品牌中，行业第一品牌的市场占有率往往是第二名的两倍、第二名是第三名的两倍，后面的份额再用"倍数"来说就没有意义了。在 IT 领域品牌之间的市场占有率甚至是 7：2：1 的分配比例，即第一名占有 70% 的市场份额，第二名占有 20% 的市场份额，剩下的 10% 才由其余还活着的品牌瓜分。

定位在全球范围内有很多优秀实践者，最完美的定位是使品牌成为某个类别或某种特性的代表品牌，即品牌＝品类。例如，可口可乐、吉列剃须刀、谷歌、施乐复印机就是典型的定位成功者。在中国也不乏鲜明定位的成功企业，比如喜之郎果冻、九阳豆浆机、波司登羽绒服等。

对于企业来说，你一定要知道在消费者心目中品牌代表什么，如果你的品牌什么都代表时，企业就什么也不是了。作为培训师一定要了解企业的定位是什么，如果老板不知道企业的定位是什么，要让老板学会定位，或者换一家企业吧。

战略难在取舍

战略最难的问题就是取舍，因为人性，要先舍才能得，这个很难。

早期中国成功的企业很多是抓住机会的企业，但现在你会发现：你看到的机会别人很快也看到了，蓝海迅速变红海。市场上的机会是无限的，但企业的资源和企业家的精力是有限的，鱼和熊掌不可兼得，怎么办？

被麦肯锡誉为"战略中的战略家"、被《经济学人》评价为"全球25位对管理理念和公司行为最具影响力的思想家"之一的《好战略，坏战略》作者理查德·鲁梅尔特说："在战略制定过程中，根本性的困难不在于理清逻辑，而在于需要在权衡利弊得失之后进行取舍抉择。战略无法清除资源的稀缺性及其必然结果，即取舍选择的必要性。正是因为资源具有稀缺性，才需要制定战略，集中有限的资源来完成有限的目标。"

所以，柳传志总结说："一个伟大的公司，有时候可能被太多的机会撑死，而不是被太少的机会饿死。"

这方面的正反案例很多。

GE用数一数二的规则强行卖掉一大堆虽不是行业前两位但也很赚钱的子公司，其他很多同时代的企业不断消失时，GE依然生机勃勃。

当很多大企业都在做圈地赚钱这种一本万利的事情时，华为、联想没干，但这两家企业可以说是中国企业的世界名片。

长虹曾经是彩电的代名词，现在又是空调又是电池、手机，这个品牌代表了十几种产品；春兰曾经是空调的老大，后来又做摩托车，又做电池，还做房地产，下辖42家子公司。可惜这些曾经辉煌的企业现在都发展得不怎么好。

因为一个很简单的道理：将军赶路不逐小兔。有人要说了，将军骑马赶路，总得让马吃草吧；马吃草的时候发现兔子，搂草打兔子也是应该的，总得吃饱才能上路呀；再一想，这个草场不错，顺便建个兔场，卖了兔子去买匹好马，这样赶路更快，"工欲善其事，必先利其器"，反正兔子繁殖得挺快的。那么，最后这个将军就会成为农夫。

有人说，这是多元化经营，GE也是这样啊。前长江商学院教授、现阿里巴巴集团战略部总参谋长曾鸣在其著作《略胜一筹：中国企业持续发展的出路》中做了很透彻的分析：

> GE是"因为专业化的成功而多元化，不是因为多元化而成功的"，因果关系的颠倒会引发企业发展的致命问题。GE作为百年老店，因为时代的机缘沉淀了众多产业，这是资产也是包袱，所以杰克·韦尔奇在任时一直在做减法。
>
> GE多元化所涉足的产业，基本上都是行业形态相对稳定的领域，而没有进入IT等变化太快的领域。
>
> GE多元化的成功，其根本在于不断的管理创新。从第一任CEO开始，GE就一直是美国最新管理理论的创造者和实践者。从启发式管理、目标管理、战略规划、GE矩阵，一直到大家耳熟能详的无边界组织、群策群力（行动学习）、六西格玛，这些全球先进的管理技能都来自于GE。没有这样的管理基础，GE怎么能成为屈指可数的多元化成功案例？

GE的并购扩张战略直接受益于20世纪90年代美国股市的持续繁荣及并购市场的完善，中国不具备这样的环境条件。

对于大部分雄心勃勃的中国企业来说，选择在于，是想模仿独木桥上唯一一家成功的例子，还是想追随大部分成功企业家的阳关大道？企业家要思考这个问题，培训师在讲授跟战略相关的课程时也要思考这个问题，"做正确的事"比"正确地做事"更重要。

战略的执行关键在"独特配称"

1890年卡内基在一个名流酒会上遇到了一个顾问弗雷德里克·泰

勒，卡内基挑战泰勒说："年轻人，如果你能告诉我一些管理学方面有用的东西，我给你一张 1 万美元的支票。"

在 1890 年 1 万美元可不是一笔小数目。泰勒回应说："我建议您列出 10 项要做的最重要的事情，然后，从第一项做起。"

据说一周之后，泰勒收到了一张 1 万美元的支票。

这是理查德·鲁梅尔特的《好战略，坏战略》一书中提到的一个故事。

这是战略吗？《好战略，坏战略》中还总结了乔布斯的经验模式：设想一个"酷毙了"的产品；集结世界上最优秀的工程师和设计人员，组成小型的开发团队；使产品呈现出令人震撼的视觉效果并易于使用，将创新融入用户界面中；通过有创意的广告告诉世界这个产品多么酷，多么新潮。这是战略吗？这就是战略，战略不是一个方向或者一纸计划而已，战略必须对于未来关键的节点有明确的指引，保证是有效的、可执行的。

最初，百事可乐在可乐领域一直是弱者，甚至进前七都有困难，曾经三次请求可口可乐收购均遭傲慢拒绝。1939 年，百事可乐发现了可口可乐的一个弱点，即可口可乐没有大包装，于是百事可乐推出了 12 盎司的"双倍装"攻击可口可乐的 6.5 盎司的包装，由此确立了世界第二大可乐企业的地位。但当可口可乐也推出了大瓶装可乐时，百事可乐又再次陷入被动。

百事可乐在经营上也面临着很多要选择和要协调的问题：

口味：以淡还是甜为主？

价格：低还是高？

推广场所：以超市还是学校、街头为主？

公关渠道：以电视广告还是音乐体育为主？

广告代言人：选择名人还是摇滚巨星？

每个单点选择都各有各的优劣，这些选择之间无法形成相互呼应的关系甚至相互冲突，找不到跟进可口可乐的突破口，这是百事可乐很头疼的问题。

1961年，百事可乐最重要的战役发动了。百事可乐当时的定位顾问特劳特发现了可口可乐与生俱来的"领导者强势中的弱点"。可口可乐的真正强势：它是消费者心智认知中的可乐的发明者、可乐历史的缔造者、正宗的经典的可乐。但事物永远是两面的，特劳特抓住了新一代的逆反心理，协助百事可乐将可口可乐重新定位为"传统、老土、落伍的可乐"，从而将百事可乐定位为"年轻人的可乐"。

大包装是谁都可以复制的，但与生俱来的产品性格是无法复制的。可口可乐后来被逼得改配方，结果又遇到老顾客的强烈反弹，很多老顾客打着"还我可乐"的标语上街游行，可口可乐不得不改回原来的配方，元气大伤。

百事可乐的广告语鲜明而锐利地传达了定位：新一代的选择。它的所有运营活动都与此有关：口味甜，因为年轻人喜欢；价格稍低，因为年轻人购买力弱一些；推广场所以学校、街头为主，因为年轻人多；代言人选择摇滚巨星，因为年轻人喜欢。这些构成了独特的配称。

这个战略定位及其独特配称彻底奠定了百事可乐在可乐领域两分天下有其一的位置。

"独特配称"就是以定位为核心的一套战术组合，战术清晰，又相互呼应，使得对手完全无法复制。

培训师可以让战略很简单

战略可以很简单,战略可以很有趣,为什么很多企业的战略这么复杂?战略的书籍和课程就这么难懂呢?主要有两方面的原因。

一是概念区分模糊

管理是一门实践的科学,管理词汇一般没有严格的定义,每个专家、企业、企业家都有自己的用语习惯,本无对错之分,企业都可以借鉴,但一个组织内部要想达到良好的沟通效果和运作效率,还是要统一内部的管理语言。比如,不管是哈佛商学院还是沃顿商学院的管理课程,到了IBM,最后都变成了IBM统一的课程。

中国很多企业还处在管理培训初期,今天请北大的教授来上课,明天请清华的博士来培训,后天又是某500强公司的实战派专家来分享,每位老师的体系、语言不一样,虽然带来了新知识,但也带来了管理理念的混乱。所以,培训师在传播任何知识时一定要先做好概念的区分,尽可能地在一个组织中使用统一的管理语言,比如,战略课程中可以介绍各个流派专家的观念,但企业内部统一使用一个定义。

二是盲人摸象

大家都知道盲人摸象的故事,觉得盲人很可笑,但其实我们每个人每天都在做着同样的事情,因为我们面对无形的事物时就是在盲人摸象。

管理是一个无形的东西,战略也是一个无形的东西,有人按前中后的顺序去解读,也有人按由外而内的顺序去解读,还有人按合并同类项的方式去解读……可以有无数种解读方式,都没有错,但接受信息的人就迷糊了。

比如，我们强调战略的某一点时，可以说战略就是假设、战略就是取舍，甚至战略就是目标、战略就是计划，这些说法并没有错，也是我们的语言习惯，甚至只有这样讲才能让受众记忆深刻，但会带来歧义，因为它只强调了"大象"的某一部位，或某一特征。如果受众没有整体的认知，就会误入歧途。

每个专家解读事物都有自己的逻辑，有的逻辑清晰，有的不清晰，如果你想搞懂这些专家的概念或定义，一定要有整体视角和探寻事物内在逻辑的思维习惯，这样专家的东西就能为你所用，大象的轮廓也就清晰了。打通了概念之间的逻辑，也就打通了学习者的任督二脉，枯燥的战略概念在你的手上就能化腐朽为神奇了，这是培训师要不断修炼的基本功。

后记

行动学习让管理回归简单

管理很复杂，管理也可以很简单。复杂是因为每个企业千差万别，要具体情况具体分析，自然复杂；简单是因为万变不离其宗，大道至简。

管理大师彼得·德鲁克认为，一套行之有效的经营之道应该符合四个要求：第一，关于环境、使命和核心竞争力的设想必须符合客观现实；第二，关于环境、使命和核心竞争力三方面的设想必须相互契合；第三，经营之道必须为组织中的所有成员所理解；第四，经营之道必须得到不断的检验。

这段话乍看平淡无奇，细细体悟很有深意，其道出了战略和执行的真谛。

战略：要让所有成员看清同一幅图画

做对的事情，将事情做对，前者可称之为战略，后者就是执行力。高管往往认为战略没错，执行力有问题，而员工则普遍不理解公司的战略，甚至认为公司的战略不是天方夜谭就是朝令夕改。

麦肯锡2010年的一项调查表明：超过1/4的高管认为自己的企业缺乏连续性制定战略的流程，几乎所有高管都明确表示对战略实施感到失望，只有6%的高管认为其企业将战略转化为日常实施的工作做得极富成效。

很多企业陷入了从战略到执行的恶性循环，这是什么原因？

简单地讲，战略就是要彻彻底底地想清楚三件事：环境允许我们做什么？我们到底想做什么？我们最有能力做的是什么？德鲁克所说的环境、使命和核心竞争力，当这三点既相互契合又与实际契合时，战略也就自然而然产生了。所以，战略并不是一件多么复杂的事情，战略可以很简单。

彼得·德鲁克经营之道的第三点更是一针见血地点出了从战略到执行的关键所在：经营之道必须为组织中的所有成员所理解。翻译为行动学习的语言就是：要让所有成员看清同一幅画面。

很多人认为：经营之道这种战略性的东西只是高管的事情，为什么要所有成员都理解呢？

因为时代变了。彼得·德鲁克在《21世纪的管理挑战》一书中说："在20世纪，管理所做的最重要也是唯一的贡献，就是把生产过程中体力劳动员工的生产效率提高了50倍；在21世纪，管理需要做的最重要的贡献，是使知识员工的生产率得到同样的提高。"

没有人能不打折扣地执行一个自己不完全理解的战略，尤其是脑力劳动者，尤其是在现在这个员工自主意识越来越强大的时代。

前沿的脑科学技术发现,当别人给我们安排任务时,大脑的眶额皮层出现明显活跃,这代表大脑情绪中的抵触,而当我们自己本身想要去做某一件事时,大脑的扣带回区域出现明显活跃,这部分区域负责监控、即时行动和调节,表明大脑此时的态度是:自我调整去行动,没有任何干扰和抵触。

所以,任正非提出"让听得见炮火的人决策",美国专家倡导"海星型组织",日本企业界泰斗稻盛和夫践行"阿米巴组织",都是时代使然,形势使然。

传统的战略工具基本都是理性化和复杂化的工具,如平衡记分卡、战略地图等工具,不太适合员工的广泛参与,而行动学习工作坊本身就是一个要求高度参与的会议模式或沟通模式,非常适合组织成员间开展战略分析和分享的需要。

英特尔公司就在战略会议中应用了"世界咖啡"工作坊,作为一家设计制造 IC 芯片的公司,却在战略会议时聘用了一群社会学家与人类学家,参与新产品研究开发,不从技术角度而是从人类需求角度出发,提出了人类需要无所不在地利用计算机上网,因此英特尔发明了无线上网技术。

2005 年 12 月 15 日,联合利华所有茶饮料品类的负责人齐聚新加坡,对中国的饮料业务做了一个全方位战略大讨论。在两天的"开放空间"工作坊进程中,各负责人集思广益,迅速讨论出茶饮料在中国的发展战略,形成共同目标,并获得了高执行力的承诺与行动计划。

世界范围内,这样的案例比比皆是。

行动学习,可以让战略变得更简单,可以让所有成员看到同一幅图画。

执行：PDCA 循环

战略和执行是不可分的，"让所有成员看到同一幅图画"的战略制定过程就是执行的一部分，按照脑科学的原理，参与的力量是强大的，它给了员工从"要我做"到"我要做"的强烈心理暗示。

但我们也不能指望一次行动学习战略工作坊就能解决全部的执行问题，柳传志曾经给所有管理者四个忠告：

不要以为召开会议或进行培训了，问题就解决了！

不要以为规章制度或文件下发了，流程就理顺了！

不要以为亲自沟通或安排部署了，执行就到位了！

不要以为看到问题提出问题就完事了，知道不等于做到！

所以，我们需要一套模式或流程去跟进执行的全过程，这个过程就是一个 PDCA 管理循环的过程。

P（计划），包括方针和目标的确定，以及活动规划的制定；D（执行），根据计划进行具体运作，实现计划中的内容；C（检查），检查总结执行计划的结果，分清哪些对了，哪些错了，明确效果，找出问题；A（改善），对检查的结果进行改善处理，对成功的经验加以肯定，并予以标准化，对于失败的教训也要总结，引起重视。对于没有解决的问题，应提交给下一个 PDCA 循环去解决。

这套模式是美国人发明的，在日本发扬光大。可以说，日本制造业的成功就是 PDCA 的成功，其代表企业丰田汽车的很多管理方法就是 PDCA 管理循环的发展。

但这套成功的模式也遇到了新的挑战，21 世纪的员工需要更多的参与感、共同的愿景和梦想、工作中要有刺激和成就感、追求个人的学习和成长，而传统的 PDCA 好像没办法满足这些新生代员工的"心"需求。

于是，新的和"心"的PDCA就应运而生了，P（Participate）代表参与感，D（Dream）代表愿景和梦想，C（Challenge）代表挑战和成就感，A（AAR，即After Action Review）代表复盘学习和成长。

传统的PDCA是一个理性的流程，新的PDCA是一个感性的流程，二者的结合符合了理性与感性结合的现代管理思想。

行动学习工作坊的流程就是一个感性和理性交叉发展的流程，像河流的左岸右岸护着江水流向大海一样引导着员工实现共同愿景。

我们再剖析一下"群策群力"工作坊，第一步愿景，包含了D（Dream）元素；第二步SWOT分析，包含了P（Participate）元素；第三步承诺，包含了C（Challenge）元素；第四步团队共创，包含了Action（改善）元素；第五步行动计划，包含了Plan（计划）元素；第六步城镇会议，包含了Do（执行）、Check（检查）和Action（改善）元素。之后是不断地复盘，包含了A（代表复盘学习和成长）元素。

在GE，"群策群力"就是一种管理模式，"群策群力"促动技术帮助我们创建了一种每个人都开始积极参与、每个人的想法都开始被注意、领导者更多的是促动员工而不是控制员工的文化。

海尔的张瑞敏说"管理是盯出来的。"这是传统PDCA的思维，也是海尔的成功之道；联想的柳传志说："人才是折腾出来的。"这是新PDCA的思维，也是联想的成功之道。当然，这两家成功企业的管理模式一定不是单一的，而是两种PDCA思想的融合，比如，联想的"复盘"就将传统PDCA做到了极致。

行动学习倡导的管理模式是两者的完美结合，这也是时代的要求。张瑞敏在沃顿商学院的全球论坛上曾说："没有成功的企业，只有时代的企业。"就是这个道理。

行动学习的背后，一定是经营之道，如果我们体悟出了其中的真谛，就一定可以用一种简洁明了的管理模式贯通企业的战略和执行，让管理回归简单。

我们相信，大道至简。

参考书目

1. 定位.〔美〕里斯,特劳特著.北京:中国财政经济出版社,2002.2.

2. 略胜一筹:中国企业持续发展的出路.曾鸣著.北京:机械工业出版社,2004.5.

3. 行动学习:重塑企业领导力.〔美〕戴维·L.达特里奇,詹姆斯·L.诺埃尔著.王国文,王晓利译.北京:中国人民大学出版社,2004.5.

4. 通用电气案例——"群策群力"的企业文化.〔美〕达夫·尤里奇,史蒂夫·克尔,阿恩·阿什肯纳斯著.柏满迎,牟未丹,史鹏译.北京:中国财经出版社,2005.1.

5. 行动学习:再造企业优势的秘密武器.张鼎昆著.北京:机械工业出版社,2005.5.

6. 欣赏式探询.〔美〕大卫·库珀里德,戴安娜·惠特尼著.邱昭良译.北京:中国人民大学出版社,2007.11.

7. 海星模式.〔美〕奥瑞·布莱福曼,罗德·贝克斯特朗著.北京:

中信出版社，2008.1.

8. 世界咖啡——创造集体智慧的汇谈方法.〔美〕朱安妮塔·布朗，戴维·伊萨克等著.郝耀伟译.北京：机械工业出版社，2010.3.

9. 复盘：对过去的事情做思维演练.陈中著.北京：机械工业出版社，2013.8.

10. 部分信息来源于互联网。

鸣谢

与众行行动学习研究院共同探索实践
行动学习的众多客户企业

（排名以合作时间先后为序，未能尽录，敬请谅解）

阿里巴巴　　　　　　　　　宁波银行

艾默生　　　　　　　　　　中国建设银行宁波分行

百度　　　　　　　　　　　中国建设银行浙江省分行

北京大学汇丰商学院　　　　志高空调

中国移动珠海公司　　　　　王老吉

中国工商银行江西抚州分行　华帝厨具

中国移动揭阳公司　　　　　中粮集团休闲食品事业部

老板电器上海公司	恒生电子
广州农商银行天河支行	博士蛙
新城地产	吉利汽车
南苑集团	无限极
南孚电池	南方航空公司
招商银行远程银行	东方航空公司江苏分公司
中国移动东莞服务中心	广州农商银行白云支行
中国移动广东分行	广州农商银行增城支行
广百集团	广州农商银行零售条线
七匹狼	中国农业银行广州淘金支行
九牧王	上海崇丰实业
搜狐	广州农商银行从化支行
中国移动江门公司	广州农商银行华南新城支行
雅莹	广州农商银行增城支行
华润深圳公司	广州农商银行天河支行
中建投	广州农商银行海珠支行
北京银行	广州农商银行直属支行
华信邮电设计研究院	中金会
中国通信服务集团浙江公司	中国银行淄博分行
深圳大铲湾码头	红星美凯龙
海大集团	山东农信社德城联社
华立仪表	山东农信社曲阜联社
东莞银行	清华大学继续教育学院
上海维格娜丝	……
东方通讯	